오랫동안 어린이 사역에 헌신해 온 나에게 감동을 주는 문구가 하나 있다. "아이들은 당신의 지식이 아니라 당신의 관심과 사랑을 먹고 자란다." 세상이 아무리 빠르게 변하고, SNS 매체가 아무리 발달해도 궁극적으로 우리 아이들이 원하는 것은 어른의 사랑과 관심일지도 모른다. 이 책은 여태까지 우리가 해 온 어린이 사역에 쉼표를 찍어 준다. 넘쳐 나는 교재나 커리큘럼이나 행사 같은 비본질적인 부분에 집중하는 데서 벗어나, 아이들을 예수님을 따르는 사람으로 세워 주기 위한 본질적인 대안을 제시한다. 주일학교 사역자와 교사, 더 나아가 부모까지 반드시 정독하고 마음에 새겨야 할 귀한 책이다. 혹시 열정적인 사역 끝에 탈진한 교사가 있다면, 그들에게 더욱 이 책을 추천하고 싶다. 이 책을 읽고 받은 감동을 원동력 삼아 다시 어린이를 향한 소명을 붙들기를, 그래서 우리의 다음 세대가 믿음을 놓치지 않고 하나님의 사람으로 성장하기를 고대한다.

김요셉 목사, 원천침례교회 담임목사

오늘날 다음 세대 위기를 극복하기 위한 다양한 대안을 제시하는 책들이 쏟아지고 있다. 전통적인 교회학교에서 주일 아침에 이루어지는 분반 공부만으로는 안 된다는 공통된 인식 위에 다양한 프로그램과 모델이 제안되고 있다. 그러나 문제의 원인을 근본적으로 꿰뚫고 그 한계를 실천적으로 극복할 수 있는 어린이 사역의 대안을 찾기란 쉽지 않다. 자칫 다른 한 면만을 지나치게 강조하여 또 다른 부작용을 낳을 수 있기 때문이다. 이 책의 저자는 오랜 어린이 사역의 경험을 토대로 관계 중심의 어린이 사역을 제안하면서도 교회와 가정을 분리하지 않고 상호 연계하여 자녀를 주님의 제자로 양육할 수 있는 방안을 제시하고 있다. 교회 학교만으로는 부족한 것처럼 가정만으로도 부족하다. 관계 중심의 어린이 사역은 교회와 가정의 벽을 뛰어넘어 다음 세대를 예수 그리스도의 제자로 세우는 성경적 원리를 제시하고 있다. 저자의 풍성한 경험과 간증, 다양한 통계 자료, 탄탄한 교육

이론들이 앙상블을 이루고 있는 이 책을 신나게 읽다 보면 마음속에 어린이 사역에 대한 열정이 다시금 타오르게 될 것이다. 이 책은 다음 세대를 사랑하는 교사와 부모들이 삼삼오오 모여 함께 읽고 나누고 실천할 수 있도록 편집되어 있다. 이 책을 통해 한국 교회 어린이 사역의 새로운 희망을 발견하기를 기대한다.

박상진 목사, 장로회신학대학교 기독교교육학과 교수

저자의 적절한 설명과 실제적 조언이 사역자들에게 큰 도움이 되리라 확신한다.

잭 D. 에거(Jack D. Eggar), 어와나 대표

어린이 사역을 다룬 책은 많지만 이렇게 깊이와 감동으로 무장한 책은 드물다. 어린이 사역자라면 반드시 읽어야 할 책이다.

게리 M. 버지(Gary M. Burge), 휘튼대학 신약학 교수

진정한 영적 성장은 관계 속에서 일어난다는 사실을 강조하며, 관계 중심 사역으로 방향을 조정하는 실제적인 방법을 제시한다.

민디 스톰스(Mindy Stoms), 윌로우크릭교회 프라미스랜드 대표

이 책은 많은 아이가 교회를 떠나는 현실 속에서도 젊은 세대를 다시 일으킬 수 있다는 용기를 준다.

빈센트 바코트(Vincent Bacote), 휘튼대학 신학 부교수

저자는 우리가 생각만 하던 일을 글로 정리했을 뿐만 아니라 효과적인 계획으로 실천하는 방법까지 명확하게 제시한다.

하이디 M. 헨슬리(Heide M. Hensley), 베이사이드교회 아동부 목사

의미심장한 식견과 힘찬 격려로, 제자리걸음인 사역을 한 단계 끌어올리라고 도전한다.

데이비드 김(David Kim), 스프라우트박스 설립자

어린이 사역은 교회에 필수적인 사역이며, 다음 세대를 제자 삼는 일은 결코 타협해서는 안 된다.

에드 람사미(Ed Ramsami), 남아프리카 헤론브리지커뮤니티교회 목사

예수 그리스도는 사람들을 제자 삼고 그들이 기독교 신앙 안에서 성숙하여 또 다른 제자를 세우도록 인도하라고 우리를 부르셨다. 저자의 말처럼 어린이와 청소년은 우리의 땀과 수고가 필요한 비옥한 땅과 같다.

라일 W. 도셋(Lyle W. Dorsett), 비손신학대학원 빌리그레이엄복음전도 교수

저자는 어린이 사역자들에게 오랫동안 고수한 방법을 버리고 다음 세대가 예수님과 평생 친밀한 관계를 누리도록 인도하라고 도전한다.

리처드 로스(Richard Ross), 사우스웨스턴신학교 학생사역 교수

저자의 경험, 지혜, 전달력, 제자도 지식이 잘 녹아든 훌륭한 어린이 사역 책이 나왔다. 이 책은 공동체에 기반을 둔 제자도를 실천하는 사역자를 위한 든든한 지침서다.

그레고리 C. 칼슨(Gregory C. Carlson), 트리니티인터내셔널대학교 기독교사역 교수

신앙 공동체를 떠나는 아이들의 '출애굽'에 대한 해결책이 마침내 등장했다. 필독을 권한다.

데이비드 라우쉬(David Rausch), go! 어린이사역 커리큘럼 무블리오 개발자

저자는 목회자와 부모 등 관련된 사람에게 기존의 선입견을 허무는 질문을 하고 토론의 장으로 초청하며 어린이를 위한 관계와 성장의 강력한 모델을

제시한다.

피터 워럴(Peter Worrall), 무디성경학교 교육학 부교수,
『20대에게 말해 주고 싶은 20가지』(Twenty Things We'd Tell Our Twentysomething Selves) 저자

저자가 책에서 제시한 아이디어는 가정과 교회 리더들에게 아이들을 평생의 제자 양육자로 세우는 일에 대한 중요한 통찰을 준다.

스티브 카터(Steve Carter), 윌로우크릭교회 교육목사,
『초청하는 삶』(This Invitational Life) 저자

어린이와 가정을 대상으로 한 효과적이고 성경적인 관계적 제자도에 대해 심도 있는 토론을 촉발할 것이다.

맷 마킨스(Matt Markins), 어와나 사역 준비 부대표

어린이와 청소년의 삶을 변화시키는 관계의 중요성에 대해 실제적이고 진솔하게 소개하며, 어린이 사역을 갓 시작한 사역자부터 노련한 사역자까지 모두 명심해야 할 기본을 제시한다.

필 잭슨(Phil Jackson), 하우스커버넌트교회 목사,
파이어하우스 커뮤니티아트센터 시카고 설립자이자 대표

리더를 세우고 진리를 전하는 일에 헌신한 저자는 그에 대한 열정을 선포와 신실한 삶으로 보여 준다.

카브웨 M 카브웨(Kabwe M Kabwe), 잠비아 그레이스침례교회 목사

어린이에게 영향력을 끼칠 특별한 기회를 얻은 모든 부모와 교사의 필독서다.

낸시 마토시안(Nancy Matossian), 홈워드 팸네트워크 가족어린이사역 코치

쉽고, 편하며, 기분을 좋게 해주는 책을 원한다면 이 책을 덮어라. 그러나 생각을 자극하고, 영혼을 격려하며, 어린이 사역을 변화시킬 뿐만 아니라

당신의 삶도 변화시킬 책을 원한다면 당장 이 책을 읽으라.

키스 페린(Keith Ferrin), 저자, 강사, 블로거, 스토리텔러

저자는 어린이와 가정이 살아 있는 믿음으로 함께 성장하도록 리더들을 인도한다.

매트 게바라(Matt Guevara), 국제어린이사역네트워크(INCM) 대표

이 시대 어린이의 필요와 요구에 교회가 어떻게 부응할 것인가에 대한 분명한 비전과 모델을 제시하는 책이다.

낸시 J. 케인(Nancy J. Kane), 무디성경학교 부교수

교회 어린이 사역에 참여하는 모든 사람에게 큰 도움이 될 것이다.

스코티 메이(Scottie May), 휘튼대학 기독교 신앙형성사역 부교수

관계 중심의 어린이 사역

Relational Children's Ministry
© 2017 by Dan Lovaglia
Originally published in English as *Relational Children's Ministry* by Zondervan,
Nashville, TN 37214, USA.
All rights reserved.

This Korean translation edition © 2018 by Timothy Publishing House, Inc., Seoul,
Republic of Korea
Published by arrangement with Zondervan, a division of HarperCollins Christian
Publishing, Inc. through rMaeng2, Seoul, Republic of Korea.

이 한국어판의 저작권은 알맹2 에이전시를 통하여 Zondervan과 독점 계약한 (주)도서출판 디모데에 있습니다.
신 저작권법에 의하여 한국 내에서 보호받는 저작물이므로 무단 전재와 무단 복제를 금합니다.

관계 중심의 어린이 사역

1쇄 발행 2018년 5월 14일
2쇄 발행 2019년 2월 14일

지은이 댄 로발리아
옮긴이 장택수
펴낸이 고종율

펴낸곳 주) 도서출판 디모데 〈파이디온선교회 출판 사역 기관〉
등록 2005년 6월 16일 제 319-2005-24호
주소 서울특별시 서초구 서초대로 141-25(방배동, 세일빌딩)
전화 마케팅실 070) 4018-4141
팩스 마케팅실 031) 902-7795
홈페이지 www.timothybook.com

값 16,000원
ISBN 978-89-388-1633-7 03230
ⓒ 주) 도서출판 디모데 2018 〈Printed in Korea〉

관계의 제자도로 주일학교를 리모델링하라

관계 중심의 어린이 사역

댄 로발리아 지음 | 장택수 옮김

· 목 차 ·

서문 13
감사의 글 15
머리말 17

1부 | 어린이 사역의 현주소

1장 헛바퀴만 돌리는 사역 21
2장 제자도 공백의 현실 36
3장 어린이 사역의 고충 57

2부 | 의식적인 관계 형성

4장 통념을 깬 예수님의 제자도 91
5장 첫 번째 초청: 각본 없는 모험으로 인도하심 130
6장 두 번째 초청: 신앙의 문제를 함께 씨름하심 158
7장 세 번째 초청: 특별한 공동체 형성 182
8장 네 번째 초청: 삶을 바꾸는 그리스도의 사명 212
9장 다섯 번째 초청: 어린이를 위한 역동적인 제자도 244

3부 | 어린이 사역의 방향 재조정

10장 제자 양육에 헌신한 삶	269
11장 제자 양육의 목표 재조정	290
12장 제자 양육 자원 재검토	318

에필로그 어와나 사역의 유익	333
주	341
부록 관계 중심의 어린이 사역을 위한 어와나 자료	352

우리 가족과 하나님의 가족에게 영원히 이 책을 바칩니다.

인생의 한 단어, 한 장마다 정직한 삶을 함께한
아내 케이트와 두 아들 에이버리, 아론에게
감사합니다.

하나님이 창조하신 원래 모습으로 살도록
나를 은혜와 진리로 키워 주신
부모님, 조부모님, 친척들에게
가슴 깊이 감사합니다.

내 신앙의 여정에서 큰 영향을 준 모든 사역자와
제자도라는 각본 없는 모험에 동참한
무명의 모든 어린이 사역자에게 감사합니다.

모든 관계의 영역에서 내가 좀 더 나은 사람이 되도록
성실과 인내, 관심과 꾸준함으로 지도를 아끼지 않은
내 삶과 사역의 멘토들에게 감사합니다.

모든 아이가 예수 그리스도를 알고 사랑하며 섬기도록
그들을 알고 사랑하며 섬기는 일에 손과 마음을 열었던
모든 제자 공동체에 감사합니다.

• 서문 •

하나님은 모든 세대마다 그 세대를 위한 핵심 메시지를 주시며, 다양한 운동과 리더를 일으키신다. 오늘날 세대를 향한 메시지는 관계 중심의 어린이 사역이고, 이 책의 저자는 그 메시지의 대언자다. 현재 어린이 사역이 활발하게 일어나고 있지만, 좀 더 많은 어린이와 가정이 하나님께 삶을 헌신한 제자가 되게 하려면 많은 노력을 기울여야 한다. 이 책은 건강한 교사가 되는 방법에 대한 조언과 실질적인 어린이 사역 방법을 제시한다는 점에서 매우 탁월하다. 저자는 우리가 흔히 생각하는 어린이 사역의 방식을 뛰어넘어, 일상의 어린이 사역과 결합한 제자도 방식을 제시한다. 나는 이 책을 읽으며 '모든 교회 리더에게 필요한 메시지'라고 생각했다.

오늘날 교회는 어린이에게 초점을 맞추는 것에 그치지 않고 부모와 긴밀하게 협력해야 한다. 내가 속한 단체 홈워드에서 자주 하는 말이 있다. "교회의 중요한 목적 가운데 하나는 부모를 멘토링하여 부모가 자녀를 멘토링하고 믿음의 유산이 한 세대에서 다음 세대로 이어지게 하는 것이다." 저자는 바로 이 말을 실현할 실제적인 방법을 제시한다. 우리가 가정을 전도할 때 우리는 세상을 전도하는 것이다. 가정 사역에 대한 저자의 통찰은 신선하고 시의적절하다.

저자는 사도 바울이 디모데에게 말한 것처럼 건강하고 선한 사역의 핵심은 관계 형성이라고 강조한다.

우리가 이같이 너희를 사모하여 하나님의 복음뿐 아니라 우리의 목숨까지도 너희에게 주기를 기뻐함은 너희가 우리의 사랑하는 자 됨이라(살전 2:8).

관계는 예수님이 제자를 삼으신 방법이다. 관계는 실제적인 변화를 일으키는 가장 효과적인 도구다. 기독교 교육가인 우리가 할 일은 아이들에게 실제적 삶의 변화가 일어나도록 복음을 전하는 것이다. 이 일은 바울이 가르치고 예수님이 몸소 보이셨듯, 우리가 섬기는 아이들이나 가정과 관계를 맺음으로 가능하다. 아이들은 우리가 가르친 내용은 잊어버려도 복음과 함께 형성된 사랑의 관계는 평생 잊지 않을 것이다.

저자는 교회가 건강하고 성경적인 어린이와 가정 사역 모델을 개발하도록 하나님이 이 세대에 세우신 핵심 리더 가운데 한 명이다. 그는 먼저 자신의 가족에게 믿음을 실천했으며, 윌로우크릭교회에서 영향력 있는 리더로 성장하여 어와나 사역으로 그 영향력을 확장하고 있다. 신앙과 리더십 경험이 합쳐져 이처럼 강력하고 설득력 있는 책이 탄생했다. 에필로그에서 저자는 어와나가 여러 세대에 끼친 영향력과 그 영향력이 오늘까지 어떻게 이어지는지 설명한다. 새로운 세대에게 복음을 전하는 변화의 도구로 '새로운 어와나'를 제시한다.

당신이 이 책을 선택했다는 사실이 나는 무척 기쁘다. 이 책은 당신이 더 나은 어린이 사역자로 성장하고 또한 어린이와 그들 가정에 변화를 일으키는 일에 대한 당신의 사명을 확증하게 할 것이다. 예수님은 "누구든지 내 이름으로 이런 어린아이 하나를 영접하면 곧 나를 영접함이요"(막 9:37)라고 하셨다. 예수님을 삶에 받아들이고, 아이들의 삶에 자신을 쏟기로 결정한 당신에게 고마운 마음을 전한다.

짐 번스(Jim Burns), 홈워드 대표

• 감사의 글 •

글쓰기는 힘든 노동이다. 모든 일이 그렇듯 일을 하다 보면 잡초 같은 방해꾼이 있다. 다행스럽게도 우리는 함께 땅을 경작한다. 나도 많은 이에게 감사의 빚을 졌다.

우리 가족(케이트, 에이버리, 아론)은 이 책이 만들어질 때까지 응원을 아끼지 않았다. 이 책은 내 이야기인 동시에 우리 가족의 이야기다. 우리 가족이 함께한 믿음의 여정을 나눌 수 있어 기쁘다. 우리는 각본 없는 하나님과의 여정에서 함께 울고 웃었다. 혹시 기회가 닿으면 우리 가족이 금문교 건너는 일을 얼마나 좋아하는지 직접 물어보시라.

다 큰 어른이 어머니께 감사 표현을 하려니 쑥스럽지만 그래도 할 말은 해야겠다. 어머니는 삶의 큰 변화 속에서도 어린이 사역과 교회가 흔들리지 않도록 언제나 든든하게 자리를 지켜 주셨다. 하나님의 은혜는 항상 어머니보다 한걸음 앞서 있었다. 어머니는 어떤 상황에서도 예수님과의 관계를 굳게 잡고 결코 놓지 않으셨다. 우리 가족뿐만 아니라 믿음의 가족이 모두 어머니의 섬김에 큰 빚을 졌다.

앞으로 이어질 내용은 본인이 알든 몰랐든 하나님이 사람의 마음과 세상에 행하신 구원의 역사처럼 기적적인 방법으로 하나님께 쓰임 받은 사람들의 이야기다. 교사, 역할 모델, 멘토, 동료 사역자들과의 추억을 쓰다 보니 과거와 조우하는 기쁨도 누렸다. 책에 언급한 사람은 대부분 내가 알고 사랑하며 존경하는 이들이다(아무리 궁금하다 해도 페이스북에서 찾아보고 싶은 유혹을 떨쳐 버리기 바란다).

특히 내 사역의 멘토와 동료에게 감사한다. 낸시 케인, 스코티 메이, 팻 시모(Pat Cimo)는 내가 다른 무엇보다 그리스도를 추구하는 사람이 되도록 이끌어 주었다. 나에게 글을 쓸 용기를 준 저드슨 폴링(Judson Poling)과 나를 관계적 리더로 부른 데이브 라이더(Dave Rider)에게도 감사한다.

내가 둥지를 떠날 수 있게 용기를 준 어와나의 맷 마킨스와 낸시 레이니(Nancy Raney)에게 감사한다. 넘어지고 날아오르는 연습을 할 수 있는 안전한 장소를 찾기란 어려운 일이다. 이들은 내게 이 책의 목적이 어린이, 가정, 교회 리더의 사역에 실제적으로 쓰이는 것이라는 사실을 잊지 않도록 여러 아이디어와 의견을 주었다. 어와나 팀의 도움이 없었다면 결코 책을 쓰지 못했을 것이다. 훌륭한 비주얼 스토리텔러인 잭 벤드란트(Zac Wendland), 미로처럼 엉킨 생각을 취사선택하는 데 탁월한 능력을 보여준 리사 본(Lisa Bohn), 디자인을 통한 창조적 소통 방법을 찾아준 니콜 벙어(Nicole Bunger)를 비롯해 많은 사람의 쉼 없는 노력 덕분에(당시에 본인들은 몰랐을지라도 말이다) 이렇게 훌륭한 결과물이 탄생했다.

나는 관계 중심적인 성향의 사람인지라 감사한 얼굴들이 끊임없이 떠오른다. 내용을 정리하고 이 책에 대한 신뢰로 두서없는 내 말을 잘 다듬어 준 편집 팀의 라이언 패즈더(Ryan Pazdur), 하모니 하케마(Harmony Harkema)를 비롯한 존더반 출판사의 모든 가족에게 감사한다(독자들도 내 초고를 보면 편집 팀에 절로 감사하게 될 것이다).

마지막으로 모든 독자와 어린이 사역을 꿈꾸거나 이미 섬기는 사역자들에게 감사한다. 자신과 아이들, 가정을 섬기기 전에 하나님과 더 깊은 관계를 누리기 위해 시간과 여유를 확보하기로 결심한 당신에게 감사한다. 아이들에게 영향을 주고 그들을 제자로 세우는 공동체는 당신의 온전한 참여를 절실히 필요로 한다.

머리말

사역 단체에서 새로운 직책을 맡은 이후 처음으로 맞이하는 여름이었다. 아론을 데리고 교회의 아버지 수련회에 참가했다. 아침마다 홀로 강가에 나가 성경을 읽거나 기도하며 묵상한 내용을 적었다(가끔은 졸기도 했다). 이번에도 어김없이 하나님과 진지하게 독대하는 시간이 있었다. 그때 불쑥 이런 질문이 나왔다. "주님, 제가 어떤 모습으로 살도록 계획하셨습니까? 세상에서 어떤 일을 하도록 부르셨습니까?" 이 주제로 주님과 씨름하는 동안 나는 자연스럽게 이렇게 적고 있었다.

너는 내 것이다.
너는 나에게 속했다.
아무도 너를 건드리거나 해를 입히지 못한다.
아무도 나에게서 너를 빼앗지 못하며
너를 자신의 소유라고 주장하지 못한다.
너는 깊이 사랑받고 존중받는 존재다.
너를 사랑한다고, 네가 아이일 때 내가 너를 구원했다고
세상에 말하는 것이 나의 기쁨이다.

나는 햇살을 느끼며 여유롭게 나무 의자에 앉아 있었다. 숲에서 시원한 바람이 불었다. 나는 방금 써 내려간 글을 오래 묵상했다.
하나님, 무슨 말씀을 하고 싶으십니까? 어떤 이야기를 쓰고 싶으십니까?

하나님의 인도하심을 간절히 구했다. 하나님께 쓰임 받으려고 나를 내어 드렸다. 일련의 놀라운 사건이 일어난 끝에 마침내 이 책이 탄생했다.

그렇다. "이런 책을 쓰게 될 줄은 생각도 못했다"라는 어디선가 들어 보았음직한 소감 말고는 달리 할 말이 없다. 물론 책을 쓰고 싶었다. 그러나 내 목소리를 찾기까지는 상당한 시간이 걸렸다. 하나님의 섭리, 소중한 가족과 친구, 동역자들의 적절한 조언과 독려 덕분에 책을 쓸 수 있었다.

어린이 사역은 내 삶을 바꾸었고, 내가 제자가 되는 데 큰 역할을 했다. 내 안에는 모든 아이를 향해 자신을 따르라고 부르신 예수님에 대한 깊은 확신이 있다. 하나님은 사역자를 아이들의 삶에 불러서 제자의 여정을 함께하게 하신다. 나는 이 비전을 떨쳐 버릴 수가 없다. 우리에게는 하나님의 말씀을 붙들고 그분과 동행하며 세대를 초월해 함께할 그리스도 중심의 공동체가 필요하다.

그리스도 안에서 관계 중심인 교회는 언제나 사명을 기억한다. 나는 현재의 제자도 방향을 초기화하고 재정립하기 위해 목소리를 내기로 했다. 이것이 나만의 생각은 아닐 것이다. 많은 어린이 사역자가 어린이 사역을 와해시키는 요소를 제거하여, 평생의 제자도를 예외가 아닌 표준이 되게 해야 한다고 말한다. 지금까지 내 신앙 여정에는 여러 우여곡절이 있었다. 이제 입을 열어 그 이야기를 하려고 한다.

1부

어린이 사역의
현주소

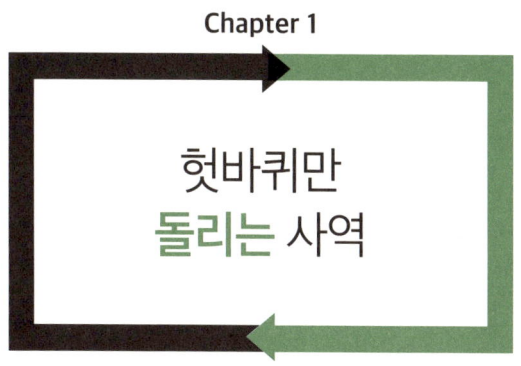

Chapter 1

헛바퀴만 돌리는 사역

우리가 가장 두려워할 것은 실패가 아니라 인생에서 별로 중요하지 않은 일에 성공하는 것이다. 프랜시스 챈(Francis Chan)[1]

사람이 만일 온 천하를 얻고도 자기 목숨을 잃으면 무엇이 유익하리요(막 8:36).

우리 가족은 시카고에서 65킬로미터쯤 떨어진 강가 계곡에 산다. 도시를 떠나 교외에 정착하는 일은 결코 쉽지 않았다. 20년 동안 우리 삶에는 변화가 많았다. 사실 이런 말을 하게 될 줄 상상하지 못했지만 이제는 이곳의 삶을 사랑한다. 내 마음, 관계, 사역에도 좋다. 주위는 온통 숲과 호수를 비롯한 자연이다. 말 목장, 낚시터, 사슴 떼도 보인다. 인적이 드문 산골까지는 아니지만 그에 못지않다.

교외에 살다 보니 집에서 도시로 이어지는 2차선 도로를 좋아하게 되었다. 일리노이 주 사람들에게는 평지 출신이라는 오명이 붙지만 우리 집 주변에는 언덕이 많다. 10년 전 학생부 전임목사로 일할 때 있었던 일을 이야기하려고 한다. 그때는 겨울이었고 나는 교회에 가는 길이었는데, 교통 체증으로 오도 가도 못하는 상황에 처하게 되었다. 시야 확보도 되지 않았고 날씨도 너무 추웠다. 앞차들이 곡선 도로에서 속도를 늦추자, 뒤차들도 자연스럽게 속도를 늦췄다. 그러다 마침내 차들이 조금씩 앞으로 나가기 시작했는데, 내 차는 꿈쩍도 하지 않았다. 헛바퀴만 돌뿐 앞으로 나가지 않았다.

갓길 정차를 좋아하는 사람은 없다. 그건 힘 빠지는 일이다. 탄력을 받아 앞으로 나가야 하는데 점점 뒤처진다. 내 목회 사역을 돌아보면 '헛바퀴만 돌리고 있다'고 생각했던 시기가 여러 번 있었다. 현세대와 다음 세대를 위해 어린이와 가정 사역을 했지만 어제보다 조금이라도 나아진 듯한 모습이 전혀 보이지 않는 때가 정기적으로 찾아왔다. 사역을 하다 보면 전진하다가도 제자리걸음하게 되는 때가 있다.

대대로 교회의 핵심 사명은 한 가지다. 물론 상황에 따라 다른 방식으로 표현되기도 한다. 그리스도를 향한 믿음 안에서 하나님과 친밀함을 누리는 신앙생활의 모양은 다양하지만 소명과 비전은 본질적으로 동일하다. 갓난아기부터 어른에 이르기까지 똑같다. 이는 성부 하나님 앞에 겸손히 나아가 죄를 회개하고 영생을 구하는 모든 사람에게 해당된다.

예수님은 하늘에 오르시기 전 제자들에게 강력한 말씀을 남기셨다. "하늘과 땅의 모든 권세를 내게 주셨으니 그러므로 너희는 가서 모든 민족을 제자로 삼아 아버지와 아들과 성령의 이름으로 세례를 베풀고 내가 너희에게 분부한 모든 것을 가르쳐 지키게 하라 볼지어다 내가 세상 끝날까지 너희와 항상 함께 있으리라."[2]

가라. 삼으라. 제자를.

말하기는 쉽지만 실천하기는 어렵다.

측정하기는 더욱 어렵다.

정의 내리기도 쉽지 않다. 하지만 예수님을 온전히 따르는 일에 집중하려면 적절한 정의가 필요하다. 제자도의 방향을 잡지 못한 어린이 사역과 교회는 정처 없이 표류하기 쉽다.

제자도는 그리스도의 구원을 신뢰하고 모든 면에서 그리스도를 닮기로 결단한 사람에게 일어나는 평생의 변화다. 제자도는 하나님을 경외하는 태도, 신념, 실천, 관계의 성숙을 통해 공동체 안에서 개인적으로 일어난다.

예수님과 관계를 맺고 성도가 되어 그리스도의 몸에 속하면 생각과 행동 정도가 아니라 삶의 중심 운영 체계가 바뀐다. 믿음의 심장 박동이 시작된다. 태도에는 하나님, 하나님 말씀의 진리, 이웃을 향한 생각과 마음이 깃든다. 신념에는 성경의 진리에 대한 내적 헌신 즉 진리를 개인적으로나 공적으로 살아내겠다는 의지가 피어난다. 실천에는 그리스도를 닮은 태도와 신념을 기르기 위한(그것을 자극하고 강화하는) 신앙 훈련이 일어난다. 마지막으로 관계에는 공동체 안에서 성경적인 태도와 신념을 기르는 사람들과의 관계와 하나님과의 관계가 일어난다.

이러한 제자도의 정의는 이 책을 촘촘히 엮는 실과 같다. 앞으로 이러한 제자도의 기본 원리를 기준으로 어떻게 하나님 그리고 성도끼리 관계를 맺을 것인지 살펴보려고 한다. 어린이 사역은 그리스도를 중심에 모실 때, 삶과 세상을 바꾸는 도구가 된다.

그리스도의 인자가 온전히 드러나고 믿음의 자녀 안에 성령이 거하실 때, 영원한 성품이 형성된다. 믿는 사람은 속에서부터 새로워진다. 염료가 옷감에 스며들듯 제자도는 한 사람의 영혼을 완전히 그리고 영원히 적신다. 관계 중심의 어린이 사역은 교회와 가정, 학교, 운동 팀처럼 아이와 아이에게 영향을 주는 사람들이 모인 곳에 평생의 제자도를 일으킬 방법을 고민한다.

이 사명은 모든 민족을 제자로 삼는 최초의 공동체에게 이를 성실히 추구하라고 주신 것이다. 예수 그리스도를 온전히 알고 사랑하며 섬길 기회는 시간이나 장소, 사람을 구분하지 않는다. 수 세기 동안 전 세계 그리스도의 몸은 하나님의 가족에게 핵심이 되는 연합의 비전을 굳게 붙들었다. 열정적으로 하나님과 이웃을 사랑하는 제자를 배가하기 위한 사역 모델과 방법은 끊임없이 나왔고, 이를 바탕으로 시행되었다. 그리스도의 성품이나 공동체 형성을 약속하는 프로그램과 상품이 온라인과 오프라인에 넘쳐 난다. 그럼에도 여전히 우리를 끈질기게 따라다니는 의문이 있는데 그것은 바로 "평생 제자로 사는 일과 예수님처럼 제자를 삼는 일에서 우리는 과녁을 맞히고 있는가, 과녁에서 벗어나고 있는가?" 하는 것이다.

> 한 심령에 믿음이 심기게 하는 일은 교회의 사명이다. 교회가 흥미 차원에서 선택하여 추구할 일이 아니다. 그리스도의 몸에 주어진 역할 목록 가운데 의미 없는 항목도 아니다. 이는 교회가 존재하는 핵심 목적이다. 교회는 형성하려고 세워졌다. 예수님이 우리에게 명하신 일은 제자를 삼고 세례를 베풀며 이 새로운 제자들이 예수님의 명령에 순종하도록 가르치는 것이다(마 28:19-20).
>
> 제임스 윌호이트(James Wilhoit)[3]

주일이나 평일에 교회 모임에서 한 걸음 떨어져 사람들이 무엇을 경험하는지 새로운 시각으로 살펴보라. 영유아가 무엇을 경험하는가? 5-7세 아이들이 무엇을 경험하는가? 아이들의 신앙이 형성되는 환경은 어떤가? 3-4학년 초등학생은 하나님, 하나님의 말씀, 하나님의 백성에 대해 무엇을 배우는가? 청소년은 세상의 가치관과 겹치거나 충돌하는 상황에 어떻게 대처하는가? 부모나 아이들에게 영향을 주는 사람들은 어디에 있는가? 그들은 동참하는가, 동참하지 않는가? 부모와 사역자들이 아이들을 잘 인도하도록 격려하고 훈련하는 일은 누가 하는가? 현실을 보면 놀랄지도 모른다. 나는 깜짝 놀랐다.

교회와 어린이 사역 현장을 보면 탄력을 받아 앞으로 전진하기는커녕, 헛바퀴만 돌리는 경우가 많다는 것을 알 수 있다. 그래서 내가 이 책을 썼다. 이 책은 "나를 따르라"고 하며 우리를 부르신 분에게 걸맞은 방법으로 아이들에게 가서 그들을 제자 삼는 일에 열정을 품은 나를 비롯한 어린이 사역자들을 위해 존재한다. 우리가 좋은 의도로 매주 하는 일이 과연 현재와 영원에 어떠한 변화를 일으키는지 의구심을 품은 사역자를 위한 것이다. 자기가 하나님을 위해 많은 일을 한다고 생각하지만 실상 하나님이 원래 창조하신 의도와 맞지 않게 사역하는 제자 양육자를 위한 것이다. 어린이와 부모가 교회 안팎에서 상처 입고 있다는 사실을 확인하려고 굳이 멀리 가지 않아도 된다. 교회 리더들 사이에 우선순위에 대한 의견이 분분하다. 우리는 가장 중요한 것에 대한 확신이 없다. 빠르게 변하는 세상에서 우리의 사역이 뭔가를 놓치고 있다는 징후가 곳곳에 나타나지만, 숲 한가운데 서 있을 때는 지평선이 보이지 않는다.

과연 적절한 성장은 어디까지인가?

배나무에 라임이 열리지 않고 무화과나무에 올리브가 열리지 않는다. 영양이 부족한 나무는 가치 있는 열매를 맺지 못한다. 씨앗과 뿌리의 상태에 따라 열매가 결정된다. 농사의 원리는 사역에도 동일하게 적용된다. 씨앗이 품은 가능성은 땅 위로 자란다. 씨앗이 잘 자라려면 뿌리를 잘 내리고 일정 시간 충분한 영양분을 공급받아야 한다. 씨앗을 심을 때는 열매를 기대한다. 옥수수를 심으면 옥수수를 얻고 호박을 심으면 호박을 얻는다. 미지의 땅에 미지의 씨앗을 심으면 어떻게 될까? 다양한 결과를 예측할 수 있다.

일례를 들어 보겠다. 한 교회가 출석률과 헌금을 기준으로 사역이 잘 이루어진다는 결론을 내렸다. 그래서 평생의 제자를 양육하는 사역이 활발하게 일어나기를 기대하며 교인들을 위해 특별 사역과 프로그램을 계획한다. 그런데 다양한 연령의 교인이 참여했음에도 결과는 기대에 못 미쳤다. 이 이유는 숫자로만 현황을 파악했기 때문이다. 예전에 교인 명부 담당자와 대화를 나누다 중대한 사실을 깨달았다. 이미 오래전에 이사했음에도, 지난 6개월 동안 출석했다고 표시된 교인이 있었다. 일부러 숫자를 부풀리려는 의도는 없었다. 다만 당연히 엄마, 언니와 함께 매주 출석하고 있을 것이라고 추정했을 뿐이다. 아이를 인격체로 대하지 않고 명부에 적힌 이름과 숫자로만 대한 것이다. 한번은 교회에서 설문 조사를 했다가 열띤 논쟁이 벌어졌다. 신앙 성숙을 위해 평일 강의를 개설하는 계획에 대해 다양한 의견이 나왔다. 교인들이 열의를 다해 응답한 설문지를 보니 강의에 참석하지 않겠다는 의견이 지배적이었다. 이런 상황에 공감할 수 있을 것이다. 사역을 하다 보면 제자를 만들기는커녕, 분노할 일만 생기는 때가 있다.

평생의 제자도는 영적 성장을 이루고 그것을 지키는 분이 하나님이시라는 깊은 확신에서 시작한다. 따라서 교회의 존재 이유와 공동체에서 어떤 방식으로 제자를 세울지 결정할 때는 하나님께 기도하고 그분만 의지해야 한다. 다음 세대의 신자를 어떻게 일으킬지, 그들과 그들 가족을 위한 최적의 사역이 무엇인지를 두고 대부분의 교회가 고민한다. 리더들은 어린이 사역 환경과 경험을 구성할 때 여러 요인을 고려하여 교육 과정을 짜거나 필요한 물품을 구입하고 교사를 충원하며 훈련한다. 부모에게 아이들을 주일학교에 데려다주는 역할을 넘어 가정에서 신앙의 선배라는 진지한 역할을 기대한다. 이렇게 리더들은 씨앗을 뿌리고 선한 열매를 기대한다.

만약 우리의 사역이 지나치게 성장한다면 어떻게 할 것인가? 성장은 했는데 열매가 적다면? 열매가 있지만 모양이 이상하거나, 무언가가 빠졌는데 원인과 해결책을 알 수 없다면? 당신은 아마 교회에서 어떤 식으로든 어린이 사역에 동참하고 있을 것이다. 봉사자나 리더일 수도 있다. 어떤 위치든 고민이 있을 것이다. 현재 상태가 지속된다면 과연 아이들이 어른이 되어서도 예수님을 사랑하고 평생 예수님을 따르는 제자가 될 수 있을까? 이런 의문이 있을 수도 있다.

내가 이를 정기적으로 확인할 때 읽는 말씀이 있다. 사역 초반에 이 말씀을 읽고 큰 충격을 받았다. 요한3서 1장 4절에서 요한이 교회에 전한 말이다. "내가 내 자녀들이 진리 안에서 행한다 함을 듣는 것보다 더 기쁜 일이 없도다." 이 말씀은 내 마음에 깊은 울림을 남겼다. 당신에게도 동일한 감동이 있기를 바란다. 사람들이 그리스도를 알고 사랑하며 섬기는 모습을 보는 것은 가장 기쁜 일이다. 사람들이 하나님을 알고 사랑하며 섬기는 일에 쓰임 받았다는 사실이 기쁜 것이다. 예수님을 따르며 목회한 지난 세월을 보면 결과가 항상 좋았다고 말하기는 어렵다. 누구라도 그렇겠지만 후회가 남는다. 사역, 가정, 내 자아의 토대가 되는 신앙의 기초에 여기저기 균열이 있다. 자신이 먼저 진리 안에서 걷고 다른 사람들도 진리 안에서 걸을 수 있게 돕기를 소원한다면 머리로만 생각하지 말고 의식적으로 행동해야 한다.

현재 당신이 섬기는 어린이나 교사들을 볼 때 현재 사역에 만족한다고 솔직하게 말할 수 있는가? 혹시 당신이 괜찮다고 여기는 지금의 수준을 하나님이 뛰어넘으라고 도전하시지는 않는가? 학생부와 교회가 직면한 도전을 뛰어넘도록 이끄는 일을 어째서 주저하는가? 많은 리더가 그렇듯 어쩌면 당신은 지금 사역이라는 러닝머신에서 잠시 내려와야 할지도 모른다. 하나님이 요구하고 원하시는 사역의 변화가 무엇인지 명확하게 파악해야 한다. 하루쯤 하나님과 독대하며 어린이 사역자로서 그분과 전략 회의를 하자. 현재 사역의 제자 양육 상황을 점검하는 차원에서 신실한 교사 혹은 부모(아이들 포함)와 함께해도 좋다. 당신이 솔선수범하여 정직하게 어려운 질문을 던지는 용기를 발휘한다면 하나님이 건설적인 변화를 시도할 용기를 더하실 것이다. 그 일에 이 책이 제시하는 원리와 방법이 도움이 되기를 기도한다.

무엇을 놓치고 있는가?

어린이와 청소년이 교회와 그리스도를 떠난다는 불편한 통계를 알

고 있을 것이다. 교회뿐만 아니라 신앙의 차원에서 현재 상태를 읽어
내기가 쉽지 않지만 전망이 상당히 암울하다.

> 역사는 아이들의 일상에 우리가 일으킨 변화로 판단된다.
> 넬슨 만델라(Nelson Mandela)[4]

방송이나 유통업계를 보면 세상이 얼마나 빨리 움직이는지 바로 알 수 있다. 우리는 아이가 너무 빨리 자란다고 말하지만 사실 그들은 너무 어린 나이에 어른의 세계에 노출된다. 부모가 제각기 삶에 열중하는 동안 아이는 그들만의 방향으로 간다. 교사, 코치, 영적 리더들이 최선을 다해 아이를 돕고 싶어도 가정에서 부모가 도와주지 않으면 아무리 좋은 마음으로 수고해도 역부족이다. 가정, 학교, 교회 등 어디를 봐도 확실한 해결책이 보이지 않는다.

그동안 교회 어린이 사역을 하면서 아이, 부모, 교사의 삶에 믿음의 열매가 자라는 일을 많이 보았지만 여전히 뭔가 부족하다는 생각이 든다. 내가 보기에, 지속적인 사랑의 관계를 유지하는 힘이 부족하다.

출석 유형을 점검하고 교사들의 정보 전달 능력을 평가하며 아이들이 배운 내용을 얼마나 이해하는지 측정하기는 비교적 쉽다. 아이들의 행동이 바른지 나쁜지, 부모들이 느끼는 만족도가 어떤지 보는 것도 한 방법이다. 그러나 해당 요소는 사역의 성장과 열매를 판단하는 최고의 척도가 아니다. 신뢰와 사랑, 진실과 정직의 씨앗을 뿌리고 그 씨앗이 잘 자라는지 어떻게 확인할 수 있을까? 우선 분명한 의도로 씨앗을 뿌리고 돌보며 장애물을 제거해야 한다. 가장 큰 변

화가 일어나는 환경과 경험은 삶의 상호 작용에 토대를 둔다. 어린이 사역이 특별한 기회라고 말하는 이유가 여기 있다. 그리스도 중심의 공동체라는 기본 환경과 적절한 촉매제만 있다면, 어린이 사역으로 놀라운 영적 성장을 일으킬 수 있다.

어린이 사역자들은 이렇게 외친다. "우리는 탁월한 프로그램을 만들고 훌륭한 지식을 가르쳤습니다. 선하게 행하고 성실하게 참여하며 가정을 도왔습니다. 그뿐입니까? 한없이 베풀었습니다. 그런데 우리가 무엇을 놓쳤습니까?" 우리가 놓친 과녁이 무엇인지 정확히 파악하려면 우리의 보살핌 아래 성장한 아이들과 솔직한 대화를 나누어야 한다. 데이비드 키네먼(David Kinnaman)의 『청년들은 왜 교회를 떠나는가』(You Lost Me, 국제제자훈련원 역간)와 십대에 대한 통찰을 주는 챕 클락(Chap Clark)의 『상처 2.0』(Hurt 2.0)은 동일한 부분을 지적한다. 우리가 놓친 부분은 '관계를 통해 일어나는 변화의 힘'이다.

데이비드 키네먼은 이렇게 말한다. "관계는 매우 중요하다. 제자 양육의 핵심이기 때문이다. 아이들이 떠나는 상황은 결국 제자 양육의 문제다."[5]

챕 클락은 이렇게 설명한다. "청소년은 '안전한 관계'와 '친밀한 분위기'를 잃고 괴로워한다. 이 두 가지는 이전 세대가 아동에서 어른으로 성장하는 과정에서 중요한 양육 공동체 역할을 했다. 청소년에게는 작지만 의도적이고 지속적인 관계에 기반을 둔 관심, 돌봄, 양육을 진정성 있게 실천하며 그 실천이 가진 힘을 아는 어른이 필요하다."[6]

앞서 소개한 두 책은 교회와 문화에 공통적으로 내재된 문제를 지적한다. 내 서재에도 문제의 근원을 파헤친 자료가 많다. 미국의 역사가 헨리 애덤스(Henry Adams)는 좋든 나쁘든 타인의 삶에 영향을 주는 일에 대해 이렇게 말했다. "교사가 끼치는 영향력은 영원하다. 교사는 자신의 영향력이 끝났다고 말할 수 없다."7 야고보서 3장 1절은 기독교 교육자에게 강력한 경고 메시지를 전한다. "내 형제들아 너희는 선생 된 우리가 더 큰 심판을 받을 줄 알고 선생이 많이 되지 말라." 우리가 전달한 가르침과 영향력의 결과가 우리의 의도와 다르다는 것은 무척 고통스러운 일이다. 그러나 고통은 당연한 반응이며 좋은 출발점이기도 하다. "어디부터 잘못되었을까?"를 겸손하게 질문하는 것은 어렵다. 자원해서 도움을 요청하는 사람이 없으면 현실을 제대로 바라보기 어렵다. 나는 누군가를 비난하려는 의도가 아니라, 격려하고 더 나은 제자도의 방향으로 인도하려는 의도로 이 책을 썼다.

관계 중심 어린이 사역의 핵심

성장이 주춤할 때는 잠시 멈춰서 방향을 조정할 필요가 있다. 혁신은 한때 잘 나가던 것도 언젠가는 추락한다는 사실을 전제로 한다. 한때 레코드판, 카세트테이프, CD를 대체할 것이 없다고 여기기도 했다. 지금은 수천 곡이 담긴 MP3 플레이어를 주머니에 넣고 다닌다. 앨범을 소장할 생각이 없는 사람은 온라인 서비스나 애플리케이션을 통해 매달 일정 금액을 내고 원하는 기기에서 무제한 스트리밍으로 음악을 즐긴다. 음반 업계는 큰 혼란에 빠졌다. 여행, 서비스, 기술, 교육 분야가 겪는 혼란도 이와 비슷하다. 현 상황이 더 이상 사람들의 필요에 부응하지 못하고 있다면 변화가 필요하다. 교회와 어린이 사역의 방향을 재조정하고 제자도의 핵심으로 돌아가려면

어떠한 변화가 필요할까?

> 청소년 사역의 핵심은 기독교 양육의 목표에 대한 믿음과 전통을 실천하는 것이다. 기독교 양육의 목표는 아이들을 창조하고 우리 생각의 수준을 뛰어넘어 그들을 사랑하시는 하나님과 평생의 친밀한 관계를 누리도록 아이들을 이끄는 것이다.
> 브래드 마티아스(Brad Mathias)[8]

어린이에게 영향을 끼치는 사람들은 어린이를 알고 사랑하며 섬기는 일에 하나님께 쓰임 받으며, 그들로 인해 어린이들은 점차 예수 그리스도를 알고 사랑하며 섬기게 될 것이다. 그 과정에서 친구, 부모, 기타 주변 사람들의 삶에도 영향을 끼쳐서 그들도 헌신적인 그리스도의 제자가 된다. 요점은 이것이다. 제자를 만드는 일은 하나님의 가족 안에 있는 어느 한 사람의 일이 아니라 공동체의 책임이다. 모두 해야 할 역할과 책임이 있다. 관계가 지닌 다중적인 측면을 아우르는 어린이 사역이 필요하다. 제자도는 목록을 만들어서 확인만 하면 되는 프로그램이 아니다. 제자도에는 관계적 속성이 있으며, 누군가의 삶에 투자를 해야 한다. 이것을 잘 정착시키려면 여러 교회 리더와 어린이 사역자가 먼저 마음을 열고 도전해야 한다. 새로운 목표를 염두에 두고 사역 방식을 조정하여 건설적인 방향으로 단계를 밟아 나가야 한다. 목표는 어린이와 가정의 장기적인 관계 형성이다.

건설적인 걸음을 내디딜 때

앞에서 한겨울에 산기슭 도로에서 오도 가도 못했던 일을 소개했었다. 그때 내가 어떻게 그곳에서 빠져나왔는지는 아직 말하지 않았다. 자동차 뒷거울을 보니 마침 우리 교회 성도가 눈에 들어왔다. 얼굴은 알지만 대화한 적은 없었다. 나는 사방에서 울리는 경적을 무시하고 일단 차에서 내렸다(사람들에게 피해를 준다는 사실은 무시했다). 그에게 가서 내가 누구인지 소개하고 상황을 설명했다. 그는 주저 없이 "제가 밀어 드릴게요"라고 했다. 나는 차로 돌아가 그가 범퍼를 밀어 주기를 기다렸다. 그러자 차가 다시 앞으로 나갔다. 헛바퀴만 도는 상황에서 내가 어떻게 벗어났는가? 차에서 내려 믿음의 걸음을 내디디고 새로운 관계를 형성하여 함께 해결책을 모색했다.

내 뒤로 차들이 줄지어 서 있는 상황에서 혼자 해결할 수 없을 만큼 순식간에 문제가 커졌다. 감사하게도 도움이 절실할 때 우리 교회 성도에게 도움을 받았다. 이것이 어린이 사역과 어떤 관계가 있는가? 사역은 공동체 안에서 해야 한다. 우리가 직면한 문제는 팀으로 해결할 수 있다.

나 같은 사람에게는 이따금 자극이 필요하다. 앞으로 가려면 책임감도 필요하다. 시련과 기쁨을 함께할 누군가가 필요하다. 확실한 방법과 이유가 없을 때는 해결책을 들고 앞으로 나가기 어렵다. 하지만 좋은 소식이 있다. 바로 이 책으로 시작하면 된다! 여러 의문과 문제의 핵심이 무엇인지 이 책에서 찾아보라. 앞으로 일반적인 사역 방식에 새로운 접근법을 제시하고, 사역의 초점을 평생의 제자도로 바꾸는 방법을 소개할 것이다. 마지막으로 혼자 하든 다른 리더들과 함께하든 건설적인 변화로 나아가는 실천 방법을 소개할 것이다.

우선 이 책을 선택했다는 사실 자체가 건설적인 변화의 첫걸음이다. 이어서 다음 세 단계를 밟아 나가는 것이 중요하다. 이러한 태도로 이 책을 읽기 바란다.

- 어린이 사역의 현 상태를 뛰어넘는다. 아이들이나 가정을 대상으로 한 제자도의 불편한 현실과 마주한다.
- 어린이 그리고 가정과 분명한 의식을 갖고 관계를 형성한다. 예수님의 도움 아래 그분이 몸소 보이신 생명을 주는 다섯 가지 제자도를 실천한다.
- 새로운 방향으로 사역을 재조정한다. 평생의 제자도를 위해 세 가지 '사역 리셋' 버튼을 누른다.

뛰어넘고 형성하며 재조정하라. 아이들에게 영향을 끼치는 사람들이 평생의 제자를 만드는 공동체를 형성하는 것은 매우 당연하고 가능한 일이다. 그러나 여기에는 넓은 시각과 지속적인 노력, 인내가 필요하다. 지금은 아이들이 잘 성장하고 열매 맺는 제자가 되고 있는지 궁금해하며 기다릴 때가 아니다. 우리의 사역을 새로운 시각으로 바라보고, 오랜 세월 이미 효과가 검증된 예수님이 보이신 성경적이고 혁명적인 방식으로 사역을 조정해야 한다. 방과 후 사역, 교회 주일학교, 주중 전도 및 제자 훈련, 홈스쿨 네트워크, 어린이 스포츠리그 등에서 섬기든 아니면 한 가정을 이끌든 자신이 속한 환경에서 관계 중심의 어린이 사역을 실천하기 위해 현재 사역을 재평가하고 재정비해야 한다.

묵상과 토론을 위한 질문

01 어떤 동기에서 이 책을 읽게 되었는가?

02 당신에게 어린이 사역과 가정 사역은 얼마나 중요한가? 교회와 사역의 리더십은 어린이 사역과 가정 사역을 어떻게 생각하는가?

03 예수님을 믿고 따르기로 결정하려는 사람에게 당신은 제자도를 어떻게 설명할 것인가? 그가 어린이라면 어떻게 설명하겠는가? 그가 성인이라면 어떻게 설명하겠는가?

04 당신이 속한 공동체의 어린이 사역에서 어린이와 가족에게 평생의 제자도를 실천한다고 확신하는가? 1점(전혀 확신하지 않음)에서 10점(매우 확신함)까지 점수로 표현하고 그 이유를 말해 보라.

05 현재 아이들이 예수님 그리고 교회 공동체와 관계 맺는 모습에서 가장 우려되는 것은 무엇인가?

06 교사와 부모 가운데 어느 쪽이 어린이의 제자도에 더 많은 영향을 줄 것 같은가? 그렇게 생각하는 이유는 무엇인가?

07 현재 진행하는 어린이 사역에 건설적인 변화를 딱 하나만 시도할 수 있다면 무엇을 하고 싶은가? 그 이유는 무엇인가?

08 관계 중심의 어린이 사역에 대해 배우며 발견한 내용을 토론하고 함께 기도할 사람은 누구인가?

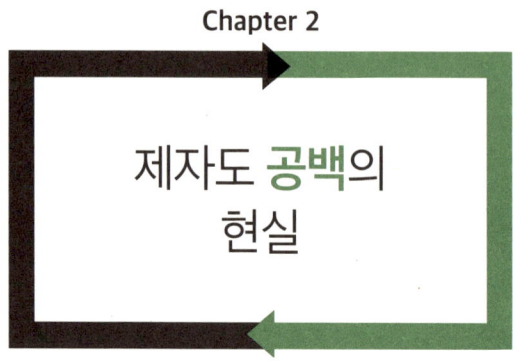

Chapter 2
제자도 공백의 현실

잘못된 기차에 올라탔다면, 복도 반대 방향으로 뛰어봐야 소용없다. **디트리히 본회퍼**(Dietrich Bonhoeffer)[1]

마땅히 행할 길을 아이에게 가르치라 그리하면 늙어도 그것을 떠나지 아니하리라(잠 22:6).

오래전 긴 환승 시간 동안 런던 시내를 잠시 돌아볼 기회가 있었다. 우리는 첫 유럽 방문 기회를 최대한 활용하려고 급행열차로 패딩턴 역까지 가서 간단히 식사를 하고 관광에 나서기로 했다. 시차로 머리가 어지러운 와중에도 피시 앤 칩스, 빨간 이층 버스, 버킹엄 궁전 근위대 교대식 같은 거창한 계획이 떠올랐다. 놀라울 정도로 모든 일이 순조로웠다. 대중교통을 잘 익혀 두고 손목시계와 생체 시계를 전부 현지 시간에 맞춰 조정했다. 도시 한복판에서 헤매다가 초저녁 항공편을 놓치는 불상사가 없도록 미리 환전까지 해두었다. 환승 시간 동안의 짧은 모험은 즐거웠다. 그러나 지금까지 머릿속에 생생히 기억나는 것은 횡단보도에서의 순간이다.

다시 말하지만 영국 땅을 처음 밟은 날이었다. 더 솔직히 말해 북미 지역을 벗어난 것 자체가 처음이었다. 외국에서는 문화적 차이에 민감해야 한다는 사실을 알았기 때문에 환전하거나 방향을 물어볼 때 낯설고 투박한 영국 억양을 최대한 주의 깊게 들으려 애썼다. 기차역에서는 열차와 플랫폼 간격을 조심하라는 안내에 주의하여 플랫폼 경계선을 넘지 않았다. 그동안 봤던 영국 영화 때문에 영국에서는 차가 왼쪽 차선으로 다닌다는 사실도 알았다.

다양한 충고와 약간의 순진함으로 무장한 채 의기양양하게 기차역을 빠져나왔다. 그리고 앞에 있는 도로를 보며 이렇게 중얼거렸다. "차는 오른쪽에서 온다. 무조건 오른쪽부터 보자. 오른쪽!" 이 원칙대로 했다가 하마터면 오토바이에 치어 병원에 실려 갈 뻔했다. 이론으로는 철저히 준비했지만 정신 차리고 보니 일방통행 도로였다.

왼쪽을 봤다면 결코 발을 내딛지 않았을 것이다. 나는 주변 상황을 무시했다. 앞에 놓인 상황에 충분한 주의를 기울이지 않았다. 걸음을 멈추고 한 걸음 물러서서 주위를 둘러봐야 했다.

한 걸음 물러서기

나는 15년 동안 어린이와 가정을 제자로 세우는 사역에 집중하며 부목사로 사역했다. 내 생각에 어린이 및 청소년 사역은 외국 여행과 비슷하다. 어린이와 청소년의 세계는 우리가 생각하고 살아가는 방식과 유사한 부분도 있지만 대부분 매우 다르다. 내가 잘 몰라서 하는 소리라고 생각하는가? 굳이 말하자면 나는 어린이 사역, 청소년 사역, 가정 제자도 분야에서 최선을 다해 최신 경향을 파악했으며 연령, 경험, 신앙 면에서 다양한 신자를 대상으로 사역했다. 주님의 은혜로 다양한 교단, 사회적이고 경제적이며 문화적 배경을 대표하는 사람들과 사역 단체와 더불어 일했다. 감사하게도 하나님의 인도하심을 따라 다양한 사역의 길을 걷는 동안 사람들을 예수님의 제자로 훈련하는 일에 쓰임 받았다. 물론 어린이와 청소년을 대상으로 하는 사역은 쉽지 않다. 눈을 크게 뜨고 정신 차리지 않으면 우리에게 다가오는지도 몰랐던 문제 때문에 단번에 쓰러질 수 있다.

제자도의 불편한 진실

어린이 사역자와 교회, 부모들은 제자 양육이 한 세대에서 다음 세대로 계속 이어지기를 간절히 바라며 최적의 어린이 프로그램과 제자 훈련 계획 속에서 "마땅히 행할 길을 아이에게 가르치라 그리하면 늙어도 그것을 떠나지 아니하리라"(잠 22:6)는 말씀을 실천한다. 하나님의 은혜와 훌륭한 사역을 경험한 아이들이 주일학교와 학생부 성경 공부를 통해 신앙을 계속 간직하기를 기대한다. 그러나 교회와 가정의 품을 벗어난 상당수의 아이들이 교회를 떠난다. 평생 제자도라는 차원에서 현실과 통계는 우리가 기대한 결과에 못 미친다. 특히 믿음의 시험이 찾아오는 20대에서 두드러진다.[2]

이런 암울한 시나리오는 지극히 일반적이다. 따라서 문제를 보여 주는 통계에 집중하기보다는 상황을 타개할 해결책에 집중해야 한다. 어린이 사역자들과 그들이 섬기는 어린이와 가정을 대상으로 한 제자 훈련 자료가 역사상 그 어느 때보다 풍성하다. 기술의 진보 덕분에 각 교회는 원하는 방향과 프로그램에 맞추어 다양하게 상품을

현실을 보여 주는 불편한 통계

'**밀레니얼 세대**'는 1980년대 초반부터 2000년대 초반에 출생한 세대로, 이 조사 시점에 이들의 연령은 18-29세였다. 교회에서 성장한 밀레니얼 세대의 상당수는 교회를 떠났지만, 그들과 하나님과의 관계는 끊어지지 않았다.

교회에서 성장한 밀레니얼 세대 **5명 가운데 3명**은 일정 시점이 되면 교회를 떠난다.

9명 가운데 1명은 기독교 신앙을 버린다.

10명 가운데 2명은 교회 문화와 사회 사이에서 혼란을 겪는다.

10명 가운데 4명은 제도권 교회를 떠나 방황한다.

5명 가운데 3명은 15세 이후 영원히 또는 오랜 기간 교회 생활에서 단절된다.

선택할 수 있게 되었다. 맞춤형 커리큘럼을 원하는 교회는 여러 업체에서 출판물이나 디지털 다운로드 형태의 커리큘럼을 구할 수 있다. 전체 사역 프로그램과 관련 자료를 원하는 어린이 사역자는 클릭 한 번으로 구매와 적용을 마칠 수 있다. 어린이와 가정을 위한 성경 공부를 찾으려 인터넷을 검색하면 자료가 너무 많아 금세 눈이 피곤해진다. 콘퍼런스나 박람회에 가면 좀 더 맞춤형으로 선택할 수 있지만 그 선택권이 한도 끝도 없다. 무수한 사역 모델과 방식이 앞다투어 경쟁을 벌인다. 따라서 범주의 폭을 넓혀 우리의 관심을 단순하게 집중해야 한다.

교육가 마이클 앤소니(Michael Anthony)는 2006년 『어린이의 신앙 형성에 대한 네 가지 관점』(Four Perspectives to Children's Spiritual Formation)이라는 책에서 어린이 사역에 사용하는 네 가지 방식을 비교 분석했다. 이 책은 교육 이론과 신앙 형성에서 공통분모를 찾아 실제 사역에 적용하기 원하는 사람에게 도움이 될 만한 훌륭한 지침서다. 다음 그림은 저자가 정리한 네 가지 모델을 요약한 내용이다.

이 네 가지 모델과 세부 방법은 서로 경쟁하지 않는다. 어린이 사역자들은 특정한 배경, 사역 철학, 은사, 성품, 환경에 따라 사역 모델을 정한다. 전임 사역자가 선택한 사역 모델을 그대로 따르는 경우도 있다. 네 가지 모델을 적절히 혼합하는 것이 가장 이상적이지만 그렇게 하기는 어렵다. 앤소니는 이렇게 말한다. "사역을 성공적으로 이끈 사역자들은 자신의 프로그램이 성공한 이유를 명확히 대답하지 못할 때가 많다."[3]

어린이와 가정 대상의 제자 훈련 자료들은 불편한 통계에 대한 대응 차원에서 공통적으로 현재의 추세를 막으려고만 한다. 그러나 그

어린이 사역의 네 가지 모델

미디어와 행동
너희는 여호와의 선하심을 맛보아 알지어다
(시 34:8).

미디어 기반-행동 참여 모델은
감각적 경험으로 손과 마음을 움직여,
하나님의 이야기에 동참하게 한다.

묵상과 반응
우리에게도 가르쳐 주옵소서(눅 11:1).

묵상-반응 모델은 단순한 성경 지식
전달을 넘어 품성 형성을 강조한다.

드라마와 발견
너희는 말씀을 행하는 자가 되고(약 1:22).

실제-참여 모델은 말씀에 기록된,
행동을 통해 드러나는 믿음을 삶에서
실천할 기회를 준다.

생각과 기억
너는 진리의 말씀을 옳게 분별하며(딤후 2:15).

교육-분석 모델은 성경의 지식이
경건한 신앙과 행동을 계발하는
토대라고 믿는다.

"사역을 성공적으로 이끈 사역자들은 자신의 프로그램이 성공한 이유를 명확히 대답하지 못할 때가 많다."
마이클 앤소니, 『어린이의 신앙 형성에 대한 네 가지 관점』에서

들이 제시하는 해결책만큼이나 문제의 뿌리는 분명하지 않을 때가 많다. 어린이 사역 공동체와 함께 효과적인 어린이 제자 훈련을 가로막는 문제점을 찾을 때 자주 언급되는 네 가지 문제가 있다. 문제마다 각기 다른 사역 모델이 필요하다. 네 가지 문제는 바로 문화의 변화, 소심한 양육, 부실한 자료, 교회 리더십의 무관심이다.

문화의 변화에 대한 비난
일부 어린이 사역자는 아이들이 신앙 안에서 성장하지 못하는 주 원인이 문화의 변화 때문이라고 주장하며 이에 대응하는 쪽으로 제자도 방향을 설정한다. 아이들이 교회를 떠나거나 신앙의 토대에서 멀어지는 이유가 과연 문화 전반의 변화 때문인가? 기술과 미디어는 어떤 역할을 하는가? 가정의 역기능 수준과 그리스도를 향한 어린이의 헌신 수준은 어떤 상관관계가 있는가? 시골, 교외, 도시에서 사는 것은 어린이와 가정의 믿음에 어떤 영향을 주는가? 이는 어린이 사역자들이 생각해 볼 문제다. 가정을 산산조각 낸 주범으로 미디어 재벌과 비디오 게임 개발 업체를 지적하는 사람도 있다. 가족의 일상을 갉아먹는 교육 제도와 방과 후 활동을 탓하기도 한다. 학교 내 기도에 대한 정치 논란도 자주 언급된다.

과연 이러한 변화가 원인인가? 물론 문화의 변화는 평생의 제자도에 영향을 준다. 그러나 그 외에도 고려할 부분이 많다.

소심한 양육에 대한 비난
모든 가정마다 성경이 있고 다들 성경을 읽던 (읽는다고 생각했던) 좋은 시절은 다 어디로 갔는가? 매일 밤 운동 경기에 참가해야 하는 아이들이 어떻게 착실하게 신앙생활을 하겠는가? 어째서 부모들은 교회 봉사에 게으름을 피우는가? 어린이 사역자는 이구동성으로 부모들이 주일학교를 아이 봐 주는 곳 정도로만 여긴다고 하소연한다. 가정과 아이들의 삶에서 영적으로 가장 영향력이 큰 사람은 부모여야 한다는 인식이 점차 커지고 있다. 물론 그렇게 생각할 만한 합당한 이유가 있고, 그것이 성경적으로도 맞다. 그런데 종종 부모와 교회가 서로 비난하며 손가락질한다. 가정과 교회는 하나님이 공급하신 자원으로 최선을 다하지만 안타깝게도 입장이 달라서, 서로를 동역자가 아닌 경쟁자로 여긴다.

부실한 자료에 대한 비난
"왜 이 자료는 다운로드만 할 수 있고 DVD로 볼 수는 없는 걸까? 불필요한 이 자료들은 또 무엇일까? 우리는 그대로 따라서 하기만 하면 되는 커리큘럼이 필요해."

어린이 사역자들은 굶주린 아이들에게 하나님의 말씀을 일일이 떠먹일 생각이 없다. 그들은 실제 사역에 적용 가능한 커리큘럼과 자료를 원한다. 자료가 많으면 너무 복잡해서 따라 하기 어렵다. 때로는 너무 단순해서 별로일 때도 있다. 왜 우리는 매주 그토록 많은 준비 작업을 하는가? 나오는 아이들은 얼마 안 되고 그나마 나온 아이들도 프로그램을 지루해한다. 적절한 학습 경험을 제공하려는 사역자라면 패키지 커리큘럼의 문제점을 알 것이다. 어떤 자료는 정보가 너무 많고 어떤 자료는 정보가 너무 적다. 어떤 커리큘럼은 처음부터 끝까지 전적인 프로그램을 제공하지만 어떤 경우는 수정하고 보충해야 할 개별 프로그램을 제공한다.

구입해서 바로 적용할 수 있는 최고의 자료는 드물다. 각각 독특한 사역 현장에 맞는 '맞춤형'이 없다고 커리큘럼을 비난하는 어린이 사역자도 많다. 자료의 영적 깊이가 충분하지 않다는 불만도 들린다. 교회의 환경과 맞지 않는 전달 방식에 대한 불만도 있다. 이런 문제를 뛰어넘어 평생의 제자도를 이루려면 당장 적용할 수 있는 완벽한 해결책을 찾겠다는 생각부터 버려야 한다. 물론 커리큘럼을 활용해야 한다. 그러나 다양한 방법으로 시행하고 변경하며 강화할 수 있는 자료를 찾는 것이 바람직하다.

교회 리더십의 무관심에 대한 비난

교회 리더십은 왜 어린이 사역을 주일 오전 탁아소 정도로만 여기는가? 적절한 예산 지원 없이 자생할 수 있는 제자 훈련 사역이 있겠는가? 강단에서 좀 더 힘을 실어 준다면 어린이 사역에 자원하는 봉사자가 부족한 상황이 벌어지지는 않을 것이다. 왜 주일만 되면 교사들은 교회 가는 길이나 주차장에서 공과 준비를 하는가? 어린이 사역자들은 교회의 다른 사역자들이나 리더들과 동역하기 원한다. 그러나 교회 사역 사이에 경쟁 관계가 형성되어 종종 어린이 사역을 한 등급 아래의 사역으로 취급하기도 한다. 어린이와 가정을 대상으로 사역하는 리더들은 교회 리더십과 긴밀한 관계를 유지해야 한다. 동일한 사명, 비전, 가치 안에서 기도로 계획하고 준비해야만 어린이와 가정 가운데 평생의 제자도가 뿌리내릴 수 있다. 하나님을 경외하는 일을 목표로 사람을 모으려면, 앞장서서 건설적인 대화를 유도하고 동역자를 이끌어야 한다. 여러 의문과 동기를 넘어 더 큰 목적과 의미를 위해 용감하게 이끄는 모습은 존경을 자아낸다.

자주 거론되는 문화의 변화, 소심한 양육, 부실한 자료, 교회 리더십의 무관심이라는 네 가지 문제 가운데 당신에게 해당되는 것은 무엇인가? 당신의 교회나 어린이 사역을 좌절하게 하는 주된 원인은 무엇인가? 그 문제를 사역 팀이나 동역자들과 함께 대화하며 공론화하라. 이는 지혜로운 해결책을 발견하는 중요한 첫걸음이다. 당신은 리더로서 문제를 알면서도 참고 있을지도 모른다. 그러나 그렇게 해서는 안 된다. 문제는 저절로 사라지지 않기 때문이다.

앞서 살펴본 네 가지 문제와는 다른 상황으로 고민하는 사람도 있을 것이다. 그러나 내가 말한 네 가지는 매우 일반적이다. 이 문제를 아는 교사들은 아이들을 예수님의 제자로 기르고 싶은 열망이 있다. 단지 문제에 대한 해결책이 잘못되었을 뿐이다. 좋은 의도로 다양한 모델과 방법을 선택한다. 리더에게는 어린이와 가정이 평생토록 제자로 성장할 수 있다면 무엇이든 하겠다는 마음이 있다. 내가 아는 대부분의 리더는 하나님이 자신에게 맡기신 사람들을 진심으로 사랑하기 때문에, 날마다 헌신적으로 자기 삶을 투자한다. 그들은 아이들의 삶이 달라진 실제 사례를 목격했기 때문에 불편한 통계에 대해서도 면밀히 연구할 준비가 되어 있다.

지나 온 사람들에게 듣는 조언

예수님이 가신 길을 따라가는 제자도의 여정에는 결승선이 없다. 아이들을 대할 때는 이 아이들이 장차 어른이 된 모습을 볼 수 없다 해도 괜찮다는 생각이 필요하다. 우리는 아이들이 예수님을 따라가는 평생의 모험에서 어느 한 시기에 그들을 사랑할 뿐이다.

청소년이 교회를 떠나는 현실에서 문제는 사실 청소년이 기독교 신앙 자체를 떠나는 거대한 이동보다, 그들이 신앙의 여정에서 다양한 이유로 신앙과 연결이 끊어지는 것이다. 기독교 배경을 가진 청소년 대부분이 신앙을 버리지는 않았지만 교회와의 연결점은 끊어졌다.[4]

키네먼의『청년들은 왜 교회를 떠나는가』에는 연구와 통계의 기본이 되는 생생한 이야기와 함께 훌륭한 영상 자료가 있다. 나는 밀레니얼 세대의 이야기에 빠져들었다. 그들의 솔직함과 진정성, 진실함은 감동적이었다. 교회가 어떻게 도움이 되고 방해가 되었는지에 대한 이야기는 신선했다. 일부는 제자도의 공백을 경험하고 일부는 여전히 헤매고 있었다. 청년들의 영상을 보며 그들의 교회 경험에 집중하게 되었다.

그러다 문득 깨달았다.

그들의 이야기는 내 이야기였다.

교회는 나를 발견했다.

사실… 하마터면 나를 놓칠 뻔했다.

나는 여덟 살 때 처음으로 하나님, 교회, 예수님이라는 단어를 접했다. 부모님은 몇 년 전에 이혼하셨고 아버지는 술과 마약 중독으로 입원 치료를 받았으며, 어머니는 철저한 무신론자에 페미니스트로 지역 병원에서 일하며 겨우 생계를 꾸리셨다. 이혼으로 깨지거나 역기능으로 무너진 가정의 아이 대부분이 그렇듯, 나는 이 집 저 집을 전전하며 여러 사람 손에서 자랐다. 하나님이 최악의 상황에 빠지지 않도록 나를 보호하셨다는 사실을 잘 알지만 지금도 그때를 생각하면 눈물이 난다.

내가 3학년이 되었을 때 어머니와 나는 괜찮은 동네의 아파트로

이사할 수 있었다. 훌륭한 집은 아니었지만 근처에 좋은 학교가 있고 미래에 대한 소망도 품을 수 있었다. 그러나 이미 헤어진 부모님 사이에서 내 앞날은 불투명했다.

우리는 캘리포니아 북부에 살았는데, 어머니는 나를 교회에서 운영하는 보육 시설인 오크트리 어린이집에 다니게 했다. 어린이집 사무실에서 어머니가 한 말씀이 지금도 생생히 기억난다. "우리 아들에게 하나님이나 교회, 예수에 대해 말하면 당신네 건물을 불태워 버릴 거예요." 어머니는 언제나 호전적이었다. 어려서부터 종교적인 가정에서 힘들게 성장해서 그런지, 자신이 겪은 기독교라는 이름으로 일어나는 폭력에서 아들을 보호하려고 했다. 그런데 원장님의 간단명료한 대답도 인상적이었다. "월요일 방과 후에 대니가 오는 건가요?" 어머니는 어린이집의 책임자 역시 역기능 가정에서 온갖 어려움을 겪었다는 사실을 몰랐다. 차이가 있다면 원장님에게는 확고한 신앙과 집이라고 부를 수 있는 하나님의 가족이 있었다는 것이다.

어머니는 결국 나를 오크트리 어린이집에 등록시켰다. 오크트리 어린이집은 내가 다니는 학교 바로 건너편의 작은 침례교회에서 운영하는 보육 시설이었다. 몇 달 전 문을 열고 처음 방과 후 프로그램을 시작했다. 위치도 완벽하고 보육비 수준도 괜찮았다. 만약 시간당 천 원이라는 금액에 집에서 걸어갈 수 있는 위치에 이러한 보육 시설이 있다면 사비를 털어서라도 우리 동네 아이들을 전부 보내고 싶다.

교사들은 확고한 사명을 품고 있었다. 그들은 예수 그리스도의 복음을 아이와 가정에 전하고, 아이들이 제자로 살아가도록 양육하는 일에 헌신했다. 또 분명한 의도로 방과 후에 아이들이 숙제를 하고 건강한 간식을 먹으며 부모님이 데리러 올 때까지 놀도록(언제나 이 순서로) 안식처를 제공했다. 몇 달 뒤 나는 내 모든 죄를 사하신 그리스도를 영접하고 하나님이 주신 삶을 살아가기로 결정했다. 놀랍게도 번개 맞은 것처럼 기분이 이상하거나 낯설지 않았다. 그럼에도 나는 예수님과 관계를 맺고 다른 사람이 되었다. 나는 완전히 달라졌다.

날마다 집에 가면 어머니에게 그날 배운 성경 이야기와 노래를 알려 드렸다. 어머니가 보기에도 어린이집은 성경을 가르치는 것 말고 다른 일도 잘했다. 숙제를 책임지고 돌봐 주는 사람이 있으니 성적도 올랐다. 매일 오후나 저녁에 어머니가 지친 몸을 이끌고 아들을 데리러 오면, 담당자가 어머니를 맞이하며 힘내시라고 격려했다. 이러한 사랑의 격려와 내가 잘 자라고 있다는 사실에서 어머니의 신뢰도 점점 쌓여 갔다. 처음에는 마지못해 주말에 나를 교회에 데려다주었다. 나는 주일학교에서 방과 후 어린이집 친구들과 시간을 보냈다. 예수님에 대해 알아 가는 것이 좋았다. 내가 예수님의 제자가 되는 것을 어머니가 허락해 줘서 무척 기뻤다.

무척 혼란스럽던 시절에 어린이집과 교회는 나에게 또 하나의 가족이었다. 하나님은 떡갈나무라는 뜻의 오크트리를 통해 나를 구원하고 보호하며 그분과 평생 교제하도록 인도하셨다. 씨앗은 뿌리를 내리고 나무로 자라 열매를 맺는다. 내 삶에서 바로 그 일이 일어났다. 씨앗은 어머니 마음에도 뿌려졌다. 1년 정도 뒤에 하나님은 어머니의 마음을 부드럽게 만지셨다. 어머니는 어린이집 리더와 점점 가까워져서 결국 예수 그리스도를 영접하기로 결심했다. 몇 년 뒤 우리 모자는 함께 세례를 받고 신앙을 공표했다.

이번에는 내 결혼 생활 이야기를 하려고 한다. 우리 부부는 결혼한 지 20년이 지났고, 현재 함께 사역한다. 우리는 슬하에 훌륭한 두 아들을 두었다. 에이버리와 아론은 예수님, 엄마, 아빠, 그들을 사랑하는 교회 가족과 함께 소년에서 청년으로 성장했다. 내가 받은 하나님의 놀라운 은혜를 기억하기 위해 굳이 오랜 과거를 떠올릴 필요가 없다. 많은 가족과 친구가 바로 은혜의 전리품이다. 어머니는 하나님이 자신의 빼앗겼던 세월을 회복하고(욜 2:25), 나를 하나님 손에 의탁했던 자신의 기도에 신실하게 응답하셨다고(삼상 1:27-28) 자주 말씀한다. 무신론자였던 어머니가 하나님과 그분이 하신 일을 경외하는 것을 보며 어머니의 삶이 확실히 달라졌음을 깨닫는다.

어린 시절 날마다 하나님과 동행했던 나의 또 다른 가족은 헌신된 제자이자 아버지로서 나에게 위로를 주었다. 유년기에서 사춘기를 지나는 동안 고등학교 친구들, 대학교 친구들, 목사님들, 주일학교 선생님들, 방과 후 교실 선생님들, 성경 공부 리더들, 운동 팀 코치님들, 음악 선생님들, 제자 훈련 멘토 등 많은 사람이 영적인 가족으로 함께 했다. 당신의 영적 가족을 생각해 본 적 없다면 하나님이 당신의 삶에 허락하신 중요한 관계들을 떠올려 보라. 당신이 오늘날 어린이에게 영향을 끼치는 사역자가 되기까지 하나님은 그들을 사용하셨다.

무엇이 차이를 만드는가?

앞에서 지적했듯 지속적인 평생의 제자도는 여러 방법으로 진단할 수 있다. 다양한 응답이 가능하다. 문화의 변화, 아쉬운 커리큘럼, 교회 리더십의 지원 부족, 가정의 참여 부족이 자주 언급되는 네 가지 원인이다. 키네먼은 이렇게 말했다. "교회를 떠나는 문제는 신앙 발달의 문제다. 종교 언어로 말하면 제자 양육의 문제다."[5] 나도 그의 말에 동의한다.

키네먼에 따르면 나는 유목민, 탕자, 포로 가운데 한 명이 되기 쉬운 조건이었다(51쪽 그림을 참고하라).[6] 우리 집은 이상적인 가정과 거리가 멀었다. 교회 경험은 대체로 긍정적이었으나 불완전한 프로그램과 사람들 때문에 낙심할 때도 많았다. 나는 가정과 교회에 이른바 전쟁의 상처를 갖고 있다. 지금도 내 영혼에는 상처의 흔적이 남아 있다. 그러나 무수한 어둔 밤을 지나면서도 하나님에 대한 믿음과 그리스도를 따르겠다는 헌신은 흔들리지 않았다. 물론 성령의 임재가 가장 중요한 역할을 했다. 성령은 수단을 통해 일하신다. 성령이 나에게 인내를 가르치신 주요 수단은 우리 가정과 교회 가족 사이에 놓인 생명의 다리였다.

아이에서 성인이 되기까지의 내 제자도 여정에서 차이를 낳은 것은 고통에 대한 치료약으로 제시된 독특한 초청 방식이었다. 과거에 나를 사랑하고 내 곁에 있던 사람들은 그 모든 어려움 가운데서도 내가 예수님께 붙어 있도록 힘과 의지를 북돋아 주었다. 하나님은 교회 공동체에 자신의 제자들을 두시고, 그들이 나를 출석부에 기록된 이름이나 통계상 숫자로 보지 않고 한 생명으로 여기며 삶을 투자하도록 도전하셨다. 좋은 찬양이나 프로그램도 있었지만 무엇보다 중요한 것은 '그들이 나를 안다'는 확신이었다. 그들은 내가 하는 질문에 진지하게 귀 기울여 주었다. 바로 답하고 싶은 유혹을 이겨 내고 내가 스스로 하나님 말씀에서 해답을 찾도록 격려했다. 또 나에게 예수님의 희생을 실천할 기회를 주었다. 커리큘럼이나 프로그램을 넘어 내 삶에 직접 말했다. 왜 그랬을까? 그들 자신이 평생의 제자를 만드는 사람이라는 확신이 있었기 때문이다. 자신의 일이 단

유목민, 탕자, 포로의 세계

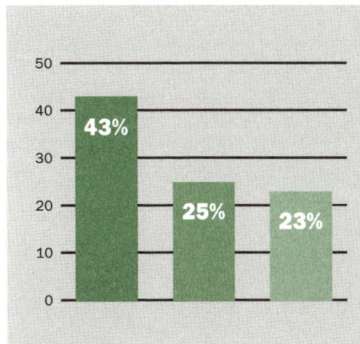

유목민 유형
교회 공동체를 떠났지만, 여전히 자신을 그리스도인으로 여긴다.

43% 교회에 가거나 그리스도인 친구들과 어울리는 것은 선택이다.
25% 믿음과 종교는 현재 나에게 별로 중요하지 않다.
23% 한때는 교회에 나갔지만 나는 더는 교회와 맞지 않는다.

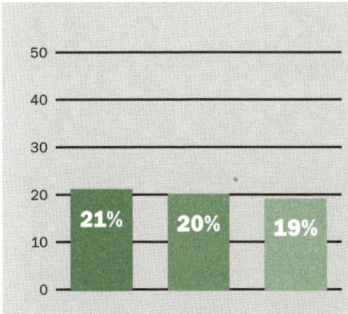

탕자 유형
신앙을 버리고 자신이 더는 그리스도인이 아니라고 여긴다.

21% 기독교 신앙을 이해할 수 없다.
20% 교회에서 부정적인 경험을 했다.
19% 나의 영적인 필요는 기독교로 충족되지 않는다.

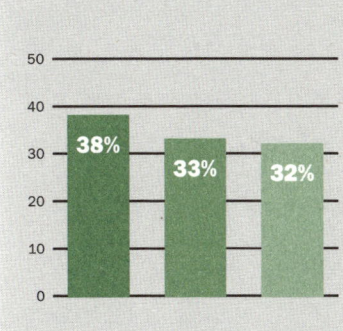

포로 유형
여전히 기독교 신앙에 시간을 투자하지만 자신이 문화와 교회 사이에 끼었다고(길을 잃었다고) 여긴다.

38% 예수님을 따르면서도 내가 속한 세상과 연결될 방법을 알고 싶다.
33% 하나님은 교회 안보다 밖에서 더 많이 일하시므로 거기에 동참하고 싶다.
32% 세상과 분리되지 않으면서 그리스도인으로 살고 싶다.

순한 양육이나 교육, 도덕적 가르침이나 오락이 아닌, 평생 예수님을 따르도록 인도하고 비전을 주는 일이라고 생각한 것이다.

신실한 그리스도인들은 나에게 많은 영향을 주었다. 의도적이든 그렇지 않든 신앙의 모범이 된 사람들의 투명한 삶은 나에게 하나님이 실제로 존재하시고 사람의 마음을 바꾸시는 분이라는 확신을 주었다. 성경은 모든 연령의 그리스도인에게 진정성, 공동체성, 시급성을 전한다. "서로 돌아보아 사랑과 선행을 격려하며 모이기를 폐하는 어떤 사람들의 습관과 같이 하지 말고 오직 권하여 그날이 가까움을 볼수록 더욱 그리하자"(히 10:24-25). 다양한 방식으로 실천할 수 있다는 점에서 이 말씀에는 아름다운 신비가 있다. 어떻게 서로 돌아보고 사랑을 실천하는 삶을 살 수 있을까? 어떻게 서로 낙심하게 하지 않고 격려할 수 있을까? 도망쳐서 숨어 버리고 싶은 순간에도 어떻게 계속 모일 수 있을까? 준비된 제자들을 위해 예수님이 돌아오신다는 소망을 붙들 때 장차 어떤 일이 일어날까?

금방 대답할 수 있는 질문은 아니다. 이런 구절은 더 깊은 논의와 고민으로 인도하는 출발점이다. 이처럼 정답은 없지만 적절한 틀을 갖춘 제자도가 내 신앙의 토대를 이루고 삶의 이야기를 형성했다.

예수님이 제자들에게 하셨던 것처럼 나 역시 교회 가족 안에서의 영적 훈련과 관계에 전적으로 헌신된 경건한 사람들에게 제자 훈련을 받았다. 내 제자도 여정의 교차점마다 하나님이 보내 주신 사람인 앤더슨 선생님이나 스티브 같은 이들을 소개하고 싶다. 장담컨대 어린이와 가정이 규칙적으로 말씀을 읽고 기도할 때 변화가 일어난다. 진정한 공동체와 마음에서 우러난 섬김이 있을 때에도 변화가 일어난다. 내 삶의 영적 리더와 롤 모델들은 여러 사람을 그리스도와 교회 가족, 원가족과의 친밀한 관계로 인도했다.

그들은 나를 강압적으로 밀어붙이지 않고 적절히 이끌어 주었다. 또 내가 다른 누군가의 믿음에 의지하는 것이 아니라 나 자신의 믿음을 보유하기를 바랐다. 내가 교회에서 혼란스러워하고 갈등을 겪을 때 그들은 불완전한 프로그램과 사람들 사이에서 언제나 내 편이 되었다. 헌신된 사역자들의 의식적인 노력에 꾸준한 신앙 훈련과 관계가 결합되면 한 어린이의 삶에 참된 변화가 일어난다. 지금 이 세대와 다음 세대에 열매 맺는 평생의 제자도가 일어나기 위해 필요한 것이 바로 그것이다.

> 궁극적으로 우리 아이들이 어떻게 자라느냐는 아이들과 하나님의 문제다. 아이들이 성령께 자기 삶의 통제권을 내어 드린다면 성령이 매 순간 아이들을 인도하신다. 그러나 "우리 아이가 어떤 아이가 될지 결정하는 것은 하나님 몫이다"라고 말하며 진지한 고민과 관심을 기울이지 않는 사람은 하나님이 맡기신 책임을 저버리는 사람이다. 이는 부모, 사역자, 교회 봉사자 모두에게 해당되는 이야기다.
>
> 래리 파울러(Larry Fowler)[7]

앞으로 나아갈 방향

앞일을 내다보기 쉬울 때가 있는가 하면 그렇지 않은 때가 있다. 나는 매년 아프리카 잠비아에서 여러 목회자와 교사를 섬긴다. 잠비아에서 사역할 때 좋은 친구이자 동역자인 카브웨가 자주 했던 말의 의미를 알게 되었다. 카브웨는 "가야 할 방향이 어디지?"라는 말을 자주 했다. 현재 상황을 정확히 파악하여 좀 더 밝고 희망찬 미래를 향해 가야 한다는 의미가 담긴 말이었다.[8] 일반적으로 우리는 하나의 훈련이 끝나면 사람들을 다음 단계로 인도한다. 이는 리더십의 가장 기본이지만 그 중요성은 종종 간과된다. 진행 방향은 분명해야 한다. 때로는 눈앞에 보이는 상황이 바로 파악되어 짧은 대화만으로도 즉시 실행이 가능하다. 그러나 복잡한 문제의 속성상 많은 지혜와 인내, 용기를 들여 고심 끝에 진행 방향을 찾는 경우도 있다. 믿음의 가족을 위한 하나님의 광대한 목적을 향해 나아가는 길에서 복잡한 문제를 두고 공동체가 함께 모여 길을 찾아가는 모습은 무척 경이롭다.

데이비드 키네먼의 『청년들은 왜 교회를 떠나는가』와 조지 바나(George Barna)의 『레볼루션: 교회 혁명』(Revolution, 베이스캠프 역간)을 처음 읽었을 때 나는 부모이자 목사로서 정신이 번쩍 들었다. 이 책들을 읽어 보면 내 말을 이해하게 될 것이다. 장차 교회와 가정에서 지금과 다른 결과를 얻으려면 기존의 방식을 바꿔야 한다는 사실은 두려움으로 다가왔다. 물론 그동안 하나님이 허락하신 어린이, 학생, 가정 사역에서 성공 사례를 많이 경험했다. 페이스북이나 편지로 감사를 표현하는 학생과 부모도 있었다. 이처럼 신앙이 이어지는 사례를 분명히 경험했지만 현재 세계가 직면한 제자도의 공백이라는 문제가 쉽게 사라지지 않을 것 같아 마음이 불편했다.

이번 장을 통해 아이들을 평생 예수님을 따르는 제자로 만드는 일에 실패한 우리의 현실을 일컫는 '제자도 공백'이라는 문제의 복잡한 속성을 깨달았을 것이다. 간단한 해결책이나 쉬운 해답은 없다. 우리는 사역이나 우리 자신에 대해 냉정한 질문을 피하고 상황만 탓한다. 그러나 여기에는 무언가가 빠졌다. 현실을 타개해야 한다는 말만 하지 말고 더 나은 미래를 위해 냉정하게 결단해야 한다. 당신은 용기를 내어 겸손하게 현실을 직시하고 질문을 던질 수 있는가? 평생의 제자도로 이어지는 원칙과 방식을 수용하고 이해하며 실천하겠는가?

관계 중심의 어린이 사역을 위한 최적의 제자도는 목표가 명확하다. 목표는 그리스도를 따르는 사람들로 이루어진 사랑의 공동체가 아이들을 사랑하고 예수님을 따르는 일에 모범을 보이면서 그들을 예수님을 따르는 제자로 훈련하는 것이다. 이는 커리큘럼을 잘 개발하거나 문화의 흐름에 저항하는 것으로 해결할 수 있는 문제가 아니다. 가정의 참여가 필수적이며 반드시 온 교회가 힘을 합쳐야 한다.

어린이와 가정에는 다음 세대가 평생 예수님을 따르는 제자가 되도록 오래 고수한 방식을 기꺼이 바꿀 수 있는 지혜로운 사역자가 필요하다. 교회 리더들은 회중과 공동체의 영적 상태를 냉정히 점검하고 결단력 있게 행동해야 한다. 어린이 제자도를 새로운 방향으로 인도하려면 사역자와 가정이 함께 책임을 져야 한다. 제자도 공백을 인식하고 가정을 섬길 교사와 사역자를 세울 때, 하나님은 제자도의 좁은 길을 통과하는 백성을 안전한 길로 인도하실 것이다. 어린이 사역에 존재하는 제자도 공백의 원인이 무엇인지 파악하면 담대하게 현실을 직면할 수 있다. 어린이에게 영향을 끼치는 사람들이 생각과 마음을 열어 영원히 변하지 않는 예수님의 제자도 방식을 받아들인다면 아이들과 가정을 평생의 제자도로 초청하는 일에 성실하게 임할 수 있다. 아이들을 제자로 만드는 일을 효과적으로 하기 위해 기존의 어린이 사역을 조정하려면 엄청난 변화를 지혜롭게 실천하기 위한 분별력이 필요하다.

관계 중심의 제자 양육은 완전히 새롭고 급진적인 생각이 아니다. 다만 이것을 프로그램과 사역에 실천하려면 급진적이고 의도적으로 노력해야 한다.

묵상과 토론을 위한 질문

잠시 20-45분 정도 시간을 내어 다음의 질문을 보며 자신이 어떻게 제자가 되었고 어린이 사역자로 부르심 받았으며, 현재 어린이 사역에 어떤 방식을 사용하는지 돌아보자. 과거를 돌아보면 관계적 제자 양육의 원리를 실천하는 데 도움이 될 것이다. 자신의 생각을 친구나 멘토, 사역 팀원들과 나눠 보라.

01 당신은 그리스도를 따르는 제자의 여정을 언제 처음 시작했는가? 당신에게 하나님을 소개하고 영적으로 가장 큰 영향을 준 사람은 누구인가?

02 당신의 교회에서 시행한 어린이 제자 양육의 현황을 설명해 보라. 프로그램에 참여한 아이들은 어떤 믿음의 토대를 지녔는가?

03 현재 아이들이 직면한 제자도 공백의 가장 큰 원인은 다음 중에 무엇이라고 생각하는가? 왜 그렇게 생각하는가?
- 문화의 변화
- 소심한 양육
- 부실한 자료
- 교회 리더십의 무관심

04 당신이 어린이 사역을 지속하도록 동기 부여를 해주는 미래의 비전이 있는가? 당신은 제자도 공백 문제에 어떻게 대처하는가?

05 관계 중심의 어린이 사역과 평생의 제자도로 방향을 재조정하기 위해 당신과 교회가 실행할 수 있는 변화는 무엇인가?

Chapter 3

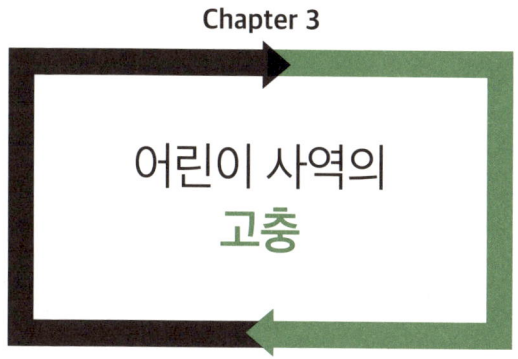
어린이 사역의
고충

기독교 사역은 최악의 거래이지만 최고의 직업이다.
존 뉴턴(John Newton)[1]

이러므로 우리에게 구름 같이 둘러싼 허다한 증인들이 있으니 모든 무거운 것과 얽매이기 쉬운 죄를 벗어 버리고 인내로써 우리 앞에 당한 경주를 하며(히 12:1).

고통 없이 얻는 것은 없다. 나도 그렇지만 운동, 특히 달리기와 애증의 관계인 사람이 많다. 내 주변에는 취미로 달리는 사람부터 울트라 마라톤을 즐기는 사람까지 다양하다. 그들은 달리기가 삶의 활력소가 된다고 자랑한다. 일단 육체의 한계를 넘으면 극도의 쾌감에 도달할 수 있다며 나에게 조언을 늘어놓는다.

나는 아직 그 경지에는 도달하지 못했다. 그래도 여전히 달린다.

달리고 있으면 생각은 이리저리 방황하고 몸은 지치며 옷은 땀에 젖고 근육은 경직된다. 보이지 않는 친구들의 압력과 싸우며 나는 꿋꿋하게 달린다. 운동에는 의도적인 선택과 지속적인 노력이 필요하다. 나는 운동의 유익이 운동을 하지 않는 대가보다 크기 때문에 계속 달리는 쪽을 선택한다. 운동을 하면 신체도 단련하고 인내와 자기 절제까지 기를 수 있다. 가족과 이웃을 섬길 때 필요한 집중력과 인내심도 향상된다. 물론 달리기가 좋아서 선택한 것은 아니다. 달리기는 고통스럽다. 하지만 건강을 유지하기 위해 계속 달리기로 결정했다.

건강 유지를 위한 달리기와 사역 운영 사이에는 생각보다 유사한 점이 많다. 제자도와 리더십에는 취약한 부분이 있기 마련이다. 불가피한 압력을 어떻게 다룰 것인가 하는 문제는 우리가 섬기는 어린이, 부모, 리더들에게 좋든 나쁘든 영향을 준다.

예상하지 못한 사역의 길

나는 어린이 사역을 하게 될 줄은 꿈에도 몰랐다. 솔직히 말해 교회에서 목회할 생각이 전혀 없었다. 내 계획은 신학교를 졸업하고 결혼한 뒤에 호주에 가서 청소년 대상 선교사가 되는 것이었다. 당시에는 그것이 큰 뜻을 위한 자기희생이라고 생각했다. 그리스도를 위해 고향을 떠나 고등학생들에게 영어를 가르치며 복음을 전하고, 사랑하는 아내와 세계를 여행하며 서핑도 배우는 삶을 꿈꿨다. 그러나 주님의 계획은 달랐다.

하나님의 인도하심이 분명한 예상 밖의 몇 가지 사건을 겪은 후 나는 학위를 마치고 두 달 후 학생부 전임 사역자가 되었다. 다른 대륙으로 가겠다는 거창한 계획은 수포로 돌아가고 우리 부부는 시카고 교외에 정착했다. 나는 중·고등학생과 대학생을 담당하고 부모와 교사들을 목양하는 역할을 맡았다. 본업 외에 다른 책임이 갈수록 더해졌다. 이미 예견된 일이었지만 전임 사역에 몰두한 지 몇 년 만에 휘몰아치는 좌절의 연속에서 벗어나 휴식할 시간이 절실한 상황에 내몰렸다. 실망한 아이들, 낙심한 부모들, 불만 가득한 교회 리더들은 그 수가 많지는 않아도 나에게 영향을 주었고 내 자존감을 갉아먹었다. 교회의 불분명한 비전, 제한적인 재정 지원, 봉사자의 탈진과 중도 포기, '바로 적용 가능'하다고 선전하지만 실제로는 매우 번거로운 학생부 커리큘럼은 상황을 더욱 악화시켰다. 아무리 노력해도 어려움이 사라질 기미가 보이지 않았다.

내 분산된 시선을 어떻게든 조정해야 한다는 사실을 깨닫게 된 계기가 있었다. 금요일 오후, 학생부 리더 회의에서 먹을 샌드위치를 사려고 식당에 들렀다. 주문하고 계산대에 서 있는데 가게 홍보 전단이 시선을 끌었다. 마치 시간이 정지된 듯했다. '체인점 운영 기회 제공'이라는 문구가 눈에 들어왔기 때문이다. 나는 0.5초 정도 샌드위치 가게를 운영하는 상상을 했다. 사실 내 가게를 운영할 계획은 전혀 없었지만 잠깐이나마 이런 생각을 할 정도로 사역에 환멸을 느꼈다. 내 영혼은 심각한 상태였다.

그 순간이 전환점이었다. 이후 1년 동안 하나님은 개인적으로나 직업적으로 내 삶에 급격한 변화를 허락하셨다. 사역과 나 자신에 대해 다른 방법으로는 배우지 못했을 중요한 교훈을 알려 주셨다. 주님은 내가 여러 장애물을 넘고 통찰과 경험을 쌓아 오랫동안 나를 괴롭힌 사역의 문제를 지혜롭게 통과하도록 이끄셨다. 새로운 방식의 제자도는 내 마음을 사로잡았다.

9개월 동안 목회 사역에서 벗어나 잠시 재충전과 치유의 시간을 보내며 나는 이제 다음 단계로 나아갈 준비가 되었다고 자신했다. 전에 맡았던 책임에 학생부 사역과 어린이 사역까지 담당하는 전임 사역자가 되었다. 공인 학위와 목사 안수 증명서를 갖추고 명확히 정리된 사역 철학과 과거의 실패에서 터득한 리더십의 핵심 교훈을 기억하며 확고한 사명, 비전, 가치, 전략을 세우는 노하우까지 갖췄다는 자신감으로 의기양양하게 미지의 세계로 나아갔다. 그러나 새로운 교회에서도 첫 사역지와 마찬가지로 어려움이 찾아왔다. 나는 어린이·학생 사역 전문가들에게 조언을 구했다. 그들의 책을 파고들었다. 콘퍼런스에 참석했다. 열심히 요약하고 정리했다. 출퇴근하는 길에 차에서 강의를 들었다. 이메일과 전화로 상담을 요청하고 전문가들과 통화까지 했다. 나는 어린이 사역과 학생 사역의 핵심 리더십 팀을 구성했다. 혹시 완전히 탈진할까 염려되어 일정도 철저히 관리했다. 목회자, 사역 리더들, 봉사자들, 가정들과도 긴밀한 연락을 유지했다. 지역 목회자가 모이는 도시 네트워킹 행사도 개최했다.

간단히 말해 '나'는 모든 것을 했고 모든 것을 내가 보기 좋은 방식대로 했다. '나'는 임무를 수행했다. '나'는 사람들을 내가 가는 길로 이끌었다.

탈진 상태

외적인 성공으로 내 마음과 생활의 깊은 문제를 숨길 수 있었다. 순진함과 교만은 하나님의 방법으로 하는 사역에 걸림돌이 되었다. 팀과 함께 일하고 어떤 사역 전략을 실천해도 성과가 제한적이라고 느꼈다. 그래서 교육, 예배, 활동, 소그룹, 행사, 섬김의 수준을 더욱

높였다. 아동부 출석률, 봉사자 유지율, 부모의 참여도 모두 증가했
다. 특히 어린이 사역에서 두드러진 성과를 보였다. 문서상의 계획은
더할 나위 없었다. 방문자들이 보기에도 훌륭했다. 어떤 면에서는
수적으로나 영적으로 놀랄 만큼 성장했다. 그러나 어떤 면에서는 기
대에 훨씬 못 미쳤다. 주일학교 리더들은 매주 열심히 노력했다. 아
이들이 늘자 봉사자도 늘었다. 소수의 전임 사역자, 핵심 가족, 새
가족 모두 사역에 만족했다. 그러나 여전히 우리를 괴롭히는 질문이
있었다.

복음 전도와 제자도가 실제로 일어나는가? 아이들과 하나님 사
이의 관계 변화가 가정과 교회에서 나타나는가? 우리는 원하는 결
과를 얻었고 그만큼 부지런히 사역에 몰입했다. 그러나 우리 사역이
정말로 효과가 있었는지는 확신할 수 없었다. 열심히 달릴수록 더
많은 벽에 부딪히고 더 많이 지쳤다.

이러한 일은 사역 리더라면 누구나 겪는다. 나만 경험한 일이 아
닐 것이라고 확신한다. 기업가형 목사이자 『신성한 뿌리』(Sacred Roots)
의 저자 존 타이슨(Jon Tyson)은 엄청난 사역의 성공을 거둔 시기에 겪
은 미묘한 변화를 이렇게 설명한다.

> 스트레스라는 얼룩은 우리가 하는 모든 일에 서서히 퍼졌다.
> 우리는 매우 많은 일을 했다. 각종 프로그램, 어린이 돌보기,
> 소그룹을 비롯해 효과가 입증된 모든 일을 시도했다. 전도 프
> 로그램, 목양, 정의 운동, 팀 훈련도 했다. 그러나 하는 일이
> 늘수록 우리가 줄 수 있는 것은 적었다. 워낙 느리게 이루어져
> 서 바로 알아차리기 어려웠지만 결과는 확실했다. 기쁨이 사

라졌다. 어떤 문제 하나 때문이 아니라 모든 것이 결합된 결과였다. 우리는 경이로움 대신 일을, 사람 대신 프로그램을, 조직 대신 권력을, 꿈 대신 의무를 선택했다.[2]

성령이 이루신 공동체의 사역과 사람이 이끄는 조직 사이에서 균형을 찾기란 어렵다. 사역을 관리하려는 마음과 제자를 세우려는 열정이 몸싸움을 벌이기 시작하면 하나님과 사람들을 섬기려던 순수한 열정이 순식간에 잘못된 방향으로 향한다.

2천 년 동안 제자도 사역의 기본을 알려 준 말씀이 있다. 바로 마태복음 28장 18-20절의 지상 명령이다. 여기서 예수 그리스도는 자신의 권위로 제자들에게 매우 간단한 지시를 남기셨다.

가라.

제자로 삼으라.

세례를 베풀라.

순종을 가르치라.

예수님은 신실한 제자들에게 자신의 무한한 능력과 영원한 임재를 의지하라고 하셨다. 제자들에게 세상에 가서 계속 제자를 만들고 배가시키라고 하셨다. 그러나 시작에만 집중하면 제자도 사역은 순식간에 통제하기 어려워진다. 예수님의 권위와 지속적인 임재가 빠진 상태에서 이루어지는 잘못된 어린이 사역은 '의도와 전혀 다른' 지상 명령을 실천하는 지름길과 같다.

가라. 또 가라. 무조건 가라.

프로그램을 만들라.

모든 일을 계획하라.

한 아이도 놓치지 말라.

매주 미국에서만 수만 개의 교회가 예배를 드린다. 전 세계 교회를 합치면 그 수가 훨씬 많다. 무수히 많은 교회가 성경을 가르치고 예수 그리스도의 복음을 전하며 아이들을 평생의 제자로 기르는 일에 특화된 어린이 프로그램을 제공한다. 유급 사역자와 봉사자들이 수고한다. 어린이 사역을 위한 교육관이 따로 있는 교회도 있고 매주 공간만 사용하고 철수하는 교회도 있다. 상황에 따라 기존 커리큘럼을 변경하여 사용하는 교회가 있고 아예 처음부터 자료를 만드는 교회도 있다. 사역 기간, 연간 예산, 사역 모델, 교육 철학도 교회마다 다르다. 이런 요소 하나하나로 사역이 더욱 복잡해진다. 많은 교회와 학생부가 진정한 제자를 만드는 일은 하지도 못한 채 '가고, 가고, 가고'와 '하고, 하고, 하고'에서 끝난다.

어린이 사역에는 여러 가지 변수가 있지만 변함없는 한 가지 사실이 있다. 다양한 연령의 아이들이 '매주' 교회에 나온다는 것이다.

아이들은 자신에게 허락된 문을 통해 교회 안으로 들어온다. 출석 현황을 보면 가정 상황에 따라 매주 같은 부모가 동일한 아이를 데려오는 경우는 드물다. 어찌 되었든 아이들은 계속 참석한다. 목회자와 장로들은 일반적으로 회중을 구성하려면 가족이 와야 한다는 사실을 안다. 그래서 교회 리더십은 아이들을 전도하고 훈련하는 일에 열정이 있는 사람을 찾는다.

당신도 이미 알고 있는 사실이다. 아이들의 참여를 유도하려면 창의력이 많이 필요하다. 모든 자료를 동원하고 아이들이 각각 보호자와 함께 집에 안전히 돌아가게 하려면 여러 가지를 조율해야 한다. 주일 어린이 사역은 지치지만 신나는 일이다. 하지만 많은 교회가 어린이 사역 형태를 '가서-가르치고-배가하라'에서 '와서-먹고-떠나라'는 소비주의 방식으로 원래의 의도와 전혀 다르게 바꾼다. 부모가 예배 전에 아이들을 데려다주면 아이들을 크고 작은 그룹으로 나누어 성경 공부와 활동을 하고, 예배가 끝나면 부모가 아이들을 데려간다. 이와 같은 일이 매주, 매년 반복된다.

이 일을 중단하려면 상당한 노력이 필요하다.

현재의 '와서-먹고-떠나라'는 식의 어린이 사역 실태를 평가하고 자신과 리더, 교회의 제자도 기준을 높여야 한다. '가서-가르치고-배가하라'는 성경의 비전을 실천하려면 예수님의 지상 명령에 따른 제자도를 시행하는 것에 대한 공개 토론과 명확한 계획이 필요하다. 먼저 이 질문에 대답해야 한다. "만약 우리 교회가 문을 닫는다면, 사람들과 우리 삶에서 무엇이 가장 아쉬울까?" 리더들과 함께 교회에 소비주의가 뿌리내리지는 않았는지, 제자 사역의 실효성이 낮지는 않은지 점검할 필요가 있다.

사도 바울은 분명한 목적이나 목표 없이 하는 사역의 위험성을 이렇게 설명한다.

운동장에서 달음질하는 자들이 다 달릴지라도 오직 상을 받는 사람은 한 사람인 줄을 너희가 알지 못하느냐 너희도 상을 받도록 이와 같이 달음질하라 이기기를 다투는 자마다 모든 일에 절제하나니 그들은 썩을 승리자의 관을 얻고자 하되 우리는 썩지 아니할 것을 얻고자 하노라 그러므로 나는 달음질하기를 향방 없는 것같이 아니하고 싸우기를 허공을 치는 것같이 아니하며 내가 내 몸을 쳐 복종하게 함은 내가 남에게 전파한 후에 자신이 도리어 버림을 당할까 두려워함이로다(고전 9:24-27).

모든 어린이 사역은 확고한 목표와 방향이 없을 때 찾아오는 피로감에 취약하다. 둔감한 리더들은 잘못된 비전과 가치로 교회를 길이 아닌 곳으로 인도한다. 우리 팀은 내가 팔을 흔들며 분주하게 뛰어다니면서 바른 방향으로 상황을 이끌기 위해 노력하는 모습을 종종 목격한다. 어린이를 제자로 만드는 일은 단거리 경주가 아니라 마라톤이다. 제자도는 영원한 의미가 있는 경주다. 교사, 부모, 아이들이 행복하게 앉은 상태를 유지하기 위해 바쁘게 움직이면 된다는 유혹을 떨쳐 버리라.

어린이 사역자와 교사들은 모든 사역의 수고에 공통적으로 따르는 문제점을 반드시 인식해야 한다. 문제와 원인을 파악하지 못하면 지속적인 해결책을 마련하기 어렵다.

사역에 불가피하게 따르는 네 가지 문제

육상 선수가 물집과 근육통 때문에 달리기를 멈추는 일은 드물다. 약간의 고통은 항상 있는 법이다. 그러나 정강이 통증이 심각하다면 상황이 다르다. 고통은 관심이 필요하다는 표시다. 나에게는 훈련과 경쟁을 즐기는 친구가 있다. 그는 "강도를 최대치로 높였다가 고통스러울 때 멈춘다"고 말했다. 고통은 표면적 문제뿐만 아니라 심각한 증상을 알려 준다. 고통이 있다면 상태의 심각성을 파악하여, 주의를 기울이고 계속 갈지 당장 멈출지 지혜롭게 결정해야 한다.

모든 선수는 육체적·정신적 긴장을 경험한다. 건강한 수준의 스트레스는 유익하다. 우리는 성장과 발달을 위해 몸을 한계 이상으로 밀어붙인다. 그러나 지나친 스트레스는 오히려 심신을 쇠약하게 한다. 교회 리더들은 사역 기간과 상관없이 프로그램에 대해 동일한 불만을 호소한다. 어린이 사역에도 매년 상위를 차지하는 핵심 문제가 있다.

우리는 여기에 어떻게 대응하는가?

다급한 리더들은 자료 목록 안내서를 뒤지고 즉각 사용할 수 있는 해결책을 찾으려고 인터넷이라는 망망대해에 뛰어든다. 또 콘퍼런스에서 다양한 관점과 도움을 얻는다. 어린이 사역 네트워크를 통해 사역자들끼리 격려하고 아이디어를 나누며 비슷한 고충을 나눈다. 앤디 스탠리(Andy Stanley) 목사는 종종 리더들에게 이렇게 충고한다. "해결해야 할 문제와 관리해야 할 긴장 사이에는 차이가 있다." 오늘날 어린이 사역에서 발견되는 프로그램의 문제는 불가피한 경우도 많으나 충분히 예상하고 관리할 수 있다.

아래에 가장 일반적인 문제 네 가지를 정리해 보았다. 우리가 어린이 사역을 하는 동안에는 결코 사라지지 않을 문제다. 문제를 딛고 일어나 어린이 제자 사역을 효과적으로 발전시키려면 각 문제가 무엇인지 알아야 한다.

첫 번째 문제: 지친 리더

어린이 사역이 성공하려면 열정이 있고 은사가 많으며 충분한 자격을 갖춘 어린이 사역자가 필요하다. 어린이에게는 그리스도처럼 그들을 알고 사랑하며 섬기는 멘토가 목자가 되어 인도하는 안전한 환경이 필요하다. 교회는 대체로 지역의 학사 일정에 따라 사역을 진행한다. 부모는 자기 자녀에게 항상 무언가가 제공되기를 기대하며 사랑 넘치는 교사들이 상시 대기하기를 바란다(특히 가을, 겨울, 봄에 그렇다). 학기가 끝나면 가정의 교회 출석률이 급격히 떨어진다. 여름은 말할 필요도 없다.

매년 반복되는 어린이 사역 주기를 감안할 때 교사들에게 중요한 문제는 연간 사역에 함께할 능력 있는 봉사자를 얼마나 확보할 수 있는가 하는 것이다. 교사는 어깨가 매우 무겁다. 바로의 명령을 따라 이스라엘 백성이 동일한 양의 짚으로 더 많은 벽돌을 만들어야 했던 상황과 비슷하다. 어떻게든 사역은 계속되어야 한다. 현재 있는 교사로 더 많은 사역을 해내야 한다. 교사들이 지치면 새롭게 동기부여를 해야 한다. 혹시 그만두려고 하면 사역이 멈추지 않고 계속 돌아가도록 무슨 수를 써서라도 붙잡아야 한다.

일부 어린이 사역 담당 목사들은 교사의 피로감 문제에 창의적인 방법으로 적극 대처한다. 공동체를 세우고 훈련하며 축복하는 시간을 계획한다. 봉사자들이 낼 수 있는 시간을 매주, 격주, 6주, 격월, 분기, 1년 심지어 5년(농담이지만 충분히 가능한 일이다) 가운데 선택하여 돌아가며 섬길 수 있도록 선택권을 줄 수도 있다. 내가 괜찮다고 생각하는 아이디어는 '여름 봉사'다. 출석률이 최고조에 달하는 시기가 아닐 때 어린이 사역에서 봉사하도록 교인들을 초청하는 것이다. 기존 주일학교 교사 입장에서는 사역 시즌 사이에 잠시 숨 쉴 틈이 생기고 교회 입장에서는 자연스럽게 새 봉사자를 확보할 수 있다. 어떤 해결책을 시도하든 일정 조정의 필요와 지속 가능한 사역의 가치 사이에서 발생하는 관계적 긴장을 잘 관리해야 한다.

←　일정 조정 필요　　　　지속 가능한 사역　→

양질의 교사를 확보하려면 많은 결정을 내려야 한다. 프로그램을 운영하고 커리큘럼대로 가르치려면 몇 명의 교사가 필요한가? 소그룹을 활성화하는 데 교사 수가 충분한가? 모임 규모를 늘려야 하는가? 교회의 다른 사역에 필요한 봉사자 수급에는 어떤 영향을 주는가? 교회 리더십은 어린이 사역이 언제나 많은 봉사자를 요구한다는 점 때문에 어린이 사역에 대해 부정적인 시각을 갖고 있지 않은가? 이런 문제는 각 교회의 상황에서 어린이 사역을 시행하고 봉사자를 충원하는 일과 직결된다.

최소한의 문제만 해결한 상태로 시작하고 싶은 유혹이 생긴다. 사역을 유지하기 위해 필요한 최소 인원은 몇 명인가? 교사들에 대한 기대치를 낮추면 되지 않을까? 살아 있는 사람이라면 누구나 봉사할 수 있는데 아이들이 교사의 자질을 알아차릴까? 이렇게 기준을 낮추는 이유는 피곤하기 때문이다. 피곤한 교사들에게도 그만한 이유가 있다. 보통 본인의 선택과 자신에게 부여된 요구가 결합된 결과로 나타난다. 어린이 사역 봉사자들이 소진되는 이유는 분명한 목적이 있는 의미 있는 역할이 주어지지 않기 때문이다. 공석 충원의 필요성이 종종 영적 은사, 열정, 경험 등 사전 자격 요건을 압도한다. 은사를 가진 리더가 봉사에 지원하여 섬기더라도, 사역하면서 영적으로 재충전할 기회를 얻지 못하는 경우도 있다. 어린이 사역에서 관심을 가져야 할 질문은 '만약 교사가 지친다면?'이 아니라 '어떻게 교사의 탈진을 방지할 것인가'이며, 어쩔 수 없이 교사들이 탈진했다면 어떻게 대처할지 방안을 마련해야 한다.

> **[스트레스 테스트]**
> **리더에게 요구되는 속도**
>
> 리더의 속도는 팀의 속도를 결정한다. 빠르면 재미있다. 그러나 급하게 속도를 높이면 대가가 따른다. 일정이 가득 차서 여유가 없으면 하나님 그리고 사람들과 함께 잘 걸어가기 어렵다.
>
> - 사역 리더인 당신의 현재 속도는 얼마나 지속 가능한가?
> - 교사들은 당신의 속도에 보조를 맞추며 지치지 않고 따라오는가?
> - 당신과 함께하는 교사들의 피로도는 어느 정도인가?
>
> 장기적으로 자기 관리는 본인 책임이다. 자기 관리는 주변 사람들에게 영향을 준다. 자신과 자신이 이끄는 사람들을 위해 현재의 헌신과 사역 방식을 객관적으로 점검해 줄 사람을 찾아보라.

두 번째 문제: 예산 부족

"이본, 이것 좀 보세요!" 나는 임시 창고를 보다가 어린이 부서에서 봉사하는 자매를 불렀다.[3] 우리 교회는 목사관을 직원 사무실이자 주일 예배 봉사자 사무실, 주일학교 2-3학년 교실, 유치원생부터 5학년의 평일 공부방, 새신자 교육, 평일 남성 성경 공부, 학생부 특별 행사 등 다양한 목적으로 사용한다. 각종 물건이 보관된 지하실은 비 피해를 대비해 모든 물건을 올려 두었다. 목사관 곳곳의 낡은 캐비닛에는 오랫동안 모인 자질구레한 사역 물품으로 가득했다. 알록달록한 골판지, 스테이플러, 검은 카세트테이프, 쓰다 만 반짝이풀, 낡은 찬송가, 부러진 크레파스, 쿠킹 호일, 각종 플라스틱 용품이 있었다. 창고에서 쓸모 있는 물건을 발견한 적은 거의 없었다. 어제까지는 그랬다.

그런데 드디어 잭팟이 터졌다!

우리 사역 팀은 제한된 예산을 효율적으로 사용할 방법을 두고 몇 주간 고심했다. 다른 사역 팀의 고민도 비슷했다. 예산을 마련할 뚜렷한 묘책이 없으므로 우선순위를 세워 아끼는 수밖에 없었다. 건물이 워낙 낡아서 방마다 작업이 시급했다. 다행히 미장일을 하는 교인이 색이 잘못 나온 페인트 여러 통을 기증하고 고등학생들을 불러 페인트칠까지 해주었다. 덕분에 큰 부담을 덜었다. 피자 몇 판과 카펫 클리너 몇 통으로 절약할 수 있었다. 지역 사업체는 여유 물품을 우리에게 기증하고 세금을 공제받았다. 신실한 리더들이 문제 하나하나를 성공적으로 풀어 나가는 창의력과 불굴의 의지에 나는 깊은 감명을 받았다. 모든 의논과 고민이 끝나고 이제 최후의 난관이 남았다. 커리큘럼이었다.

보통 어린이 사역 커리큘럼을 고르는 일은 큰 문제가 아니다. 시중에는 양질의 교육 자료가 넘쳐 난다. 문제는 가용성이 아니라 융통성과 구매력이다. 한 연령대에 적합한 최고의 커리큘럼을 찾기는 쉽다. 그러나 다양한 환경과 규모에 적합한 커리큘럼을 찾기란 거의 불가능하다. 최상의 조건에는 언제나 높은 가격표가 붙는다. 물론 직접 자료를 만들어도 된다. 그러나 자료를 처음부터 만들려면 많은 시간이 필요하다. 따라서 '자료가 사용하기 편한가?' 또는 '자료가 우리의 신앙관이나 사역 가치와 잘 맞는가?' 하는 질문을 하기 전에 '우리 형편에 구입이 가능한가?' 하는 질문부터 해결해야 한다.

"목사님, 뭐라도 찾으셨어요?" 이본이 물었다.

"사무실 옆 욕실 샤워 커튼 뒤에 뭐가 있는지 알아요?" 내가 다시 질문했다.

알고 보니 우리 교회는 내가 부임하기 전까지 오랫동안 분기별 커리큘럼 자료를 구독했다. 자료가 욕조 바닥에서 천장까지 쌓여 있었다. 나는 어린이 부서에 배정된 예산이 부족해서 교사들에게 우리의 지출 방침은 현재 있는 자료를 최대한 활용하고 소비하는 것이라고 강조했다. 캐비닛, 서랍, 옷장, 짐 가방, 욕조를 샅샅이 뒤져 용도에 맞게 고쳐 쓸 계획이었다. 그러려면 최대한 창의력을 발휘해야 했다. 지혜로운 청지기라면 당연히 해야 할 일이라는 생각이 들었다. 우리가 생각하는 탁월함의 수준도 새롭게 정의할 필요가 있었다. 잔뜩 쌓아 두기만 했던 자료가 어린이 사역과 예산 집행에 큰 변화를 가져다줄 거라고는 미처 예상하지 못했다.

← 좋은 경험   훌륭한 환경 →

우리 팀은 낡은 커리큘럼 자료를 살펴보다가 미처 생각하지 못한 관계적 긴장, 즉 재정의 압박 문제를 발견했다. 우리는 아이들에게 훌륭한 환경을 제공하려면 많은 예산이 필요하다고 생각했다. 그러나 재정 지원이 꼭 좋은 경험을 만드는 것은 아니다. 무한 리필을 해 주는 곳에서 굳이 가장 큰 사이즈의 음료를 시킬 필요가 없는 것처럼 돈을 많이 쓴다고 사역이 더 나아지는 것은 아니다. 예산 부족 문제는 잘못된 방향으로 갈 수 있다. 하나님의 임재와 공급 아래 건강한 속도로 달리지 않고 '남의 떡이 더 커 보인다'는 식의 태도로 계속 비교만 하다가 결국 사역을 절름발이로 만든다. 지역 최고의 시설을 자랑하다 성경에 근거를 둔 사역 목표를 잃어버린 교회도 있다. 디즈니월드의 매직킹덤과 미키마우스 정도의 재미를 주지 못하는 주일학교에는 아이들이 모이지 않는다는 근거 없는 말도 들린다. 굉장한 것을 기대했다가 조잡한 소품으로 형편없이 전하는 성경 이야기에 실망하여 교회에 흥미를 잃는 아이들도 있다. 그러나 시간과 애정을 쏟는 어른과 십대 봉사자, 눈 맞춤과 경청, 진실한 사랑이 있다면 영원한 보상이 가능한 관계의 연결이 일어난다. 이것을 기억하라. 아이들을 그리스도께 이끄는 분은 그리스도시다. 그분은 우리가 구매하는 그 어떤 자료보다 강력한 통로가 되신다. 우리는 아이들이 잘 살고 사랑하는 방법을 배울 훌륭한 환경을 만들기 원한다. 그 안에서 아이들이 계속 좋은 경험을 하길 기대한다. 큰돈을 들이지 않고도 좋은 경험을 제공할 수 있는 방법은 많다. 하나님을 경외하고 이웃을 섬길 때 하나님이 우리를 만나 주실 것을 믿는다면 '좋은 환경'과 '훌륭한 환경' 사이에서 긴장하고 조심해야 한다.

재정이 부족해 힘들다면 기도하라. 예산에 집중된 시선을 아이들과 가정에 쏟으라. 재정 문제는 어쩔 수 없는 사역의 현실이다. 예산 부족은 하나님의 도우심과 서로 의지하는 공동체를 통해 극복할 수 있다. 우리의 목적은 훌륭한 부교재와 게임이 있는 그럴듯한 프로그램이 아니라 아이들을 평생의 제자로 만드는 것이다.

> **[스트레스 테스트]**
> **예산 문제 해결법**
>
> 자족이란 내면의 '충분한' 정도를 말한다. 안타깝게도 시간과 돈의 경우 잔이 차고 넘치는 일이 결코 없다. 리더는 재정 문제가 염려될 때 불안을 이기는 방법을 훈련하고 주어진 자원을 효과적으로 사용하는 방법을 알아야 한다.
>
> - 현재 당신의 사역에 배정된 예산 규모가 많이 실망스러운가?
> - 현재 재정 외에 어떤 요소가 있으면 아이들이 하나님과 이웃을 좀 더 잘 만날 수 있을까?
> - 아이들이 그리스도를 더욱 잘 알고 사랑하며 섬기도록 돕는 데 필요한 자료를 얻으려면 누구와 의논해야 하는가?
>
> 환경은 중요하다. 그러나 전부는 아니다. 교사와 아이들의 끈끈한 관계는 돈으로 살 수 없다. 부족한 예산에 집중하지 말고, 하나님을 경외하는 사역이라는 가장 중요한 목표를 달성하기 위해 창의적인 방안을 찾아보라.

세 번째 문제: 복잡한 프로그램

새로 일하게 된 곳에서 상사가 나에게 클립보드를 주었다. 첫 출근 날이라 무슨 상황인지 몰랐는데 알고 보니 큰 규모의 주일학교에서 유치원과 1학년을 맡은 것이었다. 담당자가 말했다. "금색 클립보드를 가진 사람이 책임자예요. 클립보드를 넘겨줄 때는 주의하세요. 반드시 책임감 있는 사람에게 맡겨야 해요." 그는 톨킨 원작의 영화 〈반지의 제왕〉(*Lord of the Rings*)에서 프로도에게 절대 반지를 넘기는 간달프처럼 심각한 표정을 지으며 말했다.

처음에는 별 생각 없었으나 무슨 말인지 곧 깨달았다. 맞는 말이었다. 클립보드는 권력의 상징이다. 지식, 관점, 권위를 준다. 나와 외부 세계를 연결하는 통로이자 눈앞에서 벌어지는 일을 빠르게 판단하는 참고 자료다. 한 주를 시작하고 마칠 때까지 심오한 통찰을 준다. 중대한 결정을 내리고 일정을 조정하며, 물품을 고민하고 교육 내용을 점검할 때뿐만 아니라 봉사자 문제를 해결하고 아이들의 안전을 고민할 때도 필수적인 메모장이자 도구다.

적임자의 손에 쥐어진 클립보드는 세상의 문제를 해결하는 데 쓰인다. 그러나 임자를 잘못 만나면 현대 문명의 종말을 고할 수 있다.

인정한다. 바로 앞의 말은 과장이 좀 심했다. 하지만 어린이 사역을 해본 사람이라면 내 말을 이해할 것이다. 담당자가 전해 준 클립보드는 미 국방부 건물의 마스터키나 다름없다. 사역에 클립보드가 왜 중요할까? 클립보드는 모든 사역을 하나로 연결하는 필수 기능을 의미한다. 그것을 사용하든 하지 않든 클립보드는 행사 기획자, 웨딩 플래너, 직원 관리자, 파티 플래너 그리고 어린이 사역 리더 모두에게 공통적으로 필요한 핵심 기능을 상징한다. 바로 행정이다.

사역에서 클립보드는 복잡한 조직의 업무를 꿰뚫는다. 사역이라는 통제된 혼란에 질서를 세운다. 그 어떤 명찰보다도 확실하게 누가 책임자인지 알려 주며 적절히 사용하기만 한다면 일정한 시간에 어떤 일을 해야 할지 정확히 알려 준다.

하나님은 사역을 위해 클립보드를 맡을 적임자를 보내 주셨다. 나는 매주 메건에게 기쁘게 클립보드를 넘겼다. 고등학생이었던 메건은 4년 동안 사역 행정을 담당했다.[4] 메건의 가족은 다양한 교회 부서에서 섬겼다. 어린이와 리더들을 매우 좋아하는 그들과 우리는 협력하여 사역이 계획대로 철저히 시행되도록 최선을 다했다. 우리 교회에는 아이가 많았기 때문에 그만큼 교사가 많이 필요했다. 메건은 아이들의 출석 여부를 꼼꼼하게 챙기고 모든 사항을 기록하는 재능이 탁월했다. 안내자들이 아이들을 맞이하는 것을 돕고 아이들의 출석을 확인하여 간식 시간에 인원수대로 과자를 나눠 주었으며, 성경 공부에 필요한 자료를 채우고 교사들에게 일일이 감사 노트를 적었다. 또한 아이들이 만든 공예품을 나눠 주고 모든 아이가 보호자와 함께 안전히 귀가하도록 책임졌다.

한 사람이 맡기에는 버거운 이 모든 일을 탁월하게 해내는 능력을 지닌 메건을 연결시켜 주신 주님께 깊이 감사한다. 메건이 모든 사무행정을 담당한 덕분에 다른 팀원들은 각자의 역할에 좀 더 집중할 수 있었다. 무엇보다도 매주 벌어지는 위기 상황에 좀 더 융통성 있게 대처할 수 있었다. 예를 들어 봉사자들이 막판에 아파서 못 온다고 전화한다(사역 첫 주에 봉사자 일곱 명이 "죄송한데 오늘 못 가겠어요"라는 음성 메시지를 남겼다). 중요한 교육 자료가 분실되는 사고가 벌어진다. 공과 시간 전에 주차장에서 급히 내용을 준비하는 교사들이 종종 보인다. 준비한 재료가 부족한 상황이 벌어진다. 담당 목사의 설교가 평소보다 22분 더 길어진다. 해결해야 할 새로운 문제가 매주 터진다. 그러나 뒤에서 든든하게 받쳐 주며 모든 사무를 처리하는 메건 덕분에 우리는 여유와 에너지를 갖고 위기에 대처했다.

지금까지 어린이 사역을 하며 터득한 최고의 교훈이 있다. 바로 일을 단순하게 유지하면 잘 돌아가게 되어 있다는 것이다. 지나치게 복잡한 프로그램은 사역의 에너지를 갉아먹는다. 복잡한 일 하나하나가 아이들에게 가서, 제자를 삼고 섬기도록 부름 받은 사람들의 관심을 다른 데로 분산되게 할 위험이 있다. 시간이 흐를수록 사역 구조는 복잡해지고 '사역의 에너지'를 아이들의 삶이 아닌 프로그램 운영에 집중하는 경우도 많다.

목표는 단순함이다. 어린이 사역의 목적은 결코 프로그램이 아니다. 하나님을 영화롭게 하고 아이들과 가정을 섬기는 것이 목표다. 복잡한 프로그램이 의미 있는 사역을 만들지 못한다. 사역 때문에 골치 아픈 일만 늘어난다. 어떻게 하면 사역을 단순하게 만들 수 있을까? 복잡하지 않게 하려면 어떻게 해야 할까? 교회의 상황과 가치, 문화는 사역을 구성하는 데 중요한 역할을 한다. 효과가 있을 것이라고 예상하여 실행한 계획이 끝없는 준비라는 악몽으로 돌변한다. 창의적인 구조와 의미 있는 영향 사이의 긴장을 처리해야 한다. 어린이 사역은 어린이, 부모, 리더들이 자연스럽게 참여하고 하나님을 경외하는 확고한 비전을 추구할 때 제기능을 발휘한다.

교회는 기도하는 마음으로 두 가지에 신경 써야 한다. 바로 교회가 섬기는 사람들과 하나님의 부르심에 기초한 효과적인 사역이다. 어린이 사역이 재미있으면서도 진리로 충만하려면 하나님 말씀에 뿌리를 둔 창의적인 구조가 필요하다. 그 구조를 통해 양분이 흘러가고 생명이 자란다. 사역으로 가정과 세상에 변화를 일으키려면 전도와 제자도가 의미 있는 영향력으로 이어져야 한다. 안타깝게도 모든 교회의 어린이 사역에 완벽히 들어맞는 철학이나 프로그램, 제품은 거의 찾기 어렵다. 어떤 전략과 커리큘럼을 사용하든, 핵심은 모든 사람의 참여를 이끌어 내는 것이다. 담임목사와 교회 리더십이 모두 참여해야 한다. 봉사자, 어린이, 가정이 교회에서 하는 일, 즉 사역의 목표, 구조와 목적, 사명, 비전을 명확히 알아야 한다. 다시 말하지만 이 모든 것을 한 번에 해결할 방법은 없다. 어린이 사역을 하다 보면 너무 단순하거나 복잡한 사역 가운데서 끊임없이 고민하게 된다. 섬기는 대상에 맞게 프로그램과 커리큘럼을 조정하고 변경하라. 구체적으로 어떻게 해야 할지는 뒤에서 살펴보자.

> **[스트레스 테스트]**
> **복잡한 프로그램**
>
> 보드게임은 일부러 헷갈리게 하지 않아도 충분히 창의적이고 복잡하다. 게임 도구가 많아서 이리저리 움직이다 보면 갈수록 복잡해진다. 어린이 사역 계획도 마찬가지다.
>
> - 사역에서 어린이, 부모, 리더들이 생각하기에 '있으면 좋은 것'과 '꼭 있어야 하는 것'은 무엇인가?
> - 현재의 사역 프로그램에서 제외해도 사람들의 참여나 제자 양육에 영향을 주지 않는 것은 무엇인가?
> - 당신이 몇 주 자리를 비워도 사역에 아무 지장이 없게 하려면 어떻게 해야 할까?
>
> 모든 연령의 아이를 대상으로 하는 사역에서 창의력과 단순함은 필수다. 제자 사역의 기본은 그리스도를 따르는 제자가 되어 하나님과 이웃을 사랑하는 사람들을 세우는 것이다. 신뢰하는 사람과 대화하며 현재 프로그램의 단순함과 복잡함 여부를 진단하라. 불필요한 군더더기를 제거하여 기초를 더욱 탄탄하게 다지라.

네 번째 문제: 깊이 없는 내용

아이들이 "교회는 지루해"라고 말하는 것을 들어 본 적 있는가? 아이들이 그렇게 말한다면 어른들도 그렇게 생각할 가능성이 크다. 당신이 생각하는 '교회에 간다'는 말이 일주일에 한 번 교회라는 건물에서 찬양하고 설교를 들으며 낯선 사람들과 피상적으로 대화하는 것을 의미한다면 당연히 교회가 재미없을 것이다. 오랫동안 큰아들과 나는 이 문제를 두고 많은 대화를 나누었다. 우리 아들 에이버리는 목회자 자녀라서 교회를 속속들이 안다. 교회 건물이나 교인들도 잘 안다. 몇 주 전에 아이를 학생부에서 찾아서 차를 타고 집에 가는 길에 모든 부모가 흔히 하는 질문을 했다. "그래, 오늘은 뭘 배웠니?"

에이버리가 눈알을 굴리며 말했다.

"별로였어요. 오늘도 다윗 얘기를 했어요."

에이버리는 14년 동안 배운 다윗 왕의 생애를 상세히 말하더니 마지막으로 이렇게 덧붙였다.

"더 깊이 들어가지 않아요. 매년, 매주 같은 얘기를 하고 또 해요. 교회를 도대체 왜 가는지 모르겠어요. 주일에 가는 또 다른 학교 같아요."

우리 가족은 복음 전도와 제자 사역에 열심히 참여하고 있다는 사실을 분명히 밝혀 두고 싶다. 우리는 교회 공동체를 사랑한다. 재미있고 적용 가능한 교육이 이루어지려면 많은 수고가 필요하다는 점도 안다. 아내와 나는 어린이 사역에 봉사자와 스태프로 섬긴다. 기독교 교육 학위도 있다. 하지만 우리는 부모이기도 하다. 우리 아이를 가르치고 아이가 하나님과 그분의 백성과 깊은 관계를 유지할 기회를 주는 책임은 우리에게 있다.

영라이프(Young Life)의 설립자 짐 레이번(Jim Rayburn)은 이렇게 말했다. "예수 그리스도의 복음으로 아이를 지루하게 만드는 것은 죄다." 이 생각은 오랫동안 교회의 어린이·청소년 사역에 혁명을 일으켰다. 현재 기독교 교육과 제자 양육 프로그램과 자료는 아이들에게 매력적으로 다가서는 데 중점을 둔 것이 매우 많다. 드라마, 소그룹 활동, 성경 공부, 이야기책, 성경 암송 게임, DVD 교재, 스마트폰 애플리케이션 등 다양하다. 자료가 그렇게 많은데도 하나님의 말씀은 말로든 행동으로든 여전히 형편없이 전달된다. 진리가 반복적인 활동 안에 머물러 있다. 삶에 적용이 안 될 뿐만 아니라 아이들이 처한 상황과 무관하게 전달된다. 교사나 부모는 아이들을 진리로 교육하도록 부르심을 받았다. 설득력 있고 도전을 주며 개개인에 맞는 방법으로 아이들에게 그리스도의 사랑을 전해야 한다. 우리는 말을 사용하되 아이들에게 제자의 모범을 보여야 한다. 아이들이 하나님의 말씀과 대면하고 하나님의 백성에게 사랑을 받으며 "더 주세요. 더 깊이 알고 싶어요"라는 말을 하게 해야 한다.

우리는 아이들이 교회를 이벤트가 아닌 공동체로 느끼기 바란다. 아이들이 성장할수록 흥미 위주의 요소들은 사라지게 되어 있다. 우리의 바람은 아이들이 하나님의 말씀에 굶주리고 하나님의 백성과 함께하기를 사랑하는 것이다. 단번에 빠른 해결책으로 넘어갈 수는 없다. 문제 꾸러미를 풀어헤치고 문제를 파악해야 새로운 방법을 모색할 수 있다. 현재 어린이 사역의 실상을 한번 보자.

바나그룹(Barna Group)의 최근 연구에 따르면 미국인 3분의 1이 교회 출석을 중요하게 여긴다. 나머지 3분의 1은 별로 관심이 없으며 나머지 3분의 1은 중도적 입장이다. 교회 출석이 매우 중요하다고 응답한 3분의 1 가운데 다수는 교회를 하나님을 알기 위해 가는 곳, 아이들이 하나님에 대해 배우러 가는 곳이라고 대답했다. 교회 출석에 관심이 없거나 반신반의하는 나머지 응답자 3분의 2 가운데 밀레니얼 세대의 반응은 이런 대답이 지배적이다.

교회는 지루하다.
스스로 배워도 된다.
계속 갔기 때문에 간다.
무의미한 예식으로 가득하다.
리더들의 말과 행동이 다르다.
하나님은 없는 것 같다.
의심을 품거나 질문해서는 안 된다.
늘 판단받는 기분이다.[5]

혹시 실망스러운가? 벌써 실망해서는 안 된다. 갈수록 상황이 심각해진다.

내가 사역하는 어와나(Awana)는 역사가 65년 된 어린이 사역 단체다.[6] 2013-2014년에 어와나에서 유의미한 시장 조사를 두 차례 실시했다. 첫 번째 주제는 어와나에 대한 미국 내 인식이었고, 두 번째 주제는 어린이 사역의 강점, 약점, 해결 방안이라는 일반적인 내용이었다. 첫 번째 조사를 통해 미국 교회가 어와나 사역을 어떻게 바라보는지 알게 되었다. 우리는 기존 생각을 확인하고 우리의 사역을 좀 더 명확하게 수정했다. 두 번째 조사를 통해 우리가 의도한 목적과 사역의 현실 사이에 존재하는 격차를 확인할 수 있었고, 이는 우리에게 큰 충격으로 다가왔다.

당신이 사역에 참여한 이유는 무엇인가? 기대한 결과를 얻었는가? 실제 상황은 어떤가? 동기, 효과, 만족도에 대한 의문은 연구를 촉발했다. 우리는 어린이 사역 리더들의 이야기를 직접 듣고 싶어서 확인하기로 했다. 교회의 어린이 사역자들은 정말 솔직하게 소감을 들려주었다. 어와나는 우리가 섬기는 리더들과 사역 단체를 위해 『어린이 사역의 실제: 열 가지 어린이 사역 연구 결과』(*The Gospel Truth About Children's Ministry: 10 Fresh KidMin Research Findings*)를 발간했다.[7] 이 책에서 리더와 교사들이 아이들에게 전도하고, 아이들을 제자로 양육하며 날마다 겪는 어려움과 열정을 확인할 수 있다. 어린이 사역에서 가장 중요한 문제도 다룬다. 어린이와 가정이 그리스도를 알고 사랑하며 섬기도록 모든 리더가 집중해야 할 내용도 소개한다.

당신은 어린이 사역의 가장 중요한 목적과 목표가 무엇이라고 생각하는가? 효과적인 사역을 위해 반드시 있어야 할 필수 요소를 한두 가지만 꼽는다면 무엇이라고 말하겠는가? '복음을 전하고 제자를 삼으며 성경을 가르치는 것'이라고 답한 사람은 다른 어린이 사역자들과 동일한 방향으로 잘 가고 있다고 생각할 것이다.

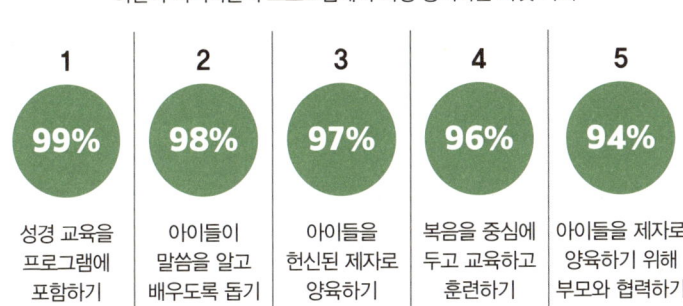

프로그램의 다섯 가지 요소
어린이 사역자들이 프로그램에서 가장 중시하는 다섯 가지

1	2	3	4	5
99%	98%	97%	96%	94%
성경 교육을 프로그램에 포함하기	아이들이 말씀을 알고 배우도록 돕기	아이들을 헌신된 제자로 양육하기	복음을 중심에 두고 교육하고 훈련하기	아이들을 제자로 양육하기 위해 부모와 협력하기

얼핏 보면 교회의 사명과 잘 맞는 응답이 상위 5위를 차지했다는 점은 고무적이다. 어린이 사역자들은 섬김, 예배, 소그룹, 재미, 문화적 관련성보다 복음 전도, 제자도, 성경 교육을 중요하게 보았다. 긍정적인 결과다. 그렇지 않은가?

사역자들은 이 다섯 가지가 중요하다고 답했다. 그러나 실제 상황이 어떤지 물어보면 전혀 다른 대답이 돌아온다.

어린이 사역자들에게 그들이 생각하는 어린이 사역의 주된 목적과 현재 사역이 얼마나 일치하는지 물었다. 대체적으로 기대했던 결과와 현실 사이에는 분명한 격차가 있었다. 어떤 면에서는 긍정적이다. 어린이 사역을 효과적으로 하려면 부단한 개선과 노력이 필요하다는 인식을 확인할 수 있기 때문이다. 성숙한 리더들은 완벽한 성공이 불가능하다는 것을 안다. 올바른 우선순위를 세우는 것이 무엇보다 중요하다.

우리는 리더들의 진솔한 응답에 감사하면서도 그들의 응답이 살짝 치우쳤다는 점에 주목했다. 그들이 사역을 진행하는 중심을 보면 그들 스스로 중요하다고 말하는 것과 거리가 있음을 확인할 수 있었다. 연구에서 확인한 다섯 가지는 당연히 이론적으로 중요하다. 그러나 어린이 사역자들은 이 다섯 가지를 사역에서 달성하고 있다고 생각하지 않았다. 무엇이 부족한가 하는 질문에 대한 응답에서 전도가 7퍼센트, 제자도가 14퍼센트, 하나님 말씀에 대한 사랑이 9퍼센트, 부모와의 협력이 21퍼센트였다. 응답을 보면 이상과 현실의 차이가 더욱 두드러진다. 제자를 양육하는 관계가 11퍼센트, 문화적 관련성이 14퍼센트, 어린이를 위한 사역과 봉사가 15퍼센트였다. 사역자들의 응답에서 제자도의 단절이 좀 더 명확하게 드러났다.

어린이 사역자들은 모든 부문에서 가장 중요하다고 믿는 어린이 사역의 목표를 실제로는 실천하지 않는다고 자체 진단했다.

그런데 여기서 한 가지 예외가 있다.

오직 '재미' 부문에서만 유일하게 성취도가 긍정적이었다. 어린이 사역자들은 재미를 중요하게 보았지만 우선순위 면에서는 10위를 차지했다. 사역자들이 아이들에게 재미있는 경험을 제공한다고 생각하는 것은 어떻게 보면 고무적이다. 어린이 사역에 재미가 빠져서는 안 되기 때문이다. 재미는 분명한 가치가 있다. 아이들이 매주 교회에 웃으며 왔다가 웃으며 떠나는 것은 중요하다. 재미 자체는 문제가 없다. 문제는 재미가 어린이 사역의 가장 중요한 목적이 아니라는 것이다. 세상의 모든 재미를 교회에서 줄 수도 있다. 그러나 아이들이 그리스도를 만나고 하나님을 예배하며, 그분의 말씀을 읽고 신앙을 나누며, 이웃을 사랑하고 매 순간 예수님을 따르는 방법을 배우지 못한다면 우리는 교회 가족의 일원으로서 사역의 가장 기본이 되는 의무를 제대로 수행하지 않는 것이다.

어린이 사역을 하는 사람이라면 익숙한 문제일 것이다. 이렇게 말할 수 있다. 흥미로운(재미있는) 내용을 전하는 것과 아이들에게 공감 가는 진리(성경을 실제 생활에 접목한)를 전하는 것 사이에는 미묘한 긴장이 있다. 재미는 신앙이 제대로 뿌리내리게 하는 데 핵심 요소가 되지 못한다. 결정적인 순간이 찾아오면 아이들은 교회를 떠난다. 제자도와 일상이 분리되기 때문이다. 교회 가족이 자신과 상관없고 안전하지 않으며 이상한 방향으로 간다고 느껴지면, 아이들은 진리를 찾아 다른 공동체로 떠난다.

　인터넷을 조금만 검색하면 아이들의 관심을 끄는 콘텐츠가 무궁무진하게 나온다. 재미나 흥미는 개인의 선호나 취향에 따라 다르며 지극히 주관적이다. 한 사람에게 재미있는 것이 다른 사람에게는 지루할 수 있다. 오늘 재미있어도 내일은 재미없을 수 있다. 세상은 언제나 주일학교보다 훨씬 흥미로운 것들로 가득하다. 그렇다고 재미를 없앨 필요는 전혀 없다. 그러나 재미 자체가 사역의 첫 번째(또는 두 번째) 목표가 될 수는 없다. 재미의 목표는 아이들이 하나님의 진리에 관심을 갖게 하는 것이다. 하나님의 말씀이 우리가 하는 모든 일의 초석이다. 하나님 말씀의 목적은 피상적인 흥미나 일회성 심리 반응을 일으키는 것이 아니다. 말씀이 장기적인 삶의 변화로 이어져야 한다. 어린이 사역자들은 이 부분에서 균형을 찾아야 한다. 재미만 추구해서도 안 되지만 아이들을 지루하게 해서도 안 된다. 피상적이지 않으면서도 흥미 있는 내용이라야 한다. 가장 좋은 해결책은 개인의 경험을 성경의 진리와 접목하여 전달하는 것이다. 우리는 하나님과 걷고 또 함께 걸어간다.

　연구에서 얻은 결론은 아이들과 사역자 모두 "무언가 잘못되었다"라고 대답한다는 사실이다. 우리가 의도했든 의도하지 않았든, 그리스도를 따르는 제자로 아이들을 훈련하는 일보다 재미를 우위에 두었다. 어른들은 재미를 중요하게 생각하고 아이들을 위해 재미를 추구한다. 그러다 보니 아이들은 진리와 확연히 멀리 떨어지게 된다. 다음 세대가 교회를 떠난다. 재미가 사라지면 얄팍한 내용과 피상적인 공동체만 남기 때문이다. 제자도와 제자 양육이 사역의 우선순위가 되려면 변화가 필요하다.

> **[스트레스 테스트]**
> **양분과 깊이**
>
> 사역도 블록버스터급으로 해야 열매가 풍성하다는 낭설이 있다. 숫자가 판단의 근거라면 맞는 말일 수도 있다. 그러나 원하는 결과가 제자라면 알맹이 빠진 현란한 조명과 역동적인 설교는 어떤 변화도 일으킬 수 없다.
>
> - 어린이와 가정 대상의 커리큘럼은 성경의 내용을 얼마나 포함하는가?
> - 하나님의 이야기를 조금씩 떠먹여 주는 것이 아니라 아이들이 신앙에 대해 씨름하도록 무엇을 하는가?
> - 부모와 리더들이 어린이 사역에 참여하는 동시에 자신도 제자로 성장하도록 도전하는가?
>
> 몸에 좋은 음식은 쓰다. 하지만 몸에 필요한 에너지를 얻으려면 먹어야 한다. 어린이, 부모, 교사 그리고 당신에게는 재미가 아닌 매주 주입되는 신앙이라는 이름의 영혼의 양분이 필요하다. 잠시 시간을 내어 현재 당신이 이끄는 어린이 사역의 가르침과 방식을 검토하라. 그리고 하나님의 은혜와 진리를 안정적이고 깊이 있게 제공하도록 적절히 조정하라.

사역의 고충을 뛰어넘으라

아프리카 속담 가운데 '빨리 가려면 혼자 가고 멀리 가려면 같이 가라'는 말이 있다. 모든 여행에는 예측하기 어려운 도전과 위험이 있다. 훌륭한 육상 선수는 무리와 함께 뛰고 동료와 짝을 지어 뛰는 일이 얼마나 중요한지 안다. 날이 밝기 전에 일찍 일어나서 달릴 때도 친한 동료와 달리면 훨씬 덜 힘들다. 먹구름이 몰려와 비가 내리는 날에도 비에 흠뻑 젖은 채 친구와 함께 달린다면 달리기가 훨씬 수월하다. 함께 달리면 피로와 좌절을 밀어낼 수 있다. 피곤한 생각을 누르고 몸이 힘을 내기 시작한다. 함께하면 동기 부여가 되고 더 인내할 수 있다. 공통된 문제를 이겨 내고 함께 걸어가려면 생각이 같은 동역자와 확고한 목적 의식을 공유해야 한다.

현재 미국과 전 세계에서 진행되는 많은 어린이 사역을 볼 때 지금은 어린이 사역자들이 '통증 관리' 모델을 뛰어넘어야 할 때라는 것을 알 수 있다. 아이들이 지루해하며 떠나는 상황에서 동일한 결과를 내는 동일한 프로그램을 지속하지 마라. 분명한 의도와 인내를 가지고 현 상태를 뛰어넘어 어린이 사역에 새 생명을 불어넣어야 한다. 우리는 예수님이 우리에게 주신 명령을 따라 살아야 한다. 아이들이 하나님의 말씀에 참여하고 하나님의 백성과 함께 예수님의 제자가 되도록 인도해야 한다.

즉각적인 해결책은 없다. 고통스러운 변화를 겪어야 한다. 몇 년에 걸쳐 인내해야 할지도 모른다. 그러나 충분히 해볼 만한 일이다. 바울은 믿음의 아들로 여겼던 디모데에게 이렇게 말했다.

그러나 너는 모든 일에 신중하여 고난을 받으며 전도자의 일을 하며 네 직무를 다하라 전제와 같이 내가 벌써 부어지고 나의 떠날 시각이 가까웠도다 나는 선한 싸움을 싸우고 나의 달려갈 길을 마치고 믿음을 지켰으니(딤후 4:5-7).

바울의 말처럼 우리도 일시적인 장애물 너머에 있는 목표를 향해 전진하며 최종 목적지에 시선을 고정해야 한다. 어린이 사역의 고충이 완전히 사라지지는 않을 것이다. 그러나 변화는 가능하다. 관계 중심의 어린이 사역은 예수님의 명령에 충실한 성경적 모델이며 과거의 강점에 토대를 두고 만들어졌다. 새로운 초점은 과거의 고통을 넘어 새로운 신앙의 여정으로 나아가도록 도와줄 것이다.

묵상과 토론을 위한 질문

01 지금까지 당신이 경험한 어린이 사역에는 어떤 변화가 있었는가? 당신이 어린이와 가정들을 섬기며 기대한 것과 현실은 어떠했는가?

02 사역 리더인 당신은 무엇 때문에 탈진했는가? 당신의 우선순위와 속도에 가장 큰 영향을 주는 통제 안팎에 있는 요소는 무엇인가?

03 당신의 어린이 사역 팀원들은 어떤 상태인가? 많이 지쳤는가? 사역을 지속하기 위해 일정을 균형 있게 조정하려면 어떻게 해야 하는가?

04 예산 규모와 관계 없이 사역에 필요한 물품이 충분하다고 느끼는 경우는 결코 없다. 주일학교에 온 아이들이 좋은 경험을 하도록 보장한다는 차원에서 당신은 무엇을 하는가? 좋은 사역 환경을 지혜롭게 유지하기 위해 시도할 만한 창의적인 아이디어가 있는가?

05 현재의 사역 프로그램에 만족하는가? 영향력을 높이기 위해 한 가지만 바꾼다면 무엇을 바꾸겠는가? 그 이유는 무엇인가?

06 현재 사역 상황에서 프로그램 내용과 관련한 고민이 있는가? 재미나 지루함의 차원에서 고민하는 문제가 있는가? 그 이유는 무엇인가?

07 효과적인 어린이 사역을 방해하는 문제가 있는가? 그것은 무엇인가? 아이들과 가정을 위해 그 문제를 극복해야 한다면 어떤 조치를 취해야 하는가?

08 관계 중심의 어린이 사역을 충분히 시도할 만한 일이라고 생각한다면 그 이유는 무엇인가?

2부

의식적인
관계 형성

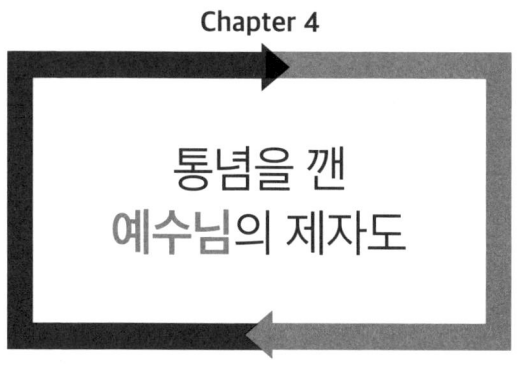

Chapter 4

통념을 깬 예수님의 제자도

예수님이 사람들 사이에 거하실 때는 그분의 제자로 있는 것이 오히려 수월했다. **달라스 윌라드(Dallas Willard)**[1]

예수께서 앉으사 열두 제자를 불러서 이르시되 누구든지 첫째가 되고자 하면 뭇 사람의 끝이 되며 뭇 사람을 섬기는 자가 되어야 하리라 하시고(막 9:35).

"조수석은 내가 찜!" 아이를 키우는 부모라면 누구나 이 말을 들어 봤을 것이다. 어디서 조수석 쟁탈전을 배웠는지는 모르겠지만, 자동차 조수석에 앉아도 될 나이가 되자 아이들은 누가 먼저 그 자리를 차지할 것인지를 두고 매일 입씨름을 벌였다. 등굣길 아침에 마당에서 한바탕 몸싸움도 여러 번 벌어졌다. 분명 앞자리가 주는 특권이 있다.

처음에는 공평하게 교대로 조수석에 앉으라고 아이들을 타일렀다. 그러면 한 아이는 뚱한 표정으로 뒷자리에 앉고 다른 아이는 의기양양하게 조수석에 앉는다. 한동안 아예 두 아이를 모두 뒷자리에 앉히기도 했다. 조수석 쟁탈전은 사실 세대를 초월한 문화 현상이다. 조수석 문화의 시작은 1800년대 후반으로 거슬러 올라간다. 당시 역마차 기수들은 귀중한 물품을 운반할 때 보호책이 필요했다. 혹시 모를 불상사에 대비해, 무장한 사람이 조수로 동행했다. 엽총을 든 조수의 임무는 기수와 화물을 보호하는 것이었다. 반면 오늘날 조수석 쟁탈전은 이기적인 자기만족에 가깝다. 핵심은 남과 다른 위치에 있는 것이다. 누가 1등이 되느냐, 누가 운전자와 함께 앞에서 가느냐의 문제다.

안타깝지만 리더십에 있어서도 사람들은 이처럼 유치한 행동을 종종 한다. 조수석 쟁탈전은 누가 리더와 가까운 자리를 차지하느냐는 문제다. 앞에 앉아 길을 인도하며 책임자의 자리에 오르는 지위와 의미의 문제다. 그러나 어린이 사역의 리더십에서 일어나는 이러한 문제는 심각한 결과를 초래한다.

하나님이나 다른 이들과 사랑의 관계를 누리는 것보다 각종 계획을 앞세우면 어린이 사역은 엉뚱한 방향으로 간다. 지위와 명성은 사역자 수나 거대한 교회 건물이 아닌, 하나님께 지음을 받고 구원을 받는 것에서 온다. 교인 수와 화려한 행사는 실상을 있는 그대로 보여 주지 않는다. 중요한 것은 사역의 규모가 아니라 마음의 상태다. 조금이라도 누군가를 편애하는 마음이 생긴다면, 그때가 한 걸음 물러나야 할 때다. 로마서 2장 11절은 "하나님께서 외모로 사람을 취하지 아니하심이라"고 분명히 말한다. 야고보서 2장 8-9절은 이웃 사랑에 대해 사람을 차별하여 대하지 말라고 가르친다. 제자도, 사역, 섬김은 세속적 출세와 무관하다. 관계 중심의 어린이 사역에는 아이 같은 믿음을 가진 리더와 교사가 필요하다.

복음서에는 제자들 사이에 있었던 '누가 큰 자인가'를 다루는 논쟁이 기록되어 있다. 마태복음 18장에서 제자들은 천국에서 누가 큰 자인지를 두고 다투다가 예수님께 중재를 요청한다. 예수님은 제자 인기투표를 하지 않고 그들 사이에 앉아 가르치신다. 하나님의 가족에게 적용되는 명성과 특권은 제자들이 생각하는 방법과 다르다고 하며 뜻밖의 행동을 하신다. 어린아이를 불러서 이러한 아이 즉 아무런 권한, 권위, 권력도 없는 사람이 하나님 나라에 먼저 들어간다고 말씀하신다. 예수님은 세상의 가치나 지위보다 겸손을 중시하라고 권면하셨다. 아이들의 가치를 중시하며 하나님이 아이들을 중요하게 여기신다는 사실과 함께 아이들을 통해 우리가 하나님을 알고 그분과 관계를 형성할 수 있다고 하셨다. 아이 같은 믿음은 선택이 아니라 필수라고 명확하게 말씀하셨다.

여기서 배울 점이 더 있다. 어린이를 돌보고 사랑하며 함께 사역하는 것은 매우 좋은 일이다. 하나님이 이를 귀하게 보신다. 사실 예수님 말씀은 세상이 정의하는 지위나 의미에 위배된다. 그러나 앞에서 이끌고 관심을 한몸에 받는 일 자체는 중요하지 않다.

그리스도의 성품과 생활 방식을 닮아 가는 제자를 세우는 일에는 신중한 접근이 필요하다. 1등이 되려고 애쓰거나 개인의 야망을 앞세우는 것은 유치한 행동이다. 하나님과 이웃을 겸손히 섬길 때 아이 같은 믿음과 예수님의 헌신된 제자가 누구인지 알게 된다.

여기서 간과하기 쉬운 사실이 하나 있다. 예수님이 제자들에게 보이신 반응을 눈여겨보자. 예수님이 논문을 발표하듯 장황하게 설명하셨는가? 해야 할 일을 하나부터 열까지 나열하셨는가? "누가 큰 자입니까?"라는 질문에 직접 대답하는 대신 그들의 마음과 생각이 하나님의 마음과 얼마나 다른지 지혜롭게 가르치셨다. 하나님은 제자들의 이해를 도우려고 진리가 가득 담긴 실제 사례를 사용하신다. 무엇이 중요한지 알려 주며 제자들이 삶에서 직접 적용하게 하신다. 여기서 잊지 말아야 할 점은 예수님의 가르침이 제자들과 함께하며 쌓은 관계와 경험을 기반으로 한다는 것이다. 예수님의 가르침에 더욱 힘을 싣고 메시지가 그들의 단단한 마음을 뚫고 들어간 원동력은 그들과 늘 함께하셨던 예수님의 임재와 관계였다. 이 사건은 제자들이 가던 길을 멈추고 예수님의 말씀과 행동에서 배운 여러 사건 가운데 하나다.

예수님의 제자도 방식의 특징은 의도적이고 관계적인 '파괴성'이었다. 예수님은 신뢰와 존경, 사랑을 바탕으로 한 관계 안에서 제자들의 생각을 도전하고 무너뜨리신다. 예수님의 모범은 아이들을 하나님의 진리로 인도하는 관계 중심의 어린이 사역의 표본이다. 어린이나 가정과 관계를 잘 유지하려면 예수님의 방법을 이해하고 실천해야 한다.

그러나 다른 사람에게 실천하기 전에 우리가 먼저 예수님의 파괴적 도전을 경험해야 한다.

제자 양육자의 전제 조건은 파괴다

우리는 교회의 목표나 사명, 사역의 초점에 대해 말할 때 제자도 또는 제자 양육이라는 말을 사용한다. 이는 무슨 의미일까? 제자도는 그리스도의 구원을 신뢰하는 사람에게 평생 동안 일어나는 변화 과정이다. 구원받은 사람에게는 당연한 결과다. 우리는 그리스도를 따르는 사람이 되고 모든 면에서 그분을 닮으려 노력한다. 그 노력은 예수 그리스도 안에서 온전한 성숙에 이를 때까지 우리의 태도와 신념, 행동과 관계에 깊이 파고든다.

이 신앙의 여정은 인류에게 알려진 그 어떤 경험과도 비교할 수 없는 독특한 것이다. 내가 자신 있게 말하는 이유가 궁금한가? 제자가 된 사람은 마음에서 죄가 제거되고 하나님을 아는 지식과 사랑이 더욱 자라기를 고대한다. 선택과 결정을 할 때도 복음의 능력과 성령의 역사를 의지한다. 하나님의 조건 없는 사랑은 우리를 변화시킨다. 어떤 면에서 이것은 매우 간단하지만 누군가에게는 지극히 복잡해 보이는 일이다.

이 말이 무슨 의미인지 알겠는가? 요한복음 3장에서 예수님께 거듭남에 대한 말씀을 들은 니고데모의 표정이 어땠을지 상상해 보라. 교회에서 어린아이들과 중학생들에게 이 이야기를 들려주었을 때 볼 수 있는 표정이 거의 비슷할 것 같다. 날이 어둑해질 무렵 명망 있는 종교 지도자 니고데모가 영생의 문제를 의논하려고 예수님을 찾아온다. 주님은 그의 질문에 참을성 있게 대답하며, 하나님 나라의 방식에 대한 그의 생각을 무너뜨리신다. 니고데모를 새로운 가르침으로 초청하시는 것이다. 그는 아직 몰랐지만 하나님은 구원 사역을 하고 계셨다. 이 은밀한 만남과 예수님의 충격적인 대답은 니고데모의 여생을 새로운 방향으로 이끌었다.

> 제자만이 제자를 만들 수 있다.　　　　　　　　　A. W. 토저(A. W. Tozer)[2]

이처럼 급격한 변화를 겪은 사람들이 성경에 많이 등장한다. 베드로를 보라. 마태와 우물가의 사마리아 여인도 있다. 로마의 백부장은 어떤가? 마리아와 사도 바울도 있다. 신약에서 예수님을 만난 사람들을 생각해 보라. 예수님은 그들의 삶에 분열을 일으키셨다. 누군가를 대상으로 사역하기 전에 자신이 먼저 깨져야 하셨다. 예수님은 사람들이 있는 자리에서 그들이 가진 의문이나 고통을 직시하며, 그들을 예수님과의 관계, 즉 하나님의 가족으로 초청하셨다. 관계 중심의 제자 양육자가 되려면 그리스도를 믿고 먼저 하나님과 일대일로 만나야 한다.

너무 당연한 소리 아니냐고 반문할 수도 있다. 그러나 그렇지 않다. 물론 어린이 사역은 아이들을 진심으로 사랑하고 사역에서 중요한 역할을 하기 원하는 사람들로 구성된다. 그러나 정확한 통계는 없지만 그들 가운데 예수님을 개인적으로 알고 열정적으로 사랑하며 사명감으로 섬기지 않는 사람도 있다. 머리로는 예수님을 알지만 그분과 사랑의 관계는 정체되고 사실상 죽은 경우까지 있다. 교회에 출석하고 사역을 하지만 예수님의 제자로 살지는 않는 것이다.

분명히 해야 할 점이 있다. 예수님의 제자가 되는 것은 제자 양육자의 선결 조건이다. 예수님의 부르심으로 삶이 완전히 흔들린 적이 없다면 이 책에서 내가 하는 말은 전부 공허한 소리에 불과하다. 제자도는 관계에 기반을 둔다. 직접 경험하지 않은 일을 다른 사람에게 전할 수 없다. 기도하는 마음으로 말한다. 자신이 예수님을 진지하게 만난 적이 있는지 조금이라도 의심이 간다면 현재의 여정을 잠시 멈추고 지금부터 설명할 예수님의 확실한 부르심과 도전이 되는 모범, 한결같은 임재와 분명한 초청을 진지하게 마음에 새기라. 진지하게 예수님을 만났다면 아직 예수님을 만나지 못한 사람을 잘 이끌어 주라.

예수님의 확실한 부르심

진실로 너희에게 이르노니 너희가 돌이켜 어린아이들과 같이 되지 아니하면 결단코 천국에 들어가지 못하리라 (마 18:3).

제자들과 서서 이 말을 처음 듣는다고 생각해 보라. 혼란스러울 것이다. 우리가 아이들과 같아져야 한다니 진심이신가? 이 말씀은 무슨 의미인가?

몇 년 전 나는 미지의 세계로 발을 내디뎠다. 선교 팀을 이끌고 남아프리카 요하네스버그에 있는 고아원과 HIV·에이즈 호스피스 센터에서 봉사하기로 한 것이다. 처음 경험하는 아프리카 해외 선교였다. 지금까지 경험했던 봉사 여행과는 달랐다. 우리는 일주일 동안 입양을 기다리는 영유아나 미취학 아동에게 사랑을 실천했다. 더는 자신을 스스로 돌볼 수 없는 어른들도 보살펴 드렸다. 보육 시설 밖을 나가 보지 못한 아이들에게 책을 읽어 주고 함께 놀며 밥을 먹이는 일은 우리를 겸손하게 했다. 주위에 아무도 없는 사람들과 함께 있자니 가슴이 아팠다.

그들의 삶에 우리의 시간을 투자할수록 주님이 그들을 통해 우리를 축복하신다는 생각이 들었다. 나이가 많든 적든, 부자이든 가난하든, 건강하든 건강하지 않든 우리는 모두 하나님을 향해 굶주렸으며 하나님 그리고 그분의 백성과 관계가 회복되기를 갈망한다. 굳이 지구 반대편에 가야만 배울 수 있는 교훈은 아니지만, 우리는 아프리카에서 하나님이 말씀하신 진리를 깨닫고 그로 인해 감사했다.

이 이야기를 하는 첫 번째 이유는 우리가 배우려는 마음만 있다면, 아이들과 함께할 때 하나님과 그분의 나라에 대해 많은 것을 배울 수 있다는 확신 때문이다. 인류 역사에서 아이들은 언제나 이등 시민으로 분류되었다. 안타깝게도 여전히 그렇다.[3] 그러나 예수님은 우리가 하나님의 관점에서 세상을 보도록 그분 뜻대로 세상의 질서를 새롭게 정의하고 조정하신다. 어린이 사역자라면 예수님이 제자들을 꾸짖으며 아이들이 오는 것을 금하지 말라고 하신 마가복음 10장 13-16절을 잘 알 것이다. 아이들을 들어 올려 품에 안고 축복하시는 주님의 모습이 연상되는 감동적인 본문이다. 여기서 예수님은 우리를 향한 하나님 사랑의 증거로 아이들을 향한 하나님 아버지의 사랑을 마음껏 표현하신다. 예수님은 하나님의 사랑을 나타내며 모든 제자에게 이처럼 하라고 명하신다.

두 번째 이유는 어린이 사역을 어른들이 중요한 일을 하는 동안 멍청한 게임과 이야기로 아이들을 돌보는 시간 정도로만 생각하는 사람들이 있기 때문이다. 혹시 당신도 그렇게 생각했다면 지금 당장 그 생각을 바꾸라. 예수님은 모든 제자를 어린아이로 보신다는 점을 가볍게 여기지 마라. 이를 반대로 생각하면 모든 아이를 장성한 제자로 볼 수도 있다. 우리는 제자도를 어른의 전유물로 착각할 때가 있다. 제자도는 유아에서 어른까지 모든 연령의 사람을 대상으로 한다. 제자도는 하늘에 계신 아버지를 사랑하고 그분과 관계를 맺으며 예수님의 제자끼리 서로 사랑하고 관계를 형성하는 방법을 배우는 것이다.

마가복음 10장에서 주목할 점은 예수님이 아이들을 환영한 후 "모든 것을 버리고 나를 따르라"고 하시며 확실하게 부르신 것이다. 예수님은 하나님에 대한 응답으로 삶을 완전히 바꾸라고 사람들을 거듭 초청하셨다. 다른 나라로 이주하거나 재산을 전부 팔고 가난한 사람들과 살라는 부르심까지는 아니더라도, 예수님을 따르는 일에는 대가가 따른다는 것을 기억하라. 부르심은 변화를 요구한다. 죄에서 하나님으로 삶의 방향을 돌이켰다면, 회개의 여정을 걸어야 한다. 기존의 방향이 완전히 무너지고 이제 성령이 이끄시는 새로운 방향으로 향한다. 모두 어린이 사역자가 되지 않더라도 우리는 하나님에 대한 겸손한 신뢰와 의존의 길로 향한다. 하나님 나라를 위해 급진적인 일을 할 수도 있다. 어찌 되었든 우리는 처음부터 끝까지 어린아이의 마음을 품어야 한다.

도전이 되는 모범을 보이신 예수님

사복음서는 대충 훑어볼 수 있는 내용이 아니다. 그러나 가만히 앉아서 읽다 보면 수백만 명이 발견한 사실, 즉 모든 면에서 놀라울 따름인 예수님을 발견할 수 있다. 사람들과 소통하는 방식, 결정의 우선순위, 시간을 보내는 방법, 사랑하고 도전을 주신 사람들을 보면 예수님이 언제나 통념에서 벗어나 전혀 예상하지 못한 선택을 하셨음을 알 수 있다.

예수님의 심기를 불편하게 한 것 가운데 하나를 꼽자면 종교 지도자들의 위선이다. 예수님은 말과 행동이 마음의 동기와 일치하지 않는 사람들을 책망하셨다. 제자들에게 겉과 속이 일치해야 한다고 가르치셨다. 하나님이신 예수님의 메시지와 사역 방식은 언제나 동일했다. 그분을 따르는 제자인 우리도 삶을 돌아보고 예수님의 모범을 따르며 삶으로 믿음을 실천해야 한다.

> 내가 주와 또는 선생이 되어 너희 발을 씻었으니 너희도 서로 발을 씻어 주는 것이 옳으니라 내가 너희에게 행한 것같이 너희도 행하게 하려 하여 본을 보였노라(요 13:14-15).

신약에는 예수님이 먼저 모범을 보이고 따르라고 하신 사례가 종종 나온다. 그중 가장 강렬한 예가 요한복음 13장에 기록된 최후의 만찬이다. 제자들은 무슨 일이 생길 것을 감지했다. 자신들이 사랑하는 랍비가 계속 자신이 배신당하고 죽임당할 것이라고 말씀하신다. 제자들은 어떻게 반응하는가? 그들은 부정하고 믿지 못한다. 유월절 식사에서 예수님은 제자들에게 장차 일어날 일을 대비하라고 하신다. 하나님과의 관계에서 과거, 현재, 미래의 핵심 사실에 집중하신다. 예수님은 떡과 포도주를 주며 그 의미를 설명하시고, 자신이 다시 올 때까지 정기적으로 자신의 생명과 죽음, 부활을 기념하라고 하신다. 온통 의미와 강렬한 진리뿐이다. 그리고 만찬 이후에 충격적인 일이 벌어졌다.

> 예수님은 관심을 받으셨다. 관심을 보이셨기 때문이다. 그분은 사람들의 말과 행동, 필요를 보고 관심을 가지셨다. 도와주려는 긍휼의 마음으로 그들에게 공감하셨다. 그분의 행동은 그분의 말을 위한 길을 예비했다. 허만 혼(Herman Horne)[4]

제자들과 3년 동안 함께한 교사이자 지도자이며 제자들이 사랑하고 존경하는 예수님이 그들을 섬기려고 몸을 숙이셨다. 그분은 노예나 하는 지극히 천한 일을 몸소 담당하셨다. 제자들의 발을 씻겨 주신 것이다. 어쩌면 식사 전에 으레 하는 발 씻는 일을 제자들이 깜빡하고 생략했는지도 모른다. 누가 발을 씻겨 줬어야 하는지는 중요하지 않다. 예수님은 팔을 걷어붙이고 모범을 보이며 가르칠 기회를 포착하셨다. 제자들 앞에서 자신을 낮추고 그날 저녁에 종이 했어야 할 일을 몸소 하셨다. 그렇게 함으로 사랑은 이기적인 성취가 아닌 섬김과 희생이라는 것을 보여 주셨다. 예수님은 제자들에게도 가서 이같이 하라고 도전하셨다.

예수님의 한결같은 임재

마태복음 28장 20절에 나타난 제자들과 "항상" 함께하겠다는 예수님의 약속은 말씀을 읽는 우리보다 당시 제자들에게 더 큰 의미가 있었다. 누군가와 함께 시간을 보내고 삶을 나누면 관계가 깊어진다. 제자들은 물리적으로 함께하지 않으면서 어떻게 같이 있을 수 있는지 의아했을 것이다. 오늘날 우리는 말씀과 기도, 교회 공동체의 일원이 됨으로 하나님을 친밀하게 아는 복을 받았다. 그러나 제자들처럼 주님을 직접 대면하지는 못한다. 우리는 성령을 통해 예수님과 연결된다. 예수님은 우리가 어디를 가고 무슨 일을 하든 성령으로 우리와 함께하신다. 오늘날에도 성경을 읽거나 제자들과 교제하면서 예수님을 만날 때 그분은 우리를 흔드신다. 성령은 여전히 사람들과 예수님을 연결하는 일에 적극 개입하신다. 어린이 사역자들은 예수님을 대표하는 사람이자 그리스도의 몸으로서 그분의 사랑을 사람들과 나누는 일에 꼭 필요한 역할을 한다.

모든 관계가 성장하고 발전하려면 시간과 거리가 필요하다. 나의 두 아들은 증조부모님을 만나는 복을 받았다. 심지어 고조할머니부터 에이버리, 아론까지 5대가 함께 찍은 사진도 있다. 아이들이 증조부모님을 만났다고 해서 그분들을 잘 안다고 말하는 것은 과장이다. 물론 어른들을 직접 만나 가문 이야기를 듣고, 함께 빛바랜 사진첩을 보며 가족이 서로 진심으로 사랑한다는 사실을 깨달았다. 그러나 아이들에게 증조부모님과의 관계는 조부모님과의 관계와는 깊이 면에서 비교가 되지 않는다. 아내는 캐나다 출신이고 내 친척들은 미국 곳곳에 흩어져 있어 온 가족이 모이려면 일부러 시간을 내야 한다. 지난 10년 동안 나는 시간과 거리가 관계의 깊이에 중요한 역할을 한다는 것을 배웠다.

우리가 이미 직관적으로 알고 있듯 누군가를 아는 데는 시간이 필요하다. 관심사를 알고 성격을 파악하며 중요하게 여기는 인생관이나 신앙관을 아는 데도 시간이 필요하다. 예수님과 제자의 관계도 마찬가지다. 복음서에 나타난 것처럼 예수님은 평범한 사람들과 일상에서 어울리셨다. 해변이나 고기잡이배에서 제자들과 시간을 보내셨다. 정기적으로 가정을 방문하고 저녁 만찬에 참석하며 몸을 기댄 채 대화하고 긴 식사에 동참하셨다. 친구들과 먼 거리를 함께 걷고 밤낮으로 함께 기도하며 혼인 잔치에 참석하고 장례식장에서 눈물 흘리셨다.

예수님은 사람들과 함께하며 그들이 하나님을 직접 경험하게 하셨다. 예수님이 사람들과 관계 맺는 방법에는 분명한 의도가 있었다. 조건 없이, 사랑으로, 인내하며, 담대하게, 논란을 일으키면서까지 사람들과 관계를 맺으셨다. 예수님은 자신을 보는 것이 곧 하나님을 보는 것이라고 하셨다(요 10:30, 14:8-10).

반가운 소식은 우리 곁에 계신 예수님의 임재가 성령을 통해 오늘도 여전하다는 것이다. 하나님은 모든 믿는 사람 안에 내주하는 성령을 통해 신자의 일상에 적극 개입하신다. 두 명이든 2백 명이든 2천

명이든, 성령은 그리스도를 중심에 모신 모든 공동체 가운데 거하신다(마 18:20). 이제는 교회가 그리스도의 몸이므로(고전 12:12-27) 헌신된 제자들의 공동체인 교회는 세상에서 주님의 손과 발이다. 우리는 하나님을 대표하며 우리의 말과 행동은 도움이 필요한 사람들에게 하나님의 진리와 사랑을 전한다. 관계 중심의 어린이 사역은 바로 이 사실을 표현하는 것이다. 제자 양육자가 예수님의 한결같은 임재를 신실하게 드러내려면 지속적으로 예수님과 연결되어 있어야 한다. 그러나 이것은 저절로 되지 않는다. 교사들은 아이들을 그리스도께 인도하기 전에 먼저 자신이 그리스도께 철저히 도전을 받아야 한다. 자신의 삶에서 그분의 한결같은 임재를 경험해야 한다.

이 진리에 더 깊이 파고들려면 가까운 친구나 동역자들과 함께 예수님의 임재 앞에서 시간을 보내야 한다. 일상과 사역의 분주함에서 잠시 벗어나기 어려울 수도 있으나, 우리가 섬기는 사람들 그리고 성부 하나님과 같은 속도로 가려면 반드시 속도를 늦춰야 한다. 잠시 걸음을 멈춘 지 오래라면 지금이라도 시간을 내라. 지금, 예수님께 당신을 뒤흔드실 수 있는 기회를 드리라.

예수님의 분명한 초청

"나를 따르라." 이 두 마디보다 분명한 말이 있을까? 복음서에 따르면 예수님은 공생애 때 이 말씀을 스무 번 하셨다. 이 말씀에 대한 반응으로 일부는 따랐고 일부는 떠났다. 또 일부는 철저히 거부했다. 이 강력한 초청의 말씀은 제자도와 제자 양육의 시작이자 중심이다.

제자들을 초청하신 예수님은 영생을 위해 창의성과 단순함을 실천하셨다. 그분의 생활 방식, 가르침, 관계를 보면 알 수 있다. 예수님은 사람들을 이끈 뒤 삶의 궤적을 재조정하여 그들의 복잡한 내면과 외면 세계를 꿰뚫어 보셨다. 영원한 진리를 대면하도록 자비로 이끄셔서 사람들이 하나님과 더 가까워지게 하셨다. 예수님은 하나님의 본질을 창의적이고도 단순하게 제시하려고 여러 비유와 예시를 사용하셨다. 진리를 전하려고 겨자씨와 누룩의 비유나 떡과 포도주의 비유를 드셨다. 논쟁을 벌이는 어른들 가운데 어린아이를 세워서 설명하셨다. "너희는 나를 누구라 하느냐"(마 16:15-16) 또는 "너희에게 무엇을 하여 주기를 원하느냐"(막 10:35-37, 50-52)처럼 핵심을 꿰뚫는 냉철한 질문도 하셨다. 예수님은 군중에게 말씀하셨지만 그 말씀은 각 개인을 향했다. 군중과 개인에게 동시에 소통하셨다.

나는 30년 동안 예수님을 따랐으며 사람들이 예수님을 따르도록 이끄는 일에 삶을 헌신했다. 그러나 내 삶의 특정 순간을 집중 조명한다면 아직 갈 길이 멀다는 사실을 금방 확인할 수 있다. 아마도 대부분 그렇지 않을까 싶다. 예수님의 사랑 넘치는 긍휼과 탁월한 지혜를 대표하는 것은 가슴이 벅찰 정도로 대단한 일이다. 그 일을 완벽히 해낼 수는 없지만 우리는 높은 기준으로 부름 받았다. 사도 바울은 고린도전서 11장 1절에서 "내가 그리스도를 본받는 자가 된 것같이 너희는 나를 본받는 자가 되라"고 하며 도전장을 내밀었다. 그는 자기 삶과 그리스도의 삶의 큰 격차를 알면서도 사람들에게 자신을 본받으라고 했다. 또 자신의 삶을 바탕으로 가르치고 조언했으며 초대교회, 제자들, 주요 지도자들이 겪은 시련을 기록했다. 마찬가지로 관계 중심의 어린이 사역은 예수님을 대표하는 것을 목적으로 한다. 그러나 죄와 흠이 없는 완벽한 사역 달성이 목표가 아니라 하나님의 은혜의 복음에 뿌리내린 사역을 추구한다. 복음의 은혜를 통해 우리는 삶을 변화시키는 메시지를 전한다. 그 메시지로 사람들은 예수님을 만나고 예수님께 부름 받으며 변화된다. 제자로서 우리가 경험하는 삶의 변화는 광범위하게 이어진다.

그리스도를 따르는 일의 특징은 모두 공통된 출발점을 경험한다는 것이다. 십자가 아래에서 용서받고 부활의 소망을 누린다. 모두 여기서 시작한다. 우리는 그리스도의 십자가와 부활에서 날마다 예수님을 따라갈 힘을 얻는다. 모든 면에서 예수님을 닮고 예수님처럼 살며 사랑하는 것이 우리의 동일한 목표다. 우리는 세상에 빛과 소금이 되어 복음을 나누고, 그리스도를 닮은 모습으로 삶의 변화를 배가하는 일을 위임 받았다.

예수님은 우리를 그분의 제자가 되라고 초청하신다. 이는 매우 대담하고 삶을 뒤흔드는 일이다. 초청을 수락하기 무서울 수도 있다. 그러나 응답하지 않겠다는 선택이 훨씬 무섭다. 이 부르심은 삶과 죽음의 문제다.

> 우리는 "나를 따르라"는 말의 규모에 압도된다. 그들에게 말씀하시는 '나'의 위엄이 주는 경외감 때문이다.
> 데이비드 플랫(David Platt)[5]

"나를 따르라"는 말씀은 우리를 향한 예수님의 초청이다. 목사이자 저자인 존 오트버그(John Ortberg)는 예수님의 사역을 이렇게 요약했다. "그분의 삶과 가르침은 자신을 따르도록 사람들을 이끄는 초청이었다. 그분은 사랑과 용납의 영 가운데 겸손한 자리에서 시작하고 모든 사람에게 응답할 기회를 주심으로 역사를 만드셨다."[6] 어린이에게 영향을 주고 그들을 제자로 양육하는 우리는 날마다 이 도전을 직면한다. 어떤 어린이 사역도 완벽하게 똑같지 않다. 그러나 우리는 모두 예수님을 따르라는 동일한 초청을 받았다. 우리는 영생을 위해 좀 더 단순하고 창의적이어야 한다. 이 원리가 교회와 사역에 파고들려면 우리의 삶과 이웃의 삶에 먼저 파고들어야 한다. 그렇게 예수님과 개인적으로 만나면 우리와 우리의 사역을 그리스도의 방법에 맞는 새로운 종류의 제자도로 준비할 수 있다.

> **예수님이 삶을 흔드셨는가?**
> 예수님의 부르심과 모범, 임재와 초청은 사람의 마음을 날마다 변화시킨다. 사역 모델을 알아보기 전에 자신의 내면을 살펴보라. 하나님은 당신에게 무엇을 말씀하시는가? 당신에게 성장이 가장 필요한 부분은 어디인가? 당신을 방해하는 것은 무엇인가? 관계 중심의 어린이 사역이라는 새로운 방식을 습득하기 전에 먼저 자신의 제자 됨을 점검하라.

사역을 뒤흔들기 위한 다섯 가지 생명의 제자도 초청

제자로 부르시는 예수님의 초청에서 우리에게 생명을 주시는 다섯 가지 원리를 발견할 수 있다. 예수님은 삶을 뒤흔드는 파괴성과 더불어 매우 효과적인 관계 중심의 제자도 방식을 실천하셨다. 예수님의 사역에 근거한 다섯 가지 원리를 따른다면 새로운 제자 양육의 길로 갈 수 있다. 이 원리는 개인이나 가족, 사역 리더십 모두에게 유용하다. 어린이에게 영향을 끼치는 우리 같은 어린이 사역자들을 위해 다음 장부터는 관계 중심의 어린이 사역의 토대로 이 다섯 가지 초청을 구체적으로 활용하는 방법을 소개할 생각이다.

> **관계를 맺기 위한 예수님의 초청**
> - 각본 없는 하나님과의 모험으로 사람들을 이끄신다.
> - 신앙의 문제로 함께 씨름하신다.
> - 통념을 벗어난 공동체를 세우신다.
> - 삶을 바꾸는 사명을 몸소 보이신다.
> - 역동적인 제자도를 예비하신다.

이 다섯 가지 원리가 순차적으로 일어나는 것처럼 보이지만 사실은 한 사람의 제자도 여정에서 물 흐르듯 자연스럽게 일어난다. 장차 제자가 될 사람은 예수님을 만난 이후 이 원리들로 예수님의 제자도 방식을 좀 더 명확히 이해하게 된다. 이어지는 내용을 읽으며 당신의 신앙 공동체에서 예수님의 초청 모델을 어떻게 활용할 수 있을지 의견을 나누고, 창의적으로 생각해 보라. 특히 하나님 은혜의 복음을 아이들과 가정에 전하고 그들을 평생의 제자도 여정으로 초청하는 일에 어떻게 활용할 수 있을지 고민해 보라.

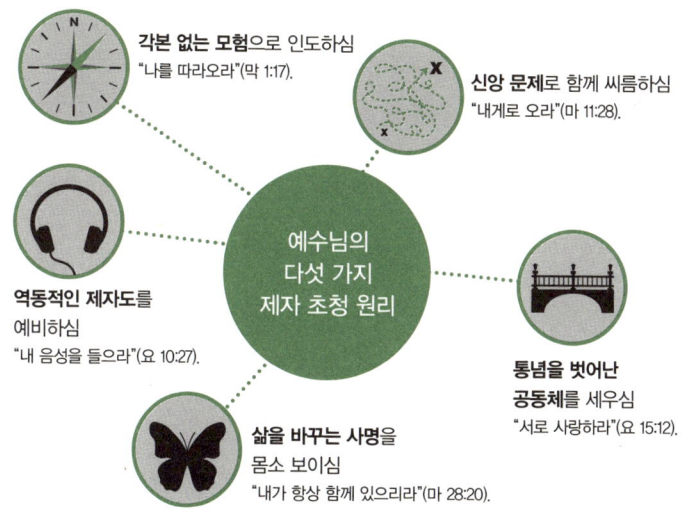

첫 번째 초청: 각본 없는 모험으로 인도하심

예수께서 이르시되 나를 따라오라 내가 너희로 사람을 낚는 어부가 되게 하리라 하시니(막 1:17).

내 경험으로 볼 때 여행은 과학보다 예술에 가깝다. 어디를 가든 항상 뜻밖의 일이 벌어진다. 공사 때문에 우회하거나 화장실에 가느라 일정이 지연된다. 예상치 못한 만남에서 내린 한순간의 결정이 모든 계획을 바꾸기도 한다. 목적지를 정하고 출발하면 모든 가능성이 열려 있다. 여행을 준비할 때 준비 목록이 필요하듯 일정한 방향을 유지하려면 나침반이 필요하다.

예수님이 우리에게 보이신 첫 번째 원리다. 예수님은 우리를 각본 없는 하나님과의 모험으로 강하게 이끄신다.

사도행전을 읽는 방법 가운데 하나님의 수제자들이 각본 없는 모험을 떠나는 내용으로 보는 방법이 있다. 3년 동안 예수님과 함께한 제자들은 어디로 가는지는 몰라도, 날마다 새로운 일이 있음을 알았다. 예수님과 함께한 이후로 자신들의 삶이 결코 이전과 같지 않다는 것도 알았다. 사도행전 16장 25-34절에 쉽게 잊을 수 없는 장면이 나온다. 한밤중에 바울과 실라가 노래를 부른다. 그것도 죄수들이 있는 감옥에서! 어릴 때 주일학교에서 종이에 그려진 이 장면에 색칠을 할 때만 해도 별 생각이 없었다. 그러나 어른이 되어서 이 장면에 매우 심오한 의미가 있음을 깨달았다. 바울과 실라는 어떤 일이 일어날지 미처 알지 못했다. 감옥에 던져질 일을 계획한 적도 없고, 감옥에서 어떻게 예수님처럼 행동해야 할지도 몰랐다. '예상치 못한 상황에 대처하는 행동 방법' 같은 체크리스트도 없었다. 그들은 그저 그리스도의 성품이라는 나침반을 따랐다.

부당한 투옥은 제자들에게 흔한 일이었다. 그들은 극적이고 초자연적인 사건을 여러 차례 경험했다. 예수님은 이러한 상황이 벌어질 것을 알고 제자들에게 경고하셨다. 그분은 자신의 비범한 삶에 동참하도록 평범하게 살던 제자들을 부르셨다. 사도행전 16장을 보면 갑자기 바울과 실라가 투옥된 감옥의 바닥과 벽이 흔들리는 일이 벌어진다. 빌립보 사람인 간수의 마음이 철렁 내려앉았다. 죄수들을 지키지 못한 죄로 처형될 줄 알았는데, 죄수가 한 명도 도망치지 않았다. 초자연적인 일이 발생한 데다 한 명도 도주하지 않았다는 사실에 충격을 받은 간수는 "내가 어떻게 해야 구원을 받을 수 있습니까?"라고 겸손하게 물었다. 바울과 실라는 그에게 앞으로 지켜야 할 종교 수칙 목록을 말하지 않았다. 그저 한 마디 당부만 했을 뿐이다. "믿으라." 그날부터 간수는 예수님의 제자로서 하나님과 함께하는 각본 없는 모험을 시작했다.

여기서 우리가 기억해야 할 첫 번째 원리는 대부분의 제자도는 각본이나 계획 없이 인생의 여러 순간에 일어난다는 것이다. 이 사실을 반드시 명심하라. 내 경험으로 볼 때 많은 교회가 성령이 이끌고 조율하시는 모험 가득한 여행을 관리하고 조종하려 한다. 우리는 하나님이 하시는 일에 반응하기보다는 매 순간 계획하거나 모든 상황에 대응하는 방법을 아이들에게 가르치고 각본을 따르려고만 한다. 그 결과 선하고 도덕적인 삶을 사는 법이나 지옥을 피하고 천국에 가기 위한 바른 생각과 행동을 추구하게 된다.

그러나 이런 방법은 전혀 효과가 없다. 왜 그런가? 여행에서 어떤 일이든 생길 수 있는 것처럼 예수님을 따르는 삶에도 예상치 못한 일이 발생하기 때문이다. 이런 말을 들어 보았을 것이다. "하나님의 웃음소리를 듣고 싶다면 그분께 당신의 계획을 말씀드려라." 우리가 삶을 계획하려는 순간 방해에 부딪힌다. 할 일과 하지 말아야 할 일을 명확히 정하려고 하면 어쩔 수 없는 예외 상황이 갑자기 생긴다.

제자도 = 믿음 〉계획

사실 모든 계획이 악하지 않다. 사역 구조를 만들고 프로그램을 효과적으로 운영하려면 계획과 일정을 조정해야 한다. 각본이 없다는 말은 즉흥적으로 하라는 말이 아니다. 초점과 관심을 더는 '완벽한 프로그램 만들기'나 '아이들을 도덕적인 사람으로 만들기'에 두지 않는다는 의미다. 관계적 제자도는 계획보다 믿음을 중시한다. 예수님은 "와서 나에 대한 열 가지 사실을 믿으면 내 제자가 되게 해 주겠다"라고 말씀하지 않으셨다. 그저 "나를 따라오라"(막 1:17)고만 하셨다. 예수님은 사람들의 질문에 일일이 답하지도 않으셨다. 오히려 질문을 하심으로 새로운 생각의 물꼬를 트게 하셨다. 예수님은 말을 걸어서는 안 되는 사람들과 대화하며 막힌 담을 허무셨다. 사람들의 삶을 뒤흔들었지만 하나님을 사랑하고 이웃을 사랑하는 방향으로 사람들을 이끄는 길에서 결코 벗어나지 않으셨다. 앞날이 불투명함에도 자신을 따라오라는 예수님의 부르심에는 사람들의 마음을 사로잡는 무언가가 있었다.

우리는 인생의 각본을 미리 작성할 수 없다. 삶이나 사역에서 부딪힐 가능성이 있는 모든 상황을 미리 예상하여 각본을 만들 수도 없다. '관계적'이라는 말에는 우리가 계획을 세우고 체크리스트를 따르는 가운데 하나님이 우리 삶에 관여하실 수 있는 공간을 드린다는 의미가 있다. 제자도는 계획에 없던 이 도전의 순간에 일어난다.

두 번째 초청: 신앙 문제로 함께 씨름하심

> 수고하고 무거운 짐 진 자들아 다 내게로 오라 내가 너희를 쉬게 하리라(마 11:28).

우리 부부는 결혼하기 전 몇 개월 동안 결혼 예비 상담을 받았다. 약혼은 중대한 일이었다. 그리고 이 시간은 우리의 관계를 새로운 차원으로 이끌었다. 우리에게 상담을 받으라고 강요한 사람도 없었고 결혼 전에 상담받아야 할 의무나 요건도 없었지만, 시간이 지날수록 우리는 상담가 앞에서 자발적으로 우리 자신에 대해 솔직하게 털어놓고 관계의 격투기장으로 뛰어들었다. 다음 주제를 나누기 전에 홀로 고민하고 묵상하는 시간을 보냈다. 출입 금지 구역은 없었다. 우리는 각자의 기대와 미래의 목표를 이야기했다. 가족계획과 재정 문제도 다루었다. 가정 환경이 우리의 결혼관에 끼친 영향을 알아보고, 이것이 부부로 함께 성장하는 일에 도움이나 방해가 되는지를 살폈다. 우리는 거의 모든 문제를 다루었다.

처음에는 관계를 성공으로 이끌기 위해 그토록 많은 노력이 필요하다는 사실에 주눅이 들었다. 그러나 나중에는 이 과정이 상당한 수고와 노력을 줄여 준다는 사실을 깨달았다. 힘겨운 대화를 나누며 우리는 장기적으로 인내하고 사용해야 할 관계의 도구를 터득했다. 하나님의 은혜로 지난 20년 동안 케이트와 내가 서로에게 충실했다고 자랑스럽게 말할 수 있다. 우리는 지금도 의무가 아닌 서로를 향한 사랑으로 관계의 격투기장에 들어간다. 예수님은 그분 또는 이웃과의 관계에서 똑같이 하라고 말씀하신다.

예수님은 신앙의 문제를 함께 고민하라고 은혜로 도전하셨다. 이 두 번째 원칙은 쉬운 길을 바라지 않고 그리스도와 함께 걷는 데 매우 중요하게 작용한다.

예수님이 무덤에서 일어나시고 얼마 되지 않아, 엠마오로 가는 길에 두 제자에게 놀라운 일이 벌어졌다. 누가복음 24장 13-25절에서 두 제자는 길을 가다가 낯선 사람을 만난다. 그리스도의 죽음만큼이나 최근에 목격한 텅 빈 무덤도 그들의 머릿속에 생생했다. 제자들은 직접 경험한 일과 분명하게 일어난 사건에 온통 마음을 빼앗겼다. 예수님은 한창 대화하던 두 사람 사이에 끼어드셨다. 15절에는 예수님이 "가까이 이르러 그들과 동행"하셨다고 기록되어 있다. 그리스도의 등장은 심정적으로나 상황적으로 매우 힘든 시기를 보내던 제자들이 하나님 그리고 이웃과 관계하는 방법에 큰 변화를 일으켰다. 제자들의 믿음은 흔들렸지만 완전히 무너지지는 않았다.

두 제자는 질문이 많았다. 혼란스러웠다. 질문은 많고 해답은 들을 수 없었다. 하나님에 대한 그들의 믿음이 성장하고 커지려면 믿음이 먼저 흔들려야 했다. 그럼에도 그들은 도망치지 않았다. 가던 길을 끝까지 예수님과 함께 걸었다. 예수님은 일어난 사건을 설명하며 구약에 모든 것이 예언되었고, 메시아의 고통 역시 하나님의 계획 속에 있었음을 설명하셨다. 다행히도 예수님과의 동행은 거기서 끝나지 않았다. 제자들은 마침내 마음의 눈을 떴고 무언가가 속에서 마구 흔들리는 것을 느꼈다. 예수님의 임재 가운데 있을 때 성령의 불이 그들의 겉과 속을 휘저었다.

우리는 그리스도와 물리적으로 함께 있지는 않지만 신자들과 함께 있을 때 성령의 임재를 경험할 수 있다. 이해하기 어려운 믿음의 문제로 씨름할 때도 큰 영향력을 발휘한다.

이웃을 사랑하는 방법을 배우려면 일정 과정을 거쳐야 한다. 시행착오가 필요하다. 성인은 결혼이나 우정을 통해 타인을 사랑하는 법을 배운다. 부모가 되면 아이들을 돌보며 배운다. 우리 가정은 가장 가까운 가족과 친척들과의 관계에 특히 신경을 쓴다. 우리 두 아들이 그들끼리 그리고 우리와 어떻게 관계를 맺는가가 중요하다. 우리 가정은 정직과 인내, 책임감과 용서의 가치를 중요하게 생각한다. 그리스도를 닮은 덕목을 중시하는 이유는 하나님을 경외하고 그리스도의 사랑을 이웃에게 실천하기 위해서다.

물론 우리가 중요하게 생각하는 덕목을 긴 목록으로 정리하여 세부 규칙을 암기하여 가정 안에서 그 덕목을 기를 수도 있다. 단기적으로는 도움이 될 수도 있겠지만 그렇게 해서는 궁극적으로 원하는 목적지에 도착하기 어렵다. 우리의 목표는 단지 특정 행동을 가르치거나 우리가 원하는 반응을 아이들이 앵무새처럼 따라하는 것이 아니라, 마음의 태도를 함양하여 아이들이 직접 지속적인 사랑의 행동을 하는 것이다.

제자도 = 관계 > 규칙

관계 중심의 제자도는 규칙보다 관계를 우선시한다. 예수님이 제자들을 부르신 목적은 규칙에 대한 외적 순종이 아니었다. 예수님은 "나에게 순종하라. 당연히 그렇게 해야 한다"라고 하지 않으셨다. 그저 "내게로 오라"(마 11:28)고 초청하셨다. 예수님과의 관계 안에서 사람들은 지친 영혼에 생명을 찾았다. 예수님이 하신 사역의 특징으로 속박에서의 자유, 마음의 새로워짐, 우리의 선택과 사랑하는 대상과 행동에 대한 내적 동기의 변화를 들 수 있다. 분명 하나님은 우리에게 삶으로 실천해야 할 명령을 주신다. 성경에는 순종을 통해 헌신하도록 부르시는 구절이 곳곳에 붉은 글씨로 기록되어 있다. 그러나 이러한 규칙을 지키는 것 자체가 목적이 아니다. 우리의 순종은 예수님을 향한 사랑을 나타내는 표시다. 그 토대는 하나님에 대한 사랑과 감사다. 예수님이 바리새인들에게 분명히 말씀하셨듯 삶의 모든 상황에 들어맞는 규칙을 만들기란 불가능하다. 규칙은 삶의 어려운 의문들에 해답을 주지 못한다.

'뒤엉킨 신앙의 문제'라는 말을 듣고 어떤 생각이 가장 먼저 들었는가? 너무 익숙한 말인가? 뜻밖의 상황이나 힘겨운 질문이 당신의 속을 뒤집고 오도 가도 못하게 할 때, 당신 곁에는 누가 있는가? 예수님을 따르는 사람에게는 삶과 영원이라는 미지의 문제를 하나님 말씀에 비추어 함께 씨름할 그분의 백성으로 이루어진 공동체와 성령과의 동행이 필요하다.

우리를 둘러싼 삶이 산산조각 날 때, 우리는 하나님과의 관계를 비롯해 함께 울고 대화할 누군가가 필요하다. 해답을 알 수는 없어도 모든 것을 주관하는 분이 계신다는 사실을 신뢰하려면 사랑과 믿음의 확신이 필요하다. 우리가 옳은 일을 하는 것에만 집중하다 보면, 바른 마음을 놓치기 쉽다. 하나님은 외적인 삶의 변화 이전에 자신과의 관계로 사람들을 부르신다. 신앙의 문제로 씨름한 사람이 제자를 양육하면 규칙 고수보다 상호 관계 형성에 더 집중한다.

세 번째 초청: 통념을 벗어난 공동체를 세우심

>내 계명은 곧 내가 너희를 사랑한 것같이 너희도 서로 사랑하라 하는 이것이니라(요 15:12).

친한 지인인 켈리는 매년 여름의 끝 무렵, 집에서 디너 파티를 개최한다.[7] 사람들은 다가올 가을에 대한 기대감과 함께 끝나 가는 여름을 아쉬워하며 마지막 야외 식사를 즐긴다. 이 모임은 뒷마당에서 바비큐를 먹는 평범한 식사가 아니다. 다양한 친구와 낯선 사람이 모이는 다국적 모임이다. 켈리는 다양한 사람을 초대하여 음식을 나누고 교제하며 이야기를 나눈다. 켈리가 붙인 이 행사의 이름은 '하나님의 선하심을 기념하는 축제'다.

이 모임은 지속적인 실험으로 해마다 성장하고 변화했다. 변호사들은 노숙자들에게서 배우고, 부부는 한부모에게 격려를 받으며, 외국에서 온 손님들은 이민자들의 실상을 듣고, 초신자들에게서 오히려 제자의 삶을 배운다. 이 모임에는 웃음과 눈물이 가득하다. 전혀 예상하지 못한 참석자들에게서 뜻밖의 공통점을 발견하는 기쁨도 상당하다. 솔직히 말해 이런 일은 하나님의 가족 안에서만 일어난다.

이와 비슷한 방식으로 예수님은 전혀 닮은 점이 없어 보이는 사람들과 극단적으로 이례적인 공동체를 세우셨다. 이것이 바로 관계적 제자도의 세 번째 원리다.

예수님은 오합지졸을 불러 모으셨다. 소수의 사람이 3년 동안 예수님과 함께 사역하는 일에 부름 받았다. 세계 전역으로 퍼져 나갈 운동을 위한 계획의 시작이었다. 예수님은 베드로, 야고보, 요한과 나머지 제자와 마리아, 마르다, 나사로를 깊이 사랑하셨다. 제자들을 모집하신 예수님은 당대의 문화 통념을 거부하고 사회, 경제의 장벽을 허물며, 서로 다른 배경에서 교육을 받은 사람들의 격차에 다리를 놓으셨다. 언제나 모든 관계에서 사랑을 중심에 두셨다. 예수님은 진정한 공동체를 만들어 본을 보이고 제자들에게도 똑같이 하라고 말씀하셨다.

사도행전 2장에 나오는 초대교회라는 특별한 공동체를 통해 우리는 제자들이 예수님과 지내며 터득한 교훈을 확인할 수 있다. 예수님이 부활하시고 두 달이 채 안 되어 베드로는 군중 앞에서 설교한다. 3천 명이 그리스도를 믿고 죄 사함과 영생을 받았다. 새신자들은 다양한 나라에서 왔지만 믿고 세례를 받음으로, 하나님의 가족에 접붙여졌다. 사도행전 2장 42-47절은 신자들이 함께하는 삶을 보여 준다. 그들은 교육, 친교, 기도, 예배, 청지기, 섬김에 헌신된 그리스도 중심의 공동체였다. 사도행전 2장의 교회는 가난한 사람과 부자, 어린이와 노인, 여자와 남자로 이루어져 있다. 관계의 장벽을 무너뜨린 초대교회의 모습은 에덴동산에서 우리가 하나님 그리고 서로를 통해 경험했던 관계의 연합을 연상하게 하며 장차 우리가 맞이할 새 하늘과 새 땅에 대한 기대감을 품게 한다. 최초의 제자들과 초대교회가 보여 준 장벽을 허물고 다리를 잇는 사랑은 오늘날 그리스도의 제자로서 함께하는 공동체를 꿈꾸는 우리에게 필요한 기준을 제시한다.

제자도 = 상호의존성 〉 독립성

목사 초년생 시절에 우연히 읽은 어윈 맥마너스(Erwin McManus) 목사의 책에 적힌 글이 떠오른다. "예수님은 하나님을 사랑하고, 이웃에게는 친절하게 대하라고 우리를 부르지 않으셨다."[8] 신혼 시절, 아파트에 살 때 아랫집 사람들 때문에 매우 힘들었다. 귀에 쩡쩡 울리는 음악 소리와 연거푸 피워대는 담배 연기가 침실 창문으로 넘어 들어왔다. 그러면서도 그들은 뻔뻔하게도 갓 태어난 아들과 거실에서 내가 놀아 줄 때마다 천장을 마구 두드렸다. 다시 떠올리기조차 싫은 시간이다.

그러나 맥마너스 목사님의 정곡을 찌르는 말과 더불어 하나님이 내 마음에 말씀하셨다. 내가 그들을 사랑과 존경으로 대하지 않았다는 사실에 양심이 찔렸다. 나는 생각을 바꾸기로 결심했다. 하나님은 나에게 이웃을 향한 사랑의 마음으로 서로 의지하는 방법을 가르치셨다. 특별한 일이 없다면 굳이 만나지 않았을 사람들과 어울려야 했다. 이는 선택의 문제가 아니었다. 예수님은 "사람들에게 친절하게 대하라"고 말씀하지 않으셨다. 그저 "서로 사랑하라"고 하셨다(요 15:12).

당시 나는 엄청난 속도로 정신없이 달리고 있었다. 케이트와 나는 사역에 시간을 내기도 벅차서 다른 사람에게 신경 쓸 여유가 없었다. 단지 우리 자신과 우리의 방식에만 집중한 채 살았다. 그렇게 하는 것이 더 좋았다. 그러나 주님은 소란스러운 이웃을 통해 우리의 삶을 흔들고 내 시선을 사랑의 의미로 향하게 하셨다. 나는 내 이기심을 깨닫고 즉시 이웃을 섬기고 도울 방법을 찾기 시작했다. 이런 마음의 변화는 교회와 주변 공동체의 관계로 흘러들어 왔다. 심지어 장기적인 열매까지 맺었다. 그로부터 5년 뒤에 깜짝 놀랄 일이 벌어졌다. 전에 알았던 이웃 가운데 한 사람이 신자가 되어 있었다. 그는 나에게 예수님을 닮은 본보기가 되어 주어 고맙다고 했다. 이런 순간을 경험할 때면 우리의 연약함까지도 사용하시는 하나님께 더욱 감사하게 된다.

하나님은 우리를 홀로 있게 만들지 않으셨다. 우리는 하나님과 서로를 의지하도록 부름 받았다. 참된 제자도의 특징은 독립성이 아니라 상호 의존성이다. 통념을 벗어난 공동체에서 하나님이 보내신 모든 사람을 사랑한다. 어떤 모임이나 공동체에서든 우리는 친하게 지낼 사람을 선택한다. 그러나 교회에서는 하나님이 선택하신다. 관계 중심의 제자도는 이 원칙에 따라 전혀 어울리지 않는 사람들을 하나로 불러 모은다. 그 안에서 분열이 치유되고 장벽이 무너지며, 사람들이 예수 그리스도 안에서 하나가 된다.

네 번째 초청: 삶을 바꾸는 사명을 몸소 보이심

> 내가 너희에게 분부한 모든 것을 가르쳐 지키게 하라 볼지어다
> 내가 세상 끝날까지 너희와 항상 함께 있으리라 하시니라
> (마 28:20).

술은 우리 가문에 깊이 뿌리를 내렸다. 1981년에 아버지는 자신과 아들의 삶에 엄청난 영향을 끼친 결정을 내리셨다. 알코올과 약물 중독을 해결하려고 알코올의존자 모임(AA, Alcoholics Anonymous)

을 통해 입원 시설에 들어가신 것이다. 아버지의 내면은 중독의 무게를 더는 감당할 수 없는 지경에 이르렀다. 이런 심각한 의존은 사실 아버지 내면의 깊숙한 문제를 숨기는 방편으로 드러난 외적 증상이었다. 중독에서 해방되려면 먼저 생각과 마음과 의지에 혁명이 일어나고 외부의 도움을 받아야 했다. 아버지에게는 언제나 곁에 있어 줄 새로운 공동체, 멘토, 가족, 친구들이 필요했다. AA가 바로 그 공동체 역할을 했다.

개인의 핵심 가치를 세우고 우선 과제를 해결해 주며, 행동에 대한 책임 문제를 다루는 AA는 전 세계의 절박한 수많은 사람에게 희망을 주었다. 아버지 같은 사람에게 인생의 두 번째 기회를 준 것이다. 프로그램에 참여한 사람들은 내면에 새로운 운영 시스템을 장착하고 외적인 지지 네트워크를 통해 하나님과 자신, 주변 세상을 바라보는 시각을 새롭게 정의한다.

자신의 삶을 온전히 헌신하신 예수님의 제자가 되겠다고 결정하는 것과 마찬가지로, 삶을 완전히 바꾸고 싶다는 의지로 AA에 참여하는 것은 파멸의 길에서 벗어나 생명과 평화의 길로 사람들과 함께 걸어가겠다는 구원의 선택이다.

이것은 관계적 제자도의 네 번째 원리로 이어진다. 예수님은 세상을 위해 삶을 바꾸는 하나님의 사명이 무엇인지 온 마음을 다해 보여 주셨다.

예수님이 레위인을 제자로 부르시자 사람들은 충격에 빠졌다.[9] 그는 세리였다! 죄 많은 세리도 하나님 나라에 자기 자리가 있다는 말인가? 사람들은 그들을 위한 자리가 없다고 했지만 예수님은 그들이야말로 주님의 잔치에 초청될 가능성이 가장 높은 후보라고 하셨다. 영원한 소망과 치유가 필요한 사람은 건강한 사람이 아니라 병든 사람이다. 예수님의 제자도는 죄인들을 우선하고 하나님의 복음을 전하는 방식이었다. 예수님은 불완전한 사람들에게 새로운 생각과 마음을 주며 사망의 길에서 돌이키라고 하셨다. 요한복음 3장 16-17절은 세상을 저주하는 자가 아니라 구원하시는 구세주 그리스도의 역할에 대해 설명한다. 예수님은 세상을 구원하러 오셨다. 기쁜 소식은 하나님의 손길이 닿지 않을 정도로 멀리 있는 사람은 한 명도 없다는 것이다.

예수님을 따르라는 부르심에 응답함으로 한 레위인의 모든 삶이 영원히 달라졌다. 그는 자신의 실제 모습이 아닌 다른 누군가가 되려고 하지 않았다. 그는 겉으로만 그럴듯한 성품을 보이지도 않았다. 자기 힘으로 예수님처럼 되려고도 하지 않았다. 제자가 되려면 이전의 생활 방식을 버리고 그리스도의 방식을 배우는 일정한 시간이 필요하다.

누가복음 14장 25-33절에서 예수님은 제자도의 급진성에 대해 군중에게 말씀하신다. 예수님은 자신을 따르려는 사람은 자신의 어머니나 아버지까지 '미워해야' 한다고 하셨다. 부모를 미워해야 한다니, 매우 강한 표현이다. 정말 하나님은 사람들이 그리스도를 위해 가족까지 버리기를 바라실까? 놀랍게도 대답은 '그렇다'이다. 예수님을 따르는 제자는 그 무엇도 더 중요하지 않은 수준까지 이르러야 한다. 이제 더는 그들을 가족, 직업과 교육, 소득 수준으로 정의할 수 없다. 그들은 오직 예수님에 의해서만 정의된다. 복음의 기쁜 소식에서는 하나님이 우리 죄에 대한 형벌의 대속물로 예수님을 주셨고, 그 덕분에 우리가 의로워졌다고 말한다. 이 모든 일은 예수님의 삶과 죽음, 부활을 믿음으로써 예수님과 하나가 될 때 일어난다. 이는 우리 노력의 결과가 아니라 오직 하나님이 베푸신 은혜의 선물이다. 철저히 변혁적인 일이다. 제자로서 우리는 십자가를 지고 삶을 희생하여, 사람들이 자신들을 위한 예수님의 희생을 믿고 다시 하나님께 돌아올 수 있도록 도와야 한다.

제자도 = 복음 〉좋은 원칙

아버지가 재활 시설에 들어가셨을 때 나는 '아이들은 특별해'(Kids Are Special)라는 알코올 의존자 자녀들을 위한 주말 지지 그룹 모임에 참여했다.[10] 여기서는 비슷한 상황에 처한 나 같은 아이들이 고통을 털어놓고 인생의 다양한 도전과 선택에 대처하는 건강한 방법을 배울 수 있었다. 모임에 참여하기 시작할 때쯤 나는 오크트리 어린이 집에 다니면서 나에게 예수님의 구원이 절실하다는 사실을 깊이 깨달았다. 나는 그리스도를 믿고 따르기로 결심했다. 약물 남용이 내 삶과 우리 가족의 삶에 끼친 영향을 깨달음과 동시에 내가 예수님의 제자가 된 것은 결코 우연이 아니다. 나는 아버지의 삶에 도움이 필요하듯 내 삶에도 하나님이 주시는 새로운 내적 체계가 필요하다는 사실을 깨달았다. 내 핵심 가치, 우선순위와 행동, 관계를 위해 책임지는 것이 얼마나 중요한지도 알게 되었다.

관계 중심의 제자도는 좋은 원칙이나 도덕적 교훈이 아니라 복음으로 구별된다. 예수님은 결코 "네 힘으로 알아서 해. 좀 더 노력해"라고 하지 않으신다. 그분은 "내가 항상 함께 있으리라"(마 28:20)고 하신다. 예수님은 우리를 절대 홀로 두지 않으신다. 성령으로 우리를 인도하고 지도하며 그분을 따를 힘을 주신다. 앞에서 말했듯 예수님께 온전히 헌신한다는 것은 완벽한 사람이 되는 것을 의미하지 않는다. 이는 반대에 부딪혔을 때도 끝까지 포기하지 않는 우리 마음의 동기와 의지를 의미한다. 저항이 있음에도 하나님 그리고 사람들과 나란히 걸어가겠다는 결의를 말한다. 제자들과 제자 양육자들은 부분적인 삶의 변화로는 만족하지 못한다. 예수님을 따르는 일은 복음 안에서 급진적인 구원의 기쁜 소식으로 시작해 그분의 말씀과 임재가 우리 삶의 모든 차원에 스며들 때 더욱 발전한다.

다섯 번째 초청: 역동적인 제자도를 예비하심

> 내 양은 내 음성을 들으며 나는 그들을 알며 그들은 나를 따르느니라(요 10:27).

"댄, 이 지역에는 어떻게 주도로가 두 개나 있죠? 정말 미국스럽네요." 로렌스와 나는 지인의 집에 가는 길이었다.¹¹ 날은 어둑하고 시간은 이미 늦었으며, 길도 잃은 상태였다. 로렌스의 지적이 맞았다. 우리 앞에 두 개의 표지판이 있었는데, 둘 다 '메인 스트리트'라고 적혀 있었다.

아직 스마트폰이 나오기 전이었고, 동행한 친구가 아프리카 잠비아에서 왔기 때문에 우리는 최대한 지도를 보며 위치를 파악하려고 노력했다. 어떻게든 길을 찾아보려다가 공중전화를 찾아 방문할 지인에게 급히 전화를 걸었다. 그가 어디에서 어느 방향으로 꺾어야 할지 일일이 자세하게 알려 준 덕분에 우리는 무사히 도착할 수 있었다.

전체적인 상황을 생각하면 무척 재미있었다. 가로등도 없고 먼지 풀풀 날리는 지구 반대편의 아프리카 흙길에서 로렌스는 나를 차로 여러 번 데려다주었었다. 그는 어디가 어디인지 분간조차 어려운 미지의 길에서도 결코 헤맨 적이 없었다. 미국의 밤거리를 헤매던 그때, 나는 철저히 겸손할 수밖에 없었다. 물론 내가 자존심을 버리고 길을 잃었다는 것을 인정해야 했던 순간이 그때가 처음은 아니었다. 아마 마지막도 아닐 것이다.

로렌스와 있었던 일을 통해 인생의 여정에서 바른 목소리를 들으려면 하나님이나 사람들과 공동체를 이루는 것이 매우 중요하다는 사실을 다시금 깨달았다. 예수님과 걸어갈 때, 우리는 어디로 가는지 잘 모른다. 그저 성령의 인도를 따라갈 뿐이다. 우리에게는 서로가 필요하다. 우리의 믿음은 고정적이거나 체계적이지 않고 역동적이다. 신자마다 각기 다르지만 묘하게 비슷하기도 하다. 우리는 그리스도를 따르고 그분과 함께 걸어갈 준비를 갖추어야 한다. 하나님과의 각본 없는 모험을 떠나기 위해서다.

관계적 제자도의 다섯 번째 원리는 예수님이 사람들을 평생의 역동적인 제자도로 겸손히 준비시키신다는 것이다.

성경에는 하나님의 말씀과 성령의 인도를 따라 완벽하지는 않지만 하나님과 가까이 동행했던 사람들의 사례가 가득하다. 제자들은 그리스도께 부름을 받은 후에 하나님과 이웃을 사랑하라는 명령을 받고 사람들을 제자 삼는 사명을 위임 받았다. 예수님의 인도를 따르려면 그분께 귀를 기울이고 배우려는 준비된 마음이 필요하다. 만약 자신이 해답을 안다고 여기며 다른 누구의 인도도 받을 생각이 없다면 문제가 심각해진다. 예수님의 제자가 되려면 겸손함과 기꺼이 따르려는 마음이 필요하다. 요한복음 10장은 예수님을 선한 목자로 아름답게 설명한다. 선한 목자는 양을 속속들이 알 뿐만 아니라, 양 떼를 보호하기 위해 자기 생명까지도 바친다. 양도 목자를 안다. 목자의 음성을 알기 때문이다. 양은 목자의 음성을 듣고 목자가 이끄는 대로 갈 때 안전하다.

로마서 8장 14절은 이렇게 말씀한다. "무릇 하나님의 영으로 인도함을 받는 사람은 곧 하나님의 아들이라." 영적 입양에는 신비로운 요소가 있지만, 우리는 이것을 확실히 믿는다. 하나님의 자녀가 된다는 말은 그분의 가족에 속한다는 의미다. 하나님의 자녀라는 표시는 '인도'를 받겠다는 자발적인 마음과 초자연적인 능력이다. 예수님은 제자들에게 힘을 주고 준비시키는 보혜사 성령을 보내셨다.[12] 제자들에게는 성령의 인도가 필요하다. 예수님은 제자들이 내려야 할 모든 결정을 자세히 설명하지 않으신다. 제자들은 하나님의 말씀과 성령의 인도를 따라 개인적으로, 공동체로 가야 한다.

제자도 = 개인적인 일 〉 예측 가능한 일

우리 가족은 여행사에서 제공하는 패키지 여행을 가본 적이 없다. 사람들 말로는 매우 괜찮다고 한다. 패키지 여행은 돈을 좀 더 내야 하지만 다양한 선택 사항을 잘 아는 사람과 상의하며 가능한 목적지를 결정할 수 있다. 재정의 한도에 따라 흥미진진한 모험을 여행사 직원과 함께 결정하는 것이다.

내 주변에도 이런 방식을 좋아하는 사람들이 있다. 그들은 가이드가 있고 정해진 일정이 있어서 따라가기만 하면 되는 여행을 선호한다. 반면 하루 일정을 스스로 계획해야 하는 여행을 좋아하는 사람들도 있다. 어느 쪽이든 아무리 계획을 잘 세워도 여행에는 언제나 뜻밖의 상황이 생긴다. 재미있는 선택 사항만큼이나 뜻밖의 상황에 대해서도 미리 준비하는 것이 중요하다. 일정을 계획해도 앞으로 어떤 일이 일어날지 전혀 알 수 없다. 모든 여행은 개인적이며, 100퍼센트 예측 가능한 경우는 거의 없다.

관계적 제자도는 비슷한 차이로 구분되는데, 그것은 곧 수공예로 만들어진 제자와 대량 생산된 제자의 차이다. 우리는 구조와 시스템에서 안정감을 찾는 세상에 살고 있다. 두 가지는 다양한 차원과 맥락에서 필요하다. 왜냐하면 목적과 계획이 없으면 혼란스러워지기 때문이다. 그러나 인간에게 삶은 조직적이라기보다 유기적인 것에 가깝다. 우리에게 주어진 길과 우리가 내리는 선택은 결코 미리 완전히 알기 어렵다. 그래서 제자를 배가하는 공식을 찾으려 애쓰는 교회와 사역자들을 보면 참으로 놀랍다.

결국 제자의 여정은 예측 가능한 일이 아니라 개인적인 일이다. 각 제자는 예수 그리스도라는 동일한 리더를 따르는 동시에 하나님과 동행하는 독특한 길을 걷는다. 영적 은사나 성품, 열정은 제자마다 다르다. 사람마다 성령의 열매가 자라는 속도가 다르고, 그것이 드러나는 방식도 다르다. 제자는 치밀하게 계획된 이상적인 신앙의 여정이 아니라 성령의 지식과 도움으로 무장하여 매 순간 주님과 함께 걸어가야 한다.

예수님은 제자들에게 "프로그램을 고수하라"고 하지 않으시고 "내 음성을 들으라"고 하셨다(요 10:27). 하나님은 자기 백성을 인도하고 그들의 필요에 성실히 공급하겠다고 약속하신다. 그분 자신의 목적을 성취하려고 종종 공통적인 단계와 방식을 사용하신다. 신자의 성장에 중요한 역할을 하는 성경 공부, 기도, 예배, 성찬식, 친교 모임, 선교여행 같은 방식이다. 각 방법에 참여하며 배운 교훈을 삶으로 적용하는 방법도 사람마다 다르다. 교회가 아무리 선한 일을 많이 계획하고 해내도 예수님의 손을 잡고 날마다 걸어가야 하는 것은 제자 개인이 할 일이다.

사람들을 역동적인 평생의 제자도로 준비시키는 일은 곧 날마다 하나님과 함께 인생의 길을 헤쳐 나가는 방법을 가르치는 것이다. 우리는 하나님의 인도하심을 따르기 위해 융통성과 자발성을 발휘해야 한다. 이 속성이 사람들 안에 배가되어야 한다. 예수님은 제자들에게 이 생활 방식을 익히라고 하셨다. 제자들은 하나님 말씀의 빛과 성자 하나님의 음성, 성령 하나님의 임재 가운데서 주님과 계속 걸어가도록 초청받았다.[13]

궁극적으로 교회는 건물이 아니라 가족이다. 그리스도의 몸은 유기적이어야 한다. 물론 약간의 구조는 필요하다. 하나님의 일은 세상에서 무수히 많은 방법으로 표현된다. 하나님이 그분의 백성 가운데 그들을 통해 살아서 활발히 일하시기 때문이다. 역동적인 제자도는 각 사람 안에 거하시는 성령과 함께 시작된다. 신자는 하나님과의 관계 안에서 각본 없는 모험을 하는 것이다. 우여곡절과 기복이 있고, 힘이 있을 때도 있고 없을 때도 있으며, 기쁨과 슬픔이 있는 흥미진진한 여행이다. 관계 중심의 제자도는 그리스도의 제자이자 대사로 하나님과 성실히 걸어간 제자들의 수 세기에 걸친 역사를 존중하면서도 신앙의 지극히 개인적인 본질을 인정한다.

시대를 초월한 예수님의 모범을 실천으로

새로운 특성의 제자를 얻으려면 새로운 방식의 제자 양육이 필요하다. 상상해 보라. 예수님의 다섯 가지 관계적 제자도의 초청을 삶의 방식으로 여기며 순종하는 제자 양육자와 제자들이 교회에 가득하다면 교회는 얼마나 생동감이 넘치겠는가? 예수님으로 인해 철저히 낮아지고 다섯 가지 관계적 제자도를 받아들인 사람은 이 관점이 삶과 사역에 스며들기 시작한다. 이 다섯 가지 초청은 모든 의문에 해답을 주지 않고 무엇을 어떻게 가르쳐야 할지 알려 주지도 않는다. 그저 우리의 방식, 목표, 사역의 우선순위에 대해 좀 더 깊이 생각하고 질문해 보라는 의도로 만든 사례로 여기라.

> 예수님은 가르치고 교육하며 훈계하는 일뿐만 아니라 공동체를 만드는 데도 상당한 시간을 들이셨다.
> 키스 앤더슨 & 랜디 리스(Keith Anderson & Randy Reese)[14]

예수님으로 삶이 완전히 바뀐 사역자들은 높은 부르심을 따라 산다. 또 사람들에게 지속적으로 영향을 끼치기 위해서는 활기찬 제자 양육자들로 이루어진 공동체가 꼭 필요하다. 어린이와 가정에는 현재의 어린이 사역을 뛰어넘는 사역자들이 필요하다. 어린이 사역 현장에서 각각의 초청을 어떻게 적용할지 계속해서 알아보도록 하자.

묵상과 토론을 위한 질문

01 누가 더 큰가를 두고 싸우는 제자들 사이에 어린아이를 세우신 예수님의 행동이 특별한 이유는 무엇인가? 이 사건은 제자인 당신에게 어떤 영향을 주는가?

02 다음 각 항목에서 예수님이 당신에게 어떻게 개입하셨는지 설명해 보자.
- 당신은 언제 "나를 따라오라"는 예수님의 부르심을 확신했는가?
- 예수님의 본을 따르는 데 가장 어려운 점은 무엇인가?
- 하나님과 동행하며 예수님의 지속적인 임재를 경험했는가?
- 예수님이 최근 당신에게 보이신 명백한 초청이 있는가?

03 다른 사람을 제자로 삼는 책임을 맡기 전, 자신이 먼저 예수님께 철저히 도전받는 일이 중요한 이유는 무엇인가?

04 당신과 그리스도의 관계는 어떤 면에서 각본 없는 모험에 가까운가?

05 당신은 해답 없는 의문, 어려운 진실, 힘겨운 관계, 비극적인 사건처럼 혼란스러운 신앙의 문제를 맞닥뜨렸을 때 어떻게 해결하는가?

06 당신이 경험한 공동체 가운데 가장 특별한 곳은 어디인가?

07 삶을 바꾸는 예수님의 사명에 대해 말해 보자. 예수님을 신뢰하고 제자로서 그분을 따르기로 결단했지만 당신의 삶에서 바뀌지 않았으면 하는 영역이 있는가?

08 역동적인 관계란 무엇인가? 사람들이 날마다 예수님과 걸어가는 일을 힘겨워하는 이유는 무엇일까?

09 당신의 교회에서는 앞에서 살펴본 다섯 가지 초청 가운데 무엇이 가장 두드러지는가? 그 이유는 무엇인가? 또 부족한 것은 무엇인가? 어떻게 하면 부족한 부분을 성공적으로 배양할 수 있을까?

10 관계적 제자도 초청 다섯 가지를 사역에 적용할 때, 당신과 교회는 어떤 유익을 얻을 수 있을까?

Chapter 5

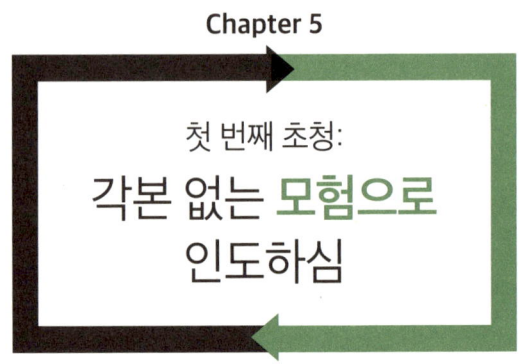
첫 번째 초청:
각본 없는 모험으로 인도하심

아이와 어른은 삶과 관계의 변화라는 정상적인 흐름 안에서 하나님과 생명의 길을 함께 걷는 순례자다.
캐서린 스톤하우스(Catherine Stonehouse)[1]

믿음이 없이는 하나님을 기쁘시게 하지 못하나니 하나님께 나아가는 자는 반드시 그가 계신 것과 또한 그가 자기를 찾는 자들에게 상 주시는 이심을 믿어야 할지니라(히 11:6).

3학년 남자아이들은 무척 까다로운 상대다. 계속 꼼지락거리며 움직이고, 멍하게 있다가도 정신없이 돌아다닌다. 말을 가로막고 아무에게나 말을 걸며 불쑥 생뚱맞은 말을 한다. 또 '잡동사니'를 수집하고, 언제든 꺼내어 말할 수 있는 자랑거리를 주머니에 가득 넣고 다니며, 멍하니 창문을 바라보다 물을 마시고 싶다 말하고, 물을 먹고 나서는 또다시 목이 마르다고 보챈다. 어디 그뿐인가? 슈퍼 히어로에 대해 떠들고 심지어 자신이 슈퍼 히어로라고 생각한다. 이 아이들이 집중하지 않는다고 생각할 수도 있겠지만 그렇지 않다. 내가 잘 안다. 3학년 아이들을 주일학교에서 가르쳤고, 3학년 축구팀

에서 코치도 해봤다. 나에겐 두 아들이 있다. 그리고 아주 오래전 나도 3학년이었다.

알 수 없는 미래

부모님의 이혼으로 깨어진 가정에서 자란 나는 보육 시설은 익숙해도 교회는 낯설었다. 그래서 어머니가 학교 앞 교회에서 운영하는 오크트리 어린이집에 나를 등록시켰을 때 낯설고 적응하기 어려웠다. 3학년에 새 학교로 전학 간 나의 방과 후 일과는 쉽게 예측할 수 있었다. 줄 서고, 인원을 확인하고, 어린이집에 가서 줄 서고, 인원을 확인하고, 지정된 옷걸이에 가방을 걸고, 잠시 색칠 공부를 하거나 놀고, 줄 서고, 인원을 확인하고, 밖으로 나가 운동장에서 놀다가, 줄 서고, 인원을 확인하고, 간식 먹고, 줄 서고, 인원을 확인하고, 숙제하고, 색칠 공부를 하거나 놀고, 보호자가 데리러 오고… 씻고 헹구고 그것을 다시 반복한다. 그런데 오크트리에는 다른 보육 시설과는 몇 가지 다른 점이 있었다. 우선 성경 이야기와 찬양을 가르쳤다. 교사들은 상냥하면서도 엄하게 아이들을 대했다. 아이들도 재미있게 놀기만 하지 않았다. 오크트리에서는 숙제 못지않게 신앙 교육도 중요하게 여겼다. 돌이켜 보면 그곳은 어머니가 오실 때까지 나를 맡아 주는 곳 이상이었다. 하나님은 리더들을 사용하셔서 나를 각본 없는 주님과의 모험으로 이끄셨다.

앤더슨 선생님은 매주 수요일 오후 오크트리에서 선샤인 클럽을 인도했다. 우리처럼 '나이가 많은' 아이에게 선샤인 클럽은 특별한 선물 같은 시간이었다. 줄을 서고 인원을 확인한 뒤에 우리는 어린이 집이 아닌 교회로 향했다. 당시에는 몰랐지만 그곳은 주일과 주중에 주일학교가 열리는 장소였다. 앤더슨 선생님은 교실 앞에 서서 언제나 환한 얼굴로 우리를 맞이해 주었다. 선생님 오른편에 있는 삼각대에는 하늘색 부직포 판이 있었다. 선생님은 각각의 아이에게 관심을 쏟았다. 선생님의 설명은 매우 단순하고 창의적이었다. 그분의 마음은 영원에 고정되어 있었다. 이따금 부직포로 만든 양이나 구름이 삼각대에서 떨어지면 모두 한바탕 웃었다. 가끔 선생님께 심각한 질문을 하거나 진지하게 대답하는 아이도 있었지만 조금만 참으면 놀이 시간이라서 대부분이 건성으로 참여했다.

선생님이 그날의 성경 이야기와 상관없이 언제나 우리에게 예수님을 따르겠냐고 초청하며 수업을 마무리했던 것이 기억난다. 우리의 관심을 사로잡으려고 다양한 도구와 기술을 활용했다. 아이들을 향한 하나님의 무조건적인 사랑, 천국에서 영원히 우리와 함께하기 원하시는 하나님의 한없는 열망, 자신의 아들을 믿는 사람에게 값없이 주시는 용서 같은 내용을 멋진 그림으로 표현했다. 선생님은 예수 그리스도를 따르고 그분이 다시 오실 때까지 성령과 날마다 걸어가는 놀라운 삶으로 우리를 초청했다. 어린 우리가 받아들이기에는 벅찬 내용이었지만, 성경의 진리를 우리가 씹어 먹기 좋게 한입 크기로 잘라 주었다. 모든 것이 하나님 말씀에 맞추어져 있었고, 예수님과 다른 제자들과의 관계도 강조했다. 선생님은 강의를 하려고 하지 않았다. 오히려 우리 같은 아이들과 관계를 맺고 우리에게 그리스도를 더욱 명확히 전하기 위해 끊임없이 노력했다. 자신이 삶에서 경험한 하나님에 대해 알려 주고 우리에게 질문하거나 배운 내용을 말할 기회를 주었다.

오크트리에 다닌 지 몇 달이 흐르고 선샤인 클럽이 끝나 갈 즈음 내 눈은 앤더슨 선생님께 고정되어 있었다. 그날도 선생님은 예수님에 대해 말씀했다. 그리고 그리스도의 삶과 죽음, 부활을 믿고 죄를 용서받아 예수님을 따르고 싶은 사람이 있냐고 물어보았다. 앞으로 삶이 어떻게 달라질지 자세히 설명해 주지는 않았다. 그저 하늘에 계신 아버지와 그분의 아들과 성령 그리고 다른 예수 그리스도의 제자들과 더불어 살아가는 사랑의 관계로 나오라고 초청했다. 내 안의 무언가가 그 초청이 사실이라는 것을 인식하게 했다. 매주 따라 부른 노래 가사가 내 안에 들어와 울려 퍼졌다. 그리스도께 집중한 어린이 사역자들의 공동체에 알려져 사랑과 섬김을 받은 경험은 나에게 깊은 영향을 끼쳤다. 특히 깨어진 가정을 경험한 나에게는 더 큰 영향을 주었다. 거부할 수 없는 내면의 속삭임을 따라 나는 손을 들고 일어나 예수님의 용서를 구하며 생명을 주시는 "나를 따라오라"는 그분의 말씀에 응답했다.

나를 비롯해 많은 3학년 아이가 선샤인 클럽에 참여했다. 우리 가운데 일부는 그리스도를 믿고 따르기로 결심했고, 일부는 그러지 않았다. 앤더슨 선생님은 누가 하나님께 긍정적으로 반응할지 알지 못했다. 아무리 기독교 보육 시설이라 해도 '하나님, 교회, 예수님'에 대해 가르치는 것을 반대하신 우리 어머니를 생각하면 나를 그 시간에 제외할 수도 있었다. 하지만 선생님은 지상 명령을 진지하게 받아들이고 제자를 세우는 일에 헌신했다. 의미 있는 믿음의 삶을 몸소 실천하며 아이들을 하나님의 가족으로 초청했다. 우리는 예수님을 따르는 삶의 신비와 모험, 경이로움에 빠져들었다. 그날 이후 내 삶은 성경과 교회로 향하기 시작했다. 교회 프로그램은 나에게 진리를 탐구하고 제자의 삶을 배우기에 안전한 장소였다. 예수님의 첫 제자들처럼 나는 내가 어디로 가는지 몰랐다. 나에게 하나님을 알고 하나님과 함께 성장할 공간과 관계적 지원을 해준 어머니와 교회 공동체에 감사할 따름이다.

우리가 만나는 아이들의 미래는 누구도 모른다. 그러나 우리가 하는 일의 영향력은 영원하다. 우리는 아이들이 어떤 상황에서 주일학교에 오는지, 그들의 집에서 어떤 일이 벌어지는지 충분히 알지 못한다. 아이들이 어떤 결정을 내려야 할지, 어떤 두려움을 품었는지도 모른다. 아이들이 살면서 겪을 우여곡절도 예상할 수 없다. 그런 의미에서 아이들이 겪을 어려움에 대해 말할 수 있는 유일한 관계는 하나님과의 관계밖에 없다. 그렇다고 우리가 할 수 있는 역할이 없다는 말은 아니다. 우리의 역할도 중요하다. 어린이에게 영향을 끼치는 사람으로서 우리는 아이들을 알고 함께 시간을 보내며, 그들의 질문에 대답하고, 예수님을 따르라는 초청에 그들이 응답하고 그 의미를 이해하도록 도울 책임이 있다. 이것이 우리의 목표라는 사실에 모두 동의하면서도 많은 어린이 사역자가 어린이와 가정의 삶에 변화를 가져올 제자도에 시간을 쏟기보다 커리큘럼과 체크리스트에 열중한다.

정해진 각본의 위험

오늘날 어린이 사역은 나의 어린 시절에 비해 자료와 도구도 많고 훨씬 활기차다. 사역자들이 하나님 말씀을 더 효과적으로 전달하도록 최첨단 자료를 교회에 제공하는 산업도 성황을 이루고 있다. 비디오, 교재, 연극 대본, 예배 행사 자료, 찬양 자료, 사실적인 스토리북 등 다양한 제품이 있다. 사역 형식이나 상황에 맞는 자료를 얼마든지 찾을 수 있다. 그러나 좋은 커리큘럼만으로는 여전히 부족하다. 사역을 순조롭게 진행하는 데 있어 적절한 자격을 갖춘 교사는 필수다. 교사들은 자신이 섬기는 아이들과의 관계를 계속 발전시켜야 한다.

제아무리 좋은 자료도 우리가 기대하는 만병통치약이 되지 못한다. 교사들에게는 경험을 쌓을 수 있는 시간과 훈련이 필요하다. 교회의 여건에 따라 다르지만 보통 유급, 무급 어린이 사역자가 함께 사역한다. 사역자들은 하나님의 진리를 아이들에게 전하는 청지기로서, 그리스도의 몸이 세운 폭넓은 사역 비전을 바탕으로 자신의 사역을 바라볼 필요가 있다. 그동안 인간관계를 희생하면서까지 더 나은 시스템과 프로그램 개발에 열중하는 모습을 많이 보았다. 시스템과 프로그램도 필요하지만 그것이 효과적인 제자 양육의 열쇠는 아니다.

러스는 오랫동안 어린이 사역에서 섬겼다.[2] 그는 신실한 그리스도의 제자이자 다섯 아이의 아버지다. 그는 하나님 안에서 삶의 우여곡절을 겪으며 불로 단련되는 매우 독특한 여정을 걸었다. 그가 매주 이끄는 남자아이들은 결코 만만치 않은 상대다. 아이들은 하나님의 말씀보다 레슬링에 더 관심이 많다. 예전에 그는 커리큘럼을 받자마자 바로 준비를 시작했다. 그러나 그렇게 할수록 실망만 늘었다. 그는 아이들과 어떻게 시간을 보내야 할지 고민했다. 자료가 과격한 사내아이들과는 맞지 않았다. 정해진 교재를 따라가야 한다는 사실과 아이들에게는 다른 것이 필요하다는 생각 사이에서 혼란스러웠다. 무엇을 어떻게 해야 할지 도저히 결정하기 어려웠다.

결국 용기를 내어 주일학교 담당목사에게 상담을 청해 자신의 고충을 나눴다. 그러나 그는 "정한 대로 따르라"는 대답을 들었다. 교회에서 일괄로 구입한 자료이기도 하고, 다른 반도 모두 같은 자료를 사용하기 때문이었다. 그러나 이 대답은 그에게 별로 도움이 되지 않았다. 그는 아이들을 제자로 세우는 일에 자신이 배제되었다는 느낌을 받았다. 뭔가 잘못됐다는 생각이 들었지만, 일개 교사일 뿐인 자신이 사역자에게 비판적인 의견을 제시해서 잡음을 만들고 싶지는 않았다.

이것은 내가 머문 사역지에서 실제로 있었던 일이다. 그 말을 듣고 나는 가만히 있을 수 없었다. 리더로서 나도 자료가 유용한 도구라는 사실은 인정한다. 교사가 가르치고 싶은 대로 마음대로 가르치게 해서는 안 된다는 점도 잘 안다. 모든 책임은 리더에게 있다. 교회에서 승인한 커리큘럼으로 사역의 비전과 교리에 맞는 내용을 가르치는 것은 어쩌면 당연한 일이다. 그러나 러스의 사례를 보며 열정이나 영적인 은사가 있는 사람을 뽑을 때 그들의 생각과 열정을 질문만으로는 확인할 수 없다는 사실도 깨달았다. 교사들은 프로그램을 따르는 로봇이 아니고 사역 기계를 작동시키는 톱니바퀴도 아니다. "아이들이 아무리 정신없이 굴어도 커리큘럼을 읽고 내용을 따라하세요"라는 말은 최악의 교사 훈련 전략이다. 아이들의 실제 모습과 성령이 하시는 일 등 다양한 변수를 무시한 채, 교사들에게 무조건 정해진 대로만 하라는 것은 매우 실망스러운 응답이다. 이러한 응답은 교사들의 의욕을 떨어뜨린다. 물론 교사들이 원하는 대로 이끌게 하는 것도 위험하다. 그러나 약간만 훈련하고 지도하면 자유와 책임 사이에 균형을 맞출 수 있다. 제자를 양육하는 러스에게는 커리큘럼 안에서 아이들의 필요에 맞춰 조정하고 변경해도 괜찮다고 허용해 줄 사람이 필요했다.

> 신앙 형성을 위한 공식을 만드는 것은 불가능하다. 신앙은 역동적인 관계이자 지극히 개인적인 것이기 때문이다.
> 달라스 윌라드[3]

제자도는 공식이 아니라 믿음으로 인도를 받는 여행이기 때문에 균형이 필요하다. 사람들을 정해진 틀 속에 가두면 점점 두려움이 커진다. 교재와 커리큘럼은 경건한 교사들이 적절히 사용하면 매우 효과적인 수단이 된다. 그러나 모든 어린이 사역의 핵심은 진실한 관계다. 교재에서 제공하는 질문과 활동은 경험을 공유하기 위한 지침이지, 제자도의 공식이 아니다. 요점은 이것이다. 아무리 좋은 최신 자료도 어린이 사역에 큰 변화를 일으키지는 못한다. 내 말이 틀렸다면 최고의 자료를 갖춘 교회와 주일학교가 아이들을 평생 제자로 만드는 일에 대해 자랑할 말이 많았을 것이다.

한결같은 부직포 효과

기술은 대단하다. 20년 전에는 감히 상상하지도 못한 일을 지금은 할 수 있다. 그러나 오늘날의 아이들은 지금 그들이 누리고 있는 기술이 없는 세상을 모른다. 이 말을 하는 이유는 첨단 기술 때문에 설 자리를 잃어 가고 있는 최고의 이야기 도구가 있기 때문이다. 엉뚱하게 들릴지도 모르겠지만 나는 구식이라고 여겨지는 부직포 사용 예찬론자다. 그 이유는 다음과 같다.

여러 해 전 캘리포니아 주 샌디에이고의 한 주일학교를 방문할 일이 있었다. 잃어버린 영혼을 향한 열정이 넘치는 초교파 교회였다. 평일 어린이 프로그램에 참석한 아이들로 교회가 들썩거렸다. 두 살에서 열여덟 살에 이르는 아이들이 곳곳에서 모여들었다. 담당자가 인도하는 대로 각 교실에 가 보니 학년마다 독특한 모습과 느낌이 있었다. 유아들은 기억하기 쉬운 노래를 부르고 성경 이야기를 들으며 손가락인형을 갖고 놀았다. 저학년은 소그룹으로 성경 퀴즈를 하며 정답을 맞히면 교사의 얼굴에 알록달록한 스티커를 붙이는 놀이를 했다. 고학년 남자아이들은 성경 공부를 하다가도 어색한 분위기를 못 참고 실없는 농담을 하거나 엉뚱한 말을 했다. 그러나 그렇게 웃고 떠들면서도 적극적으로 참여했다. 중학생과 고등학생은 학년별 모임을 하고 주일학교에 와서 아이들을 섬겼다.

전체적으로 매우 인상적이었다. 그중 가장 기억에 남은 것은 3-5학년 여자아이들이 가득 모였던 시간이었다. 교사는 앞에서 대형 화이트보드에 그림을 붙이며 성경 이야기를 전했다. 모든 아이의 시선이 교사를 향해 있었다. 그녀는 나이도 지긋하고 옷차림도 수수했다. 말주변이 그리 좋지도 않았다. 심지어 설명하다가 그림 하나가 바닥에 떨어졌다. 설명하는 방식이 너무 구식이라 웃음이 나왔다. 그런데 매주 이렇게 한다는 담당자의 말에 적잖게 놀랐다. 놀랍게도 그 방법은 효과적이었다. 아이들은 이야기에 흠뻑 빠져들었다. 부직포 그림이 정말 효과가 있단 말인가?

나중에 알고 보니 이 교사는 30년 동안 이 연령대의 여자아이들을 가르쳤다고 한다. 아이들은 선생님을 사랑했다. 저학년 아이들은 얼른 커서 이 교사의 반에 들어가고 싶어 했다. 그녀는 교회 그리고 지역의 아이들과 가정에 하나의 전설이었다. 그녀가 설교할 때 터치스크린을 기대하는 사람은 없었다. 그렇다고 그 반에 들어가기를 망설이는 아이도 없었다. 그리스도에 대한 교사의 헌신과 모든 아이를 향한 사랑과 관심이 성경 이야기 가운데 풍성하게 전해졌다. 그녀는 옛날 노래를 가르쳤고, 최신 영상 대신 화이트보드에 그림을 붙이며 설명했다. 담당 사역자의 말에 따르면, 아이들은 선생님이 사용하는 그런 방식을 좋아한다고 한다. 그런데 주일학교 아이들만 그런 게 아니었다. 아이들은 마음대로 친구들을 초청하고 데려왔다. 이 신실한 교사는 앤더슨 선생님처럼 아이들과 탄탄한 관계를 맺고 사랑으로 보살피기로 명성이 높았다. 오늘날 기준으로 보면 구식이고 시대에 뒤떨어진 교육 방식이다. 그러나 이 교사에게 있는 교육의 힘은 사용하는 도구가 아니라 아이들의 삶에 투자한 관계였다. 이 교사는 사역의 지속성과 진정성에 있어 관계가 가진 힘을 보여 주는 산 증인이다.

교회를 둘러보며 나는 어린 시절로 돌아간 듯한 느낌을 받았다. 어린 시절 무엇보다 나를 감동하게 한 건 앤더슨 선생님의 촌스러운 설명이 아니라 진정성이었다. 이곳에서 아이들을 움직인 것도 진정성이었다. 이 말은 당장 부직포를 사서 다음 주일부터 사용하라는 말이 아니다. 방법보다 중요한 것은 전달자와 메시지다. 존경받는 기독교 교육가이자 저자인 월터 왱어린(Walter Wangerin)의 말처럼 아이들의 신앙 형성은 우리의 능력이나 방법으로 되는 게 아니다.

> 이 경우 방법은 동기를 따른다. 당신이 이야기를 '어떻게' 전하느냐는 당신이 이야기를 '왜' 전하느냐에 달려 있다. 당신의 개인적인 이유가 올바르다면, 당신은 분명 효과적으로 이야기를 전할 것이다. 만약 당신이 말하는 주제가 주님이고, 당신이 그분을 온 맘과 힘, 온 생각을 다해 사랑한다면 당신의 방식이

다른 사람들의 방식과 다르더라도 당신의 말에는 권위와 능력이 주어진다.[4]

다시 말해 자료 자체보다 자료를 대하는 태도가 훨씬 지속적으로 영향을 끼친다. 당신이 가르치는 내용으로 당신의 삶이 달라졌는가? 아이들은 당신이 교과 과정에 따라 준비한 이야기가 아닌 당신에게 정말 중요한 이야기를 듣고 싶어 한다.

하나님의 진리를 중심에 두고 모든 방법과 메시지를 하나로 엮는 것은 결국 그 가운데 있는 전달자다. 예수님을 닮은 성품은 제자를 양육하는 방법론에서 대단히 중요한 역할을 한다. 각 아이가 믿음의 여정에서 나타내는 차이는 경건한 교사를 통해 관심과 사랑, 섬김을 받은 경험에 달려 있다. 교사가 확대된 믿음의 가족, 즉 교회 공동체에 속한 사람이라면 아이들과 부모에게 더 큰 영향을 끼치게 된다.

각본 없는 모험으로 아이들을 이끄는 다섯 가지 기술

그리스도의 성품이라는 나침반은 매력적이며 영감을 불러일으킨다. 그 나침반은 사람들을 끈다. 예수님을 따르기 위해 한 번에 한 걸음씩 내딛기 시작하면서 차츰 신뢰가 형성된다. 사도행전 2장에 나오는 초대교회에는 제자 양육을 위한 청사진이 없었지만 그들은 새로 회심하고 하나님의 가족이 된 아이들과 부모, 그 외 사람들을 제자도의 여정에 동참시키는 일을 멈추지 않았다. 그들은 갈수록 늘어나는 제자를 대상으로, 때로는 체계적으로 때로는 체계 없이 여러 방법을 시도했을 것이다. 다양한 연령대와 문화적 배경에 따라 방법을 달리했을 것이다. 매우 급작스러운 일이었다.

『아이들과 함께하는 신앙 여행』(Joining Children in the Spiritual Journey)의 저자이자 교수인 캐서린 스톤하우스는 이렇게 말한다. "아이들에게 좋은 부모나 좋은 주일학교 교사가 되기 위해 우리는 이미 도착한 사람이 될 필요가 없다. 하나님이 우리를 부르신 이유는 계속 찾으며 구하고, 찾은 것을 기뻐하며 계속 움직이게 하시기 위해서다."[5] 어른이 되면 아이들과 있을 때 '말하기'와 '관계하기'의 함정에 빠지는 경향이 있다. '관계하기'란 아이에게 몇 가지 사실을 전달하는 것이 아니다. 하나님과 함께하는 모험과 예수님을 닮은 제자도에 대해 말하고, 탐구하며, 나누고, 반응하며, 기뻐하는 것이다. 보다 자세히 알아보자.

첫 번째 기술: 자신이 경험한 '하나님과의 삶'을 아이들에게 솔직하게 들려주기

강을 건너 본 적이 있는가? 강이 기적적으로 갈라지고 벽처럼 세워져 큰 무리가 마른 땅을 건너간 일에 대해 어떻게 생각하는가? 모세의 죽음 이후 여호수아가 경험한 사건이다(수 3-4장 참고). 하나님은 이스라엘 백성에게 약속의 땅을 향한 안전한 여행을 약속하셨다. 언약궤를 멘 제사장들은 불어난 요단강 강둑에 섰을 때 과연 어떤 일이 벌어질지 궁금했을 것이다. 그들이 홍해의 기적 2탄을 경험하게 되었을 때 얼마나 놀랐을지 한번 상상해 보라(물론 이번에는 쫓아오는 바로의 군대가 없었다). 용감하게 강을 건넌 여호수아는 하나님의 임재, 보호, 공급을 기념하는 제단을 세우라는 명령을 받았다. 그는 이스라엘의 열두 지파에서 각각 한 사람씩 불러 초자연적으로 말라붙은 강바닥에서 돌을 가져가 강을 건넌 일을 영원히 기억하기 위한 기념물로 삼게 했다. 하나님은 여호수아에게 이것이 아이들이 호기심을 갖고 부모와 믿음의 공동체에게 이 돌들이 뭐냐고 물어볼 때를 대비한 것이라고 자세히 알려 주셨다. 이는 하나님에 대해 이야기할 출발점을 마련하라는 명령으로, 어린이 사역을 위해 필요한 교훈이었다.

> 자신의 부모가 언제 어떻게 그리스도를 따르게 되었는지 모르는 아이가 많다. 아이들은 부모가 언제 만나서 어떻게 사랑에 빠졌고, 결혼식은 어땠는지 듣는 것을 좋아한다. 아이들에게 부모의 신앙 이야기를 들려주면 어떨까?
> 카라 파월 & 챕 클락(Kara Powell & Chap Clark)[6]

하나님은 여호수아에게 가르칠 중요한 교훈이 있기 때문에 그렇게 하셨다. 이야기를 싫어하는 아이는 없다. 아이들은 이야기의 배경과 등장인물에 빠져든다. 말과 그림은 아이들의 마음과 생각을 사로잡는다. 이야기가 전개됨에 따라 아이들의 상상력도 발동된다. 아이들은 이야기에 깊이 공감한다. 나이, 지식 수준, 성숙도에 따라 내용을 이해하는 정도가 다르지만 그래도 이야기를 좋아한다. 아이들은 이야기에 매우 친밀하게 반응한다. 그림은 아이들의 머리에 정보를 전달한다. 이런 이야기는 세월이 흐르면서 아이들의 세계관과 삶을 위한 관계의 토대가 된다.

하나님을 깊이 아는 데 성경은 필수다. 성경에는 실제 이야기가 가득하기 때문에 어린이 사역에서 성경 이야기를 커리큘럼의 출발점으로 활용하는 것은 당연하다. 주일학교 커리큘럼은 창세기에 나오는 창조를 시작으로 요한계시록에 나오는 그리스도의 재림으로 끝나는 구조를 기본으로 한다. 그리고 하나님 말씀이 한 이야기에서 다음 이야기로, 체계적으로 전달되게 하려고 애쓴다. 그러나 이야기끼리 연결되지 않아 아이들이 성경 전체의 큰 그림, 즉 각 이야기가 어떻게 하나로 모아지는지 모르는 일이 벌어진다. 어린이 신앙 형성 이론가인 데이비드 크지노스(David M. Csinos)와 아이비 벡위드(Ivy Beckwith)는 이렇게 말한다. "어린이 사역을 보면 전체 이야기가 어떻게 하나로 연결되는지 알려 주지 않고, 연령대에 맞는 이야기를 전하는 것에만 집중할 때가 많다."[7] 개인의 이야기를 전하는 것도 중요하지만 성경이 하나님과 자녀라는 지속적인 관계를 통해 봐야 할 이야기라는 사실을 아이들이 깨닫게 해야 한다. 제자이자 주일학교 교사인 당신의 역할은 아이들이 각 점을 연결하여 전체 그림을 보도록 인도하는 것이다. 하나님과 함께 걸어간 사람들의 생애를 들려주고, 주 여호와를 따라갔거나 떠났던 사람들의 이야기도 들려주라. 성경에 기록된 '하나님과 동행하는 삶'을 아이들에게 들려주어야 한다.

그러나 성경 말씀만 이야기해서는 안 된다.

많은 어린이 사역이 아이들을 제자로 세우는 데 이 부분이 부족하다. 아이들에게 성경 이야기를 들려주는 데도 기술이 필요하지만, 마음에서 우러나온 이야기를 들려주는 것이 훨씬 쉽고 안전하다. 정해진 각본대로만 이야기하지 말고 하나님과 함께하는 실제 삶에 대해서도 이야기하라. 아이들에게는 성경 이야기뿐만 아니라 교회와 제자들을 통해 오늘날 하나님이 일하시는 이야기를 들려줄 신뢰할 수 있는 사람이 필요하다. 성경 이야기는 끝난 게 아니다. 하나님이 여전히 일하시므로 지금도 진행 중이며, 아이들의 삶은 하나님이 수천 년 전에 시작하신 일의 연속선상에서 예수님이 다시 오실 때까지 계속된다는 사실을 아이들에게 알려 주라. 아이들과 함께 걷고, 아이들이 날마다 마주치는 세상이나 세상의 가치관을 성경과 연결할 수 있게 도와주라.

> 우리는 언제 그리고 어디에서 하나님을 보는가? 성경에서 하나님은 평범한 일상에서 종종 모습을 보이신다.　　　　　　　　　　키스 앤더슨 & 랜디 리스[8]

아이들에게 하나님에 대한 정보를 주는 것과 하나님과 함께하는 일상생활을 이야기해 주는 것 사이에는 분명 차이가 있다. 어른들이 그리스도를 믿고 구원받은 이야기를 아이들에게 들려주도록 격려하라. 주일학교나 가정에서 어른이 자기 이야기를 하는 경우는 매우 드물다. 하나님에 대한 의문이나 자신이 발견한 사실을 어린이의 눈높이에 맞게 들려주는 것이야말로 어린아이 같은 믿음의 실천이다. 성경의 기록대로 하나님과 살아가는 산증인과 교제하는 경험은 아이들의 마음에 매우 깊은 인상을 남긴다.

어린이 사역 담당자들은 교사들이 공과에서 벗어나 아이들과 관계를 형성하고 본인이 경험한 하나님을 전할 수 있게 일부라도 허용해야 한다. 스톤하우스 외에도 스코티 메이, 베스 포스터스키(Beth Posterski), 린다 캐넬(Linda Cannell) 같은 전문가들은 이렇게 말한다. "공과 계획은 지도와 비슷하다. 출발점과 목적지를 모두 제시해야 한다. 그러나 목적지까지 가는 경로의 선택권은 교사에게 있다."[9] 교사와 아이의 관계를 그리스도와 함께 걸었던 두 제자로 본다면 그 관계는 교실 수업보다 신앙 형성에 가깝다.[10]

관계 중심의 어린이 사역에서는 준비된 교재를 사용하더라도, 진실한 관계를 만드는 방향으로 사용한다. 어린이 사역자들이 재량을 발휘하는 방법과 아이들의 수준에 맞추어 자신과 그리스도의 관계를 솔직하게 나누는 방법을 알려면 약간의 훈련이 필요하다. 이런 선택을 하면 이런 결과가 있을 거라는 가설로 예를 들기보다는 하나님의 인도와 본인이 깨달은 경험을 말하는 편이 훨씬 낫다. 아이들은 이런 것을 알고 싶어 한다. "하나님과 함께하는 삶이 성경 밖에서도 가능한가?" "그것이 가능하다면 어떤 모습일까?"

아이들에게도 나누고 싶은 이야기나 궁금한 질문이 있다. 때로는 아이들에게 그들의 경험을 말할 기회를 주는 것도 좋다. 사역자, 부모, 친척, 코치, 교사 등 아이들에게 영향을 주는 사람들이 먼저 본인이 예수님의 제자로서 경험한 각본 없는 이야기를 꾸밈없이 들려주어야 아이들을 하나님과의 각본 없는 모험으로 인도할 수 있다.

두 번째 기술: 성경에서 신실하게 하나님을 따른 사람들을 아이들 스스로 찾게 하기

바이블게이트웨이(BibleGateway.com)나 유버전(YouVersion.com) 같은 온라인 자료는 우리가 날마다 하나님의 말씀을 접할 수 있도록 효과적으로 구성되어 있다. 연구에 따르면 디지털이나 오디오파일보다 종이에 인쇄된 성경책으로 성경 읽기를 좋아하는 사람이 84퍼센트라고 한다. 그러나 일주일에 한 번 이상 성경 말씀을 읽는 사람은 많이 줄었다.[11] 대부분이 창세기부터 힘차게 시작하지만 요한계시록까지 마치는 경우는 61퍼센트에 지나지 않는다.[12] 대부분 친숙한 구절만 읽으면서 건너뛴다. 성경의 많은 장에 손도 대지 않는다. 아직 사람들이 읽지 않아 발견하지 못한 성경 이야기가 매우 많다.

솔직히 말해 성경을 삶에 바로 연결하기는 쉽지 않다. 문화적 배경에 대한 이해가 없으면 민수기의 인구 조사는 우리의 현실과 동떨어져 보이며, 무관한 내용으로 치부하기 쉽다. 마태복음 1장에서 그리스도까지 이어지는 족보를 보면 몇몇 흥미로운 인물이 눈에 띄지만 대충 훑어보게 된다. 성경을 읽고 이해하는 능력이 교재에 적힌 요약과 참고 정보로 제한된 상태에서 어떻게 다른 사람을 제자로 양육하겠는가? 교사들이 아이들을 좀 더 효과적으로 제자로 양육하기를 원한다면 리더들이 성경에 좀 더 친숙해지도록 인도해야 한다. 물론 단번에 할 수 있는 일은 아니다. 그러나 약간의 노력만 있으면 성경에서 덜 알려진 숨은 보석을 발견하여 교사들과 아이들에게 전할 수 있다. 다음 사례를 들어보라.

힐기야는 8세에 왕위에 오른 요시야 왕 때의 유대 대제사장이다. 그는 율법서를 발견하여 하나님 말씀에 대하여 왕의 관심을 환기시킨 인물이다. 율법서의 발견이 일으킨 도미노 효과로 성전이 회복되고, 하나님의 백성이 그분의 율법과 약속을 기억하게 되었다. 그들은 오직 주 여호와만 섬기고 경배하기로 새롭게 결단했다. 나이 어린 통치자가 주도한 거대한 개혁으로 히브리 역사에 새로운 전환점이 마련되고, 백성이 하나님의 진리에 비추어 마음을 돌아보게 되었다. 결국 주 여호와 하나님과의 관계뿐만 아니라 백성 사이의 관계까지도 좀 더 위대한 목적을 위해 깊어졌다.

아이들에게 열왕기하 22-23장에서 신실한 하나님의 백성 이야기를 탐구하고 스스로 진리를 찾아보게 한다면 어떨지 한번 상상해 보라. 아이들이 왕과 여왕 이야기를 좋아하지 않을까? 종이로 왕관을 만들어도 재미있을 것이다. 본인이 왕이 된다면 세상을 어떤 모습으로 바꿀지 그려 봐도 좋다. 아이들에게 현명한 결정을 내린 권위자와 악한 결정을 내린 권위자를 구별해 보라고 하는 것은 어떨까?

아이들의 삶에 중대한 영향을 끼치는 이야기가 있는가? 창의력을 발휘하라. 함께 모여서 성경 말씀을 공부하고 아이들에게 가르칠 아이디어를 자유롭게 토론하라. 나이와 상관없이 모든 아이에게는 성경에 뛰어들어 깊이 파고들 기회가 주어져야 한다. 아이들에게 영향을 주는 사람들이 먼저 모인 다음, 그 과정에 아이들이 참여하게 할 때 훨씬 효과적인 제자도가 일어난다.

힐기야와 요시야는 신앙 공동체 안에서 만나는 경건한 세대 간의 관계를 의미한다. 두 사람 모두 신실한 하나님의 제자였고, 오늘의 어린 세대와 나이 든 세대가 공감할 수 있는 이야기를 제공한다. 그들이 삶에서 발견하여 적용한 것은 신앙 공동체에 매우 강력한 힘으로 흘러갔다. 제자 양육자들이 하나님의 말씀에서 이런 이야기들을 적극적으로 찾는다면 비슷한 일이 일어날 것이다. 성경에 나오는 인물들이 저마다 삶에서 배운 다양한 교훈은 성경적 세계관, 품성의 변화, 지혜로운 결정, 희생적인 사랑의 문을 열어 준다.

물론 준비가 필요하다. 아이들에게 성경에 나오는 신실한 하나님의 제자들을 찾아보게 하려면 당신이 먼저 공부해야 한다. 평생 지속될 변화에는 머리와 마음이 모두 필요하다는 사실을 기억하라. 당신이 배운 것을 나누고 아이들이 배운 내용을 듣는 상호 발견의 과정은 매우 유기적이고 역동적일 것이다. 어른과 아이는 함께 배울 수 있다. 아니, 그래야만 한다. 관계 중심의 어린이 사역은 교사와 아이들에게 성경의 인물들과 그리스도의 성품을 연결하도록 이끈다. 그러려면 적절한 질문을 해야 한다. 사람들이 바르게 행동한 때는 언제인가? 사람들이 잘못 행동한 때는 언제인가? 하나님과 가까이 걸어간 사람들의 모습을 설명해 보라. 그들의 행동은 자신과 주변 사람들에게 어떤 영향을 주었는가? 단순히 사실만 암기하고 기억해서는 대답할 수 없는 질문이다. 각자 이야기가 다를 것이다. 연령대에 따라 접근 방식을 조정해야 하지만 기본 원리는 동일하다. 탐구하고 계속 탐구하고, 보다 더 탐구하고, 함께 탐구하라.

세 번째 기술: 아이들에게 하나님에 대해 발견한 점을 말하게 하기

아이들은 노아와 그의 가족 이야기를 무척 좋아한다. 그 많은 동물이 전부 어떻게 배에 탔을까? 방주는 얼마나 거대했을까? 사자는 무엇을 먹었을까? 쌓인 똥 덩어리는 어떻게 처리했을까? 하나님은 사람들에게 왜 그토록 화가 나셨을까? 홍수가 꼭 일어나야 했을까? 하나님은 어떻게 문을 닫으셨을까? 노아의 가족은 비가 그치지 않으면 어떻게 해야 하나 걱정했을까? 노아는 비둘기가 다시 돌아올 줄 어떻게 알았을까? 오늘날 우리가 보는 무지개는 하나님이 주신 것일까? 아이들의 머릿속에는 질문이 매우 많다. 하나님과 직접 연관된 의문도 있다. 그 모든 의문은 하나님이 어떤 분이고 어떤 일을 하셨는지를 알 수 있는 퍼즐의 일부다.

아이들에게 하나님을 만날 기회를 주고 참을성 있게 기다리라고 하는 것은 쉽지 않다. 아이들이 이야기를 소화하면서 생기는 모든 질문과 생각을 일일이 듣는 것보다 차라리 성경 퀴즈를 보는 편이 훨씬 효율적이라는 생각이 들 수도 있다. 우리가 묻는 질문에 아이들이 대답하면 우리는 그들이 그 내용을 이해한다고 생각하기 쉽다. 우리는 그런 긍정적인 분위기에 즉각적인 만족을 느낀다. 안타깝게도 많은 주일학교 프로그램이 내용과 공동체라는 측면에서 어른의 속도로 움직인다. 우리는 보통 두 가지에 집중한다. 아이들이 수업 내용을 기억하는가? 아이들이 잘 따르며 조용히 앉아서 집중하는가?

그러나 제자도는 사실을 외우거나 교사에게 집중하는 차원의 일이 아니다. 교사가 앞의 두 가지에만 집중한다면 하나님과 교제하는 아이들의 능력은 점차 줄어든다.

내가 이렇게 말하는 이유를 아는가? 아이들이 사실만 배우는 수업 환경으로 제자도를 제한해서는 안 되기 때문이다. 그리스도의 길에 대한 깊은 이해와 품성 형성은 복잡하다. 여러 차원에서 마음의 개입이 필요하다. 아이들이 하는 마음의 이야기를 들으려면 시간이 많이 필요하다. 종종 두서없고 예측하기도 어렵다. 삶과 성경이 연결되는 일은 순식간에 일어나지 않는다. 일정을 지켜야 할 사역 리더나 부모에게는 다소 실망스러운 일이다. 아이들이 하나님의 진리를 발견하게 할 다른 방법은 없을까?

아이들에게 필요한 것은 서두르지 않고 생각할 시간이다. 성경의 하나님과 진리에 대해 이야기를 나눌 시간이 필요하다. 하나님의 말씀을 꺼내어 자신과 하나님의 관계를 생각할 거룩한 공간이 필요하다. 어떻게 해야 할까? 우선 교사와 아이들이 관계를 발전시킬 시간이 필요하다. 여기에는 성경에 나오는 이야기와 인물들을 알아보는 것도 포함된다. 세상에서 하나님이 하신 활동으로 하나님의 속성이라는 퍼즐을 맞추는 것이다. 아이들에게 가장 가까운 세계 즉 그들의 내면과 외면에 대해 생각해 볼 수도 있다. 하나님은 아이들의 생각과 관계에서 어떻게 나타나시는가? 하나님은 아이들의 가정, 학교, 동네, 교회 어디에 계시는가? 이런 종류의 성찰은 바쁘고 분주한 가정생활에서는 일어나기 어렵다. 거룩한 공간을 만들기 위해 어린이 사역의 속도를 늦춰야 한다. 성령이 아이들에게 말씀하고 그들과 함께하시며 아이들이 마음으로 하나님께 직접 응답하게 하라.

이런 일이 가능할까? 물론이다! 다만 여기에도 계획이 필요하다. 먼저 교사들이 자신의 삶에서 예수님과 걸어온 여정을 아이들과 이야기할 시간과 공간을 마련해야 한다. 아이들에게 질문하거나 생각할 시간을 준다. 바로 눈에 띄는 변화가 있지는 않을 것이다. 그러나 시간이 흐르면서 점점 놀라게 될 것이다. 주님의 본성과 임재가 아이들에게 사실로 다가온다. 성경에서 읽은 내용 때문이 아니라 성령의 임재를 통해 그리스도가 지금 이곳에 계시기 때문이다. 신비주의에 빠질 생각은 전혀 없다. 그러나 제자 삼기는 우리의 노력만으로 되는 일이 아니라는 점을 기억하자. 성령이 하시는 일이다. 엄밀히 말해 어른들에게 일하신 성령이 아이들에게도 동일하게 일하신다. 관계 중심의 어린이 사역에서는 의도적인 성찰과 반응이라는 리듬을 만들도록 노력해야 한다. 나이와 상관없이 모든 제자에게 있어 변화를 일으키는 원동력은 하나님이 보내신 그리스도에 대한 성경의 진리다.

아이들에게 일어나는 변화를 어떻게 확인할 수 있을까? 아이들이 하나님에 대해 깨달은 사실을 확인하는 가장 좋은 방법은 언제나 동일하다. 바로 직접 물어보는 것이다. 말과 행동을 통해 아이들이 하는 말을 듣고, 창의적으로 다양하게 표현할 기회를 제공하라.

네 번째 기술: 하나님이 주시는 은혜의 선물인 구원을 받기 위해 그리스도께 반응하도록 아이들을 초청하기

예수님이 5천 명을 먹이신 일은 사복음서에 모두 나오는 세 가지 기적 가운데 하나다. 어린아이가 내놓은 보리떡 다섯 개와 물고기 두

마리로 일어난 기적은 많이 알려져 있다. 요한복음에서 다음을 확인할 수 있다. 예수님은 이미 소외된 사람들, 가난한 사람들, 갇힌 사람들을 일으키신 적이 있었다. 한 아이가 그리스도께 드린 물건에서 가능성을 본 안드레 덕분에 수천 명이 배불리 먹고 심지어 남기기까지 했다. 이 놀라운 일로 인해 그 자리에 있던 사람들은 예수님을 약속의 메시아로 인정했다. 이 사건은 그리스도께 응답하라는 초청의 정수를 보여 준다. 요한복음 6장 1-14절에서 그 의미를 확인해 보라.

예수님은 제자들에게 불가능한 일을 하라고 하신다. 제자들의 힘으로는 그 모든 사람을 먹일 수 없다는 것을 아시면서도 제자들에게 책임을 맡기셨다. 제자들에게 자신과 하나님에 대해 새로운 사실을 배우고 각본 없는 주님과의 모험에 참여하라는 초청이었다. 예수님은 제자들의 믿음을 시험하고, 그들에게 그분의 말을 믿을 때 주어지는 은혜를 경험할 기회를 주셨다. 사실 어린아이의 점심 도시락으로 5천 명을 먹이기는 불가능했다. 그러나 그들은 예수님 말씀에 순종했고 그 결과 하나님이 일으키신 기적을 경험했다. 모든 군중이 음식이라는 즉각적인 축복과 함께 하나님의 계시라는 영원한 축복까지 받았다. 모두 값없는 은혜였다.

이번에는 시간을 뒤로 돌려 그리스도의 십자가를 보자. 주님은 온 세상 죄를 담당하고 십자가에서 자신을 희생하셨다. 요한복음 3장 16-17절에 그 이유가 나온다. "하나님이 세상을 이처럼 사랑하사 독생자를 주셨으니 이는 그를 믿는 자마다 멸망하지 않고 영생을 얻게 하려 하심이라 하나님이 그 아들을 세상에 보내신 것은 세상을 심판하려 하심이 아니요 그로 말미암아 세상이 구원을 받게 하려 하심이라." 이 행동 하나가 모든 것을 바꾸었고 그 사실을 믿기로 결정한 사람들을 위해 인류 역사의 방향이 달라졌다. 그리스도의 삶과 죽음, 부활은 피조물에 대한 궁극적인 하나님의 선물이었다.[13]

내가 이 두 이야기를 소개한 이유를 알겠는가? 오병이어에 대해 이야기하다가 아이들(그리고 어른들)을 예수님이 주시는 더 큰 선물로 이끌어야 하기 때문이다. 성경의 모든 이야기는 어떤 면에서 하나님의 아들 예수라는 선물을 통해 보이신 그분의 놀라운 사랑을 드러낼 기회가 된다. 구약의 이야기와 사복음서에 기록된 예수님의 기적을 통해 도덕적 교훈을 넘어 우리를 죄에서 구원하기 위해 오신 구세주라는 큰 그림을 보아야 한다. 모든 이야기는 구세주이자 주님이며, 용서하고 이끄시는 예수님을 따르라는 그분의 놀라운 초청에 반응할 기회를 준다. 복음은 모든 제자도를 움직이는 핵심 메시지다.

관계 중심의 어린이 사역은 예수 그리스도의 복음을 명확하고 시의적절하게 지속적으로 나누는 일에 헌신한다. 그러려면 예수님을 믿고 따르는 것의 의미를 명확하게 해야 한다. 그것을 의미 있는 말과 행동으로 어린이와 가정에 전달하기 위해 창의적인 방법을 찾아야 한다. 일부 이야기는 인간의 죄가 지닌 파괴적인 힘과 하나님 백성의 실패를 통해 구세주의 필요성을 일깨운다. 어떤 이야기는 하나님이 예수님을 통해 우리에게 보이신 그 놀랍고 과분한 은혜로 우리를 인도하고, 우리의 필요를 채우시는 하나님의 사랑을 강조한다. 성경을 활용하여 하나님이 하신 일을 소개하고 그것을 당신의 삶과 아이들의 삶에 연결하라. 모든 교회와 어린이 사역 팀은 성경의 관점, 교리에 대한 확신, 사역 활동에 기반을 두고 각자의 방식을 결정해야 한다. 상황이 어떠하든 분명한 목적을 바탕으로 하되, 강압적이지 않은 태도로 초청하라. 그러면 큰 변화가 일어날 것이다.

다섯 번째 기술: 하나님과의 여정에서 경험한 일을 기념할 창의적 방법 고안하기

제자 사역의 백미 가운데 하나는 세례다. 우리 교회에는 물을 모아 둔 작은 호수가 있다. 대부분 실내에서 세례식을 하지만, 6월의 어느 주일 오후에는 다들 호수로 향한다. 온 가족과 친구들이 잔디밭에 모여 접이식 의자를 펴고 피크닉 담요를 펼친다. 아이스박스에는 음식과 음료가 가득하다. 공개적으로 그리스도에 대한 믿음을 선포하기로 결단한 사람들을 축하하고 기념하기 위한 자리다. 성령이 일으키신 내면의 변화를 외적으로 표현하는 아름다운 일이다. 하나님의 가족이 함께 모여 세상을 향해 이렇게 외치는 셈이다. "예수 그리스도는 우리가 따르고 경배하기 합당한 분이다. 오직 그분만이 구세주요 주님이다."

우리 큰아들 에이버리는 열두 살이 되자 호수에서 세례를 받기로 결정했다. 나는 에이버리가 태어나던 순간에 그 자리에 있었다. 아이가 첫 예방주사를 맞으며 내 손가락을 꽉 쥐었을 때 아이보다 내가 더 많이 울었다. 아들이 처음 교회 유아실에 갔을 때 잘 들어갔다는 표시인 체크인 번호가 스크린에 뜰 때까지 의자 끝에 앉아 초조하게 기다렸다. 가족과 친지가 모인 자리에서 열린 헌아식의 주인공인 아들이 무척 자랑스러웠다. 그리고 나는 아이가 처음으로 맥도널드에서 치즈버거 하나를 다 먹었을 때 바로 앞에 있었다. 유아원과 유치원 등교 첫날 아이를 데려다준 사람도 나였다. 고등학교 때까지 에이버리의 모든 첫 등교를 내가 책임졌다. 초등학교 2학년 때 아이가 그리스도를 믿고 따르기로 결심했고, 나는 아이와 함께 바닥에 무릎을 꿇었다. 3학년 때 함께 떠난 캠프에서 내가 선물한 첫 주머니칼을 보고 아이가 지었던 만족스러운 미소를 지금도 기억한다. 아이가 처음으로 큰입우럭을 낚았을 때 나는 배에 같이 있었다. 6학년 때 아이가 세례를 받을 때 나는 함께 물에 들어갔다. 이 모든 '최초'의 순간은 에이버리의 삶과 믿음의 여정에서 주요한 장 사이의 전환점이자 중요한 초석이 되었다. 그 모든 순간에 함께할 수 있었던 것은 나에게도 큰 특권이었다.

첫걸음은 언제나 기억에 남는다. 그것을 성장을 위한 중요한 걸음으로 우리가 회상하고 기억할 수 있는 인생의 중대한 전환점이다. 나는 우리 아이들을 비롯해 친척과 친구들까지 그동안 그들이 내디딘 제자도의 첫 순간을 목격자로서 증언할 수 있다. 내가 30년 넘게 그리스도의 제자로 살았고 15년 넘게 목회 사역을 했으니 말하지 않아도 짐작할 수 있을 것이다.

세례를 받기 위해 걸음을 떼는 사람들과 함께하는 것은 놀라운 일이다. 그러나 하나님과 함께하는 여정에서 기념할 수 있는 초석은 세례만이 아니다. 아이가 성장하고 신앙이 자라는 가운데 겪는 통과의례가 있다. 생일과 기념일은 중요한 일을 기억하기에 가장 좋은 날이다. 교회력에서는 특히 대림절과 사순절에 대하여 그 휴일의 의미를 아이들과 가정에 새롭게 전달한다. 섬김의 기회와 리더의 역할을 통해 그리스도의 제자는 나이, 영적 은사, 실력, 성숙도에 맞게 성장한다. 하나님의 가족 안에 있으면 하나님과 동행하며 경험한 초석들을 창의적으로 기념할 기회가 많다. 제자도의 첫걸음은 하나님과 함께하며 그분을 향해 가는 지속적인 여행의 시작이다. 모든 교회, 주일학교, 가족마다 각자의 상황에 맞는 기념 방법이 있을 것이다. 어떤 상황에서든 관계 중심의 어린이 사역은 아이의 신앙 여정에

서 일어난 모든 중대한 걸음에 의미를 부여한다.[14]

예수님을 따르는 신앙의 여정으로 아이들을 초청하라

> 사람들이 예수께서 만져주심을 바라고 자기 어린 아기를 데리고 오매 제자들이 보고 꾸짖거늘 예수께서 그 어린아이들을 불러 가까이 하시고 이르시되 어린아이들이 내게 오는 것을 용납하고 금하지 말라 하나님의 나라가 이런 자의 것이니라 내가 진실로 너희에게 이르노니 누구든지 하나님의 나라를 어린아이와 같이 받아들이지 않는 자는 결단코 거기 들어가지 못하리라 하시니라(눅 18:15-17).

예수님은 원래 초청을 잘하는 분이다. 그분 주변으로 다양한 연령과 배경의 사람이 모여들었다. 예수님은 주위 아이들을 두 팔 벌려 환영하셨다. 예수님은 관계 중심의 어린이 사역을 위한 영원한 토대를 세우셨다. 제자들이 반대하자 예수님은 그들의 생각이 하나님 나라와 맞지 않는다는 점을 지적하며 생각을 바꾸게 하셨다. 예수님은 아이들을 엉뚱한 길로 인도하는 사람에게는 거친 말을 서슴지 않으셨고, 어린아이 같은 믿음을 모든 사람이 가져야 할 모범으로 여기셨다. 제자들이 전부 이해한 것은 아니지만 예수님은 그들에게 교만이 아닌 겸손과 의존으로 자신을 따르는 방법을 보이시고, 사람들을 초청하여 동일하게 인도하는 방법까지 알려 주셨다.

> 믿는 사람들은 예수님을 따라야 했다. 첫걸음을 떼려고 많은 것을 알지 않아도 되었다. 그저 배우려는 의지 즉 그분의 제자가 되겠다는 마음만 있으면 되었다.
> 로버트 E. 콜먼(Robert E. Coleman)[15]

제자도는 긴 시간을 거쳐 성장한다. 어린이와 그들의 가족과 의도적으로 관계를 쌓는 시간이 필요하다. 제자 양육은 하루, 몇 달, 몇 년이 차곡차곡 쌓여 일어난다. 몇 번의 모임이나 대형 행사로 되는 것이 아니다. 순간순간이 모여야 한다. "나를 따라오라"고 하시는 예수님 말씀에 대한 반응은 한 번의 결정이자 지속적인 결정이다. 아이들이 그리스도를 구세주와 주님으로 믿기로 결정하고, 그들에게 경건한 성품의 변화가 일어날 때 그 결과는 주변 사람들에게 영향을 준다.

의식 있는 교사라면 자신과 마찬가지로 섬기는 아이들이 믿음으로 인도를 받는 제자도의 여정 가운데 있다는 사실을 금세 알아차릴 것이다. 교사 자신의 삶을 돌아보아도 제자도는 일정한 공식으로 이루어지지 않았을 것이다. 하나님과 동행하는 삶을 통해 아이들을 가르치는 것 자체가 하나의 커리큘럼이다. 물론 성경 공부 교재, 영상자료, 책, 설교 등을 보충 교재로 활용할 수 있다. 그러나 실제 학습은 우리가 하나님의 공급을 전적으로 의존하는 순간 일어난다. 아이들이 질문할 때 식상한 대답이나 상투적으로 반응하지 않고 그 질문을 예수님께 가져갈 때 성장이 일어난다. 자기가 처한 상황에 복음을 적용하라는 초청에 응답할 때 아이들 역시 성장한다. 말하고 탐구하며, 나누고 반응하며, 기념하고 아이들과 함께할 때, 제자 양육자들은 제자도 커리큘럼을 만드는 하나님의 일에 동참할 수 있다.

묵상과 토론을 위한 질문

01 어린이에게 영향을 끼치는 사람 가운데 당신이 마음 깊이 존경하는 사람이 있는가? 그 이유는 무엇인가? 하나님은 그 사람이 제자 양육자로서 어린이를 대하는 일에 어떤 특별한 은사를 주셨는가?

02 그리스도와 함께하는 자신의 제자도 여정을 생각할 때 특히 '각본 없는 모험'이라고 여겨지는 부분이 있는가?

03 당신은 삶에서 예측할 수 없는 일에 보통 어떻게 반응하는가? 사역에서는 어떠한가?

04 제자도는 공식이 아닌 믿음의 문제라는 것을 사람들이 잘 받아들이지 않는 이유가 무엇이라고 생각하는가? 신앙 형성에서 일정한 단계와 수순이 하는 역할이 무엇이라고 생각하는가?

05 부모, 교사, 사역자들이 아이들을 알고 사랑하고 섬기기 위해 정해진 '각본'을 계속 붙들고 놓지 못하는 이유가 무엇일까?

06 투박하고 촌스럽지만 아이들의 마음과 생각을 사로잡는 도구나 방법이 당신에게 있는가?

07 '말하기, 탐구하기, 나누기, 반응하기, 기념하기'라는 다섯 가지 기술 가운데 당신은 무엇이 가장 편한가? 그 이유는 무엇인가? 당신의 성격이나 경험상 좀 더 노력해야 할 부분은 어떤 것인가? 그 부분을 계발하기 위해 어떤 노력을 기울여야 하는가?

08 하나님과의 각본 없는 모험으로 아이들을 이끌도록 하나님이 당신에게 주신 자연스러운 방법이 있는가?

09 "나를 따라오라"는 예수님의 제자도 방식을 얼마나 잘 실천하고 있는가?

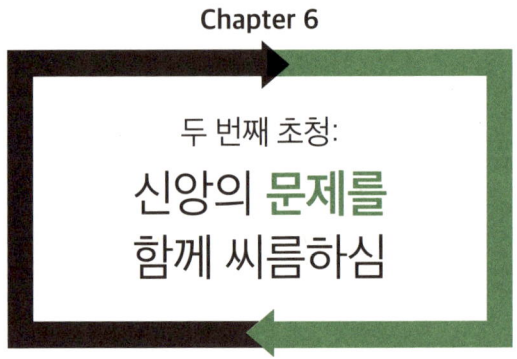

Chapter 6
두 번째 초청:
신앙의 문제를 함께 씨름하심

당신이 자녀에게 줄 수 있는 최고의 선물은 하나님을 신뢰하며 사는 법을 익히기 위해 씨름하고 분투하는 모습을 보여 주는 것이다.
카라 파월[1]

유모가 자기 자녀를 기름과 같이 하였으니 우리가 이같이 너희를 사모하여 하나님의 복음뿐 아니라 우리의 목숨까지도 너희에게 주기를 기뻐함은 너희가 우리의 사랑하는 자 됨이라(살전 2:7-8).

우리 가족은 휴가 때 많은 계획을 세우지 않는다. 물론 갈 곳과 할 일을 정하지만 상세히 계획하지는 않는다. 그럴 만한 이유가 있다. 때로는 아이들에게 꿈처럼 멋진 휴가를 선사하고 싶다는 생각을 하지만 결국 현실적인 계획으로 돌아온다(디즈니랜드 방문은 예외였다). 우리는 당일 혹은 장거리 여행을 떠나 주변의 모든 것에 흠뻑 잠기기를 좋아한다. 탐험도 좋아하고 근처 공원을 산책하거나 수영하러 가는 것도 좋아한다. 지역 축제나 직거래 시장, 박물관, 영화관에도 간다. 언젠가는 돈을 펑펑 쓰며 다니는 날이 올 수도 있겠지만 일단 지금은 최소한 간소하게 다니고 몸과 마음을 쉬면서 재충전하는 휴가

를 선호한다.

우리 집 여행 가방에는 평소에 입는 옷들로 가득하다. 어디를 가든 우리의 일상 즉 우리의 개성, 성격, 흥미, 관계를 그대로 가져간다. 가장 중요한 것은 함께 있는 시간이다. 우리는 가족끼리 함께 있는 시간 자체를 즐긴다. 케이트, 에이버리, 아론과 나는 좋을 때나 힘들 때나 삶의 모든 평범한 일상 속에서 하나님과 서로에게 좀 더 깊이 뿌리를 내리려고 노력한다.

10년 전, 가족을 데리고 숲으로 하이킹을 간 적이 있다. 당시 우리 가족은 북부 캘리포니아 지역을 여행하고 있었다. 그날은 내가 목적지를 정할 차례였다. 자이언트 세콰이어는 60-90미터에 이르는 아찔한 높이와 강인한 생명력으로 명성이 높은 나무다. 2천 년 넘게 살아 온 우뚝 솟은 삼나무 숲이 태평양 북서부에 자리잡고 있다. 말로는 설명이 불가능한 크기인지라, 신비롭고 거대한 자연을 직접 보여 주고 싶었다. 그러나 해변에 가지 않는다는 말에 아이들이 실망한 눈치여서 점심에 아이스크림을 사 주기로 했다. 아이들에게 삶이 달라지는 경험과 성장의 기회를 주려면 여러 수단을 강구해야 한다.

산타크루즈 산맥의 구불구불한 도로에 접어들자 속이 울렁거리고 지루해지기 시작했다. 다들 짜증 지수가 올라갔다. 숲으로 가는 여행에 나 혼자 들떠 있었다. 주차장에 도착하자, 마치 몇 달 동안 잠수함에 있다가 수면 위로 올라온 것처럼 아이들은 차에서 뛰쳐나갔다. 큰아들이 "이제 바닷가에 가면 안 돼요?"라고 했을 때 하마터면 버럭 화를 낼 뻔했다. 하나님의 은혜로 간신히 침착함을 유지했다. 화장실에 들러 식수대에서 물을 마시고 자연센터와 기념품점에 들렀다. 식수대에서 다시 물을 마시고 화장실에 또 들른 뒤에 마침내 숲

길로 들어섰다. 가족과 함께하는 삶에는 놀랍게도 예측 불가한 일과 예측 가능한 일이 동시에 일어난다.

우리는 드디어 헨리 코웰 레드우즈 주립공원의 숲에 도착했다. 고대하던 숲에 도착하니 모든 원성이 싹 사라졌다. 한마디로 말해 모두 경외감에 휩싸였다. 다들 아무 말도 하지 않고 가만히 서 있었다. 눈앞에 보이는 광경이 믿어지지 않았다. 지름이 2미터 가까이 되는 자이언트 세콰이어가 바로 앞에 있었다. 위를 올려다보며 나무 꼭대기에 오르면 어떨지 상상했다. 이렇게 큰 나무가 거센 바람에도 쓰러지지 않는다는 사실이 놀라웠다. 이 거대한 나무를 강하게 만드신 하나님의 솜씨가 참으로 대단했다. 삼나무에는 엄청난 높이와 장대한 몸통 말고도 다른 나무보다 특별한 점이 있다.

그날 우리는 숲속을 탐험했다. 함께 걷고 대화하며 언덕을 오르고 숲에 대해 배웠다. 혹시 삼나무가 계속 자란다는 사실을 아는가? 침식, 지진, 태풍, 심지어 벼락과 같은 자연의 충격에도 삼나무는 수백 년을 산다. 우리는 불에 타서 속이 까만 텅 빈 삼나무 줄기 안에도 들어가 보았다. 줄기 속이 다 탔는데도 겉은 멀쩡했다.

땅 위에 보이는 것도 많지만 사실 땅속이 훨씬 흥미롭다. 삼나무 숲은 각각의 나무들로 이루어져 있지만 그들은 서로 연결되어 있다. 삼나무는 놀라울 정도로 뿌리를 얕게 내린다. 그러나 나무들끼리 가깝게 뿌리를 내려 서로 옆에 있는 나무를 지탱해 준다. 삼나무는 군락 즉 가족을 이루어 자란다. 뿌리로 서로를 지탱하고 하나로 엮여 살아간다.

그날 우리 가족은 거대한 삼나무가 오랜 세월을 견딜 수 있는 이유를 듣고 깊은 감명을 받았다. 삼나무는 사람과 마찬가지로 좋을 때나 힘들 때나 함께 성장하도록 지음 받았다.

이 놀라운 사실을 묵상하고 나서 우리는 약속대로 아이스크림을 먹었다.

험난한 성장의 길

삼나무는 공동체가 함께하는 우리의 신앙생활과 상당히 유사하다. 삼나무 숲은 매우 무질서하다. 뿌리 체계를 예측하기가 거의 불가능할 정도다. 거대한 나무줄기의 나이테에는 양분이 넘치는 성장기, 영양 결핍의 시기, 비와 가뭄의 시기, 심지어 도끼날과 불길의 위험에 기록이 있다. 삼나무가 거치는 각 계절에는 명확히 보이지는 않지만 지속적인 성장을 위해 내재된 목적과 질서가 있다. 삼나무는 주변 나무를 의지하여 힘과 양분을 얻는다. 하나님이 창조하신 목적에 맞게 살아가려고 햇빛, 토양, 물, 양분과 서로 협력한다. 삼나무의 내구력은 하나님의 선물이다. 힘겨운 시련의 시기를 통과하고 생존하려면 서로 의지해야 한다. 예고 없는 바람, 화재, 비, 눈, 가뭄과 같은 힘겨운 시기를 잘 넘기려고 삼나무들은 힘을 모은다.

개인적으로 매우 공감하는 개념이다. 앞서 말했듯 나의 어린 시절은 완벽함과는 거리가 한참 멀었다. 다른 아이들처럼 나는 힘겨운 상황에 걸려 넘어지고 어리석은 선택도 했다. 내가 만난 어른들은 실수를 많이 저질렀다. 그러나 하나님의 은혜로 그들은 자신들의 실패를 인정하고 나를 진리와 사랑으로 신실하게 인도했다. 돌이켜 보면 나는 신앙의 여정을 결코 홀로 걷지 않았다. 가족과 영적 가족, 친구들과 긴밀하게 뿌리를 내리고 공동체 안에서 하나님과 걸어가는 방법을 배웠다. 심지어 믿지 않는 친척들까지도 하나님과 함께 걷는 삶에 대해 내가 스스로 씨름할 기회를 주었다. 주님은 사랑 많은 사람들의 품으로 나를 이끄셨고, 날마다 부딪히는 여러 상황에서 예수님을 따르는 방법을 알려 주셨다. 물론 우리 집과 교회 사이에는 차이가 있었다. 둘 다 완전한 곳은 아니었지만, 하나님의 완전한 사랑은 모든 곳에 있었다. 두 곳의 환경이 확연하게 달랐지만 어린 나에게는 관계라는 차원에서 아무 차이가 없었다.

> 자녀의 인생관이 자신에게 집중되어서 자신의 노력과 은사만 의지하려고 한다면 아이의 통제 밖에 있는 일들이 그의 생각을 무너뜨릴 것이다. 그러나 하나님의 부르심에 집중하고 그분의 주권을 의지한다면 통제 밖에 있는 일이 아무리 힘들더라도 아이의 생각은 더욱 단단해질 것이다.
> 래리 파울러[2]

제자도는 모든 면에서 예수님을 닮는 것이다. 그러려면 하나님의 가족에 속해야 한다. 제자 삼는 일은 혼자서 말씀 묵상만 하는 고립된 개인에게서는 일어나지 않는다. 제자도는 하나님을 따르는 사람들의 삶이 교차할 때 일어나는 번식과 변화의 과정이다. 하나님을 경외하는 태도, 신념, 행동, 관계는 개인적으로 형성된다. 그러나 공적으로 그리고 때로는 무계획적으로 일어난다. 아이들을 섞어 놓으면 엉망진창이다. 그렇다고 그 과정에서 목적과 질서가 완전히 배제되지는 않는다. 한없이 부족해 보이고 온통 실수와 실패뿐인 가정들이 그리스도의 몸으로 모여 하나님의 가족이 된다. 그 모든 실수에도 우리를 불러 모으시는 예수님 안에서 우리는 서로에게 연결된다. 예수님은 그 과정을 통해 우리를 가르치고 제자로 만들며 주님을 좀 더 닮도록 도우신다.

자신의 신실한 제자 공동체에게 하신 예수님 말씀에서 관계 중심의 어린이 사역에 필요한 힌트를 찾아보자.

> 내 안에 거하라 나도 너희 안에 거하리라 가지가 포도나무에 붙어 있지 아니하면 스스로 열매를 맺을 수 없음 같이 너희도 내 안에 있지 아니하면 그러하리라 나는 포도나무요 너희는 가지라 그가 내 안에 내가 그 안에 거하면 사람이 열매를 많이 맺나니 나를 떠나서는 너희가 아무것도 할 수 없음이라 (요 15:4-5).

하나님의 은혜는 얻어 낼 수 없고 참된 성장은 조작할 수 없다. 변화는 우리 내면 깊은 곳에서 초자연적으로 일어나고 성령의 역사를 따른 결과인 열매로 세상에 드러난다. 우리는 종종 즉각적인 열매를 바라는 유혹을 받지만, 예수님은 하나님과 그분의 백성과의 관계 가운데 거하는 것이 성장에 필수적인 첫 단계라는 것을 알려 주신다. 그리스도 안에서 참된 제자도는 투명하지만 즉각적으로 드러나지는 않는다. 보이지 않는 깊은 곳에서 많은 일이 일어나기 때문에 우리 마음대로 과정을 진행해서는 안 된다. 성령이 모든 곳에서 일하신다. 아이들은 날마다 하나님과 걸어야 하고, 그들 주변에는 은혜와 방향을 제시하며 성령의 일하심을 아는 어른들이 필요하다.

> 어린이 사역은 아이들에게 절대적인 대답을 주는 것보다 제자도의 여정에서 생기는 질문과 의심에도 아이들이 신실하게 살도록 도와주는 것이다.
> 데이비드 M. 크지노스 & 아이비 벡위드[3]

영적 거장에게 입양되다

우리가 옛날에 살았던 웨스트코스트를 떠올렸을 때 가장 그리운 것이 무언지 여쭤보면 어머니는 언제나 숲이 우거진 산과 마마 클레어라고 답하신다. 나는 이 대답이 전혀 놀랍지 않다. 클레어 부인은 내가 처음 그리스도를 믿고 따르기로 결정했던 보육 시설의 책임자로 하나님이 심으신 분이다. 어머니에게 심리적 고통, 하나님과 사람들에 대한 오랜 분노, 예수님이 주시는 영생의 약속을 믿지 못하게 막는 생각의 장벽이 있었음에도, 클레어는 끈질기게 어머니를 사랑했다. 클레어는 교회가 어린이 사역을 그만두려 할 때도 계속해야 한다고 주장하기도 했다. 어머니에게 클레어는 방과 후 프로그램의 원장 이상이었다. 클레어와 그녀의 남편 척은 우리 가족의 영적 조부모다. 그들은 예수님의 제자로서 그리스도의 사랑을 신실하게 실천했고, 제자 양육자로서 어머니와 나를 영적으로 입양하여 교회 공동체에 소개했다.[4]

클레어는 언제나 교회 주차장의 같은 자리에 주차했기 때문에 오크트리 사무실에 그녀가 있는지 없는지 바로 알 수 있었다. 이상하게 들릴지 모르지만 어린 나에게는 이것이 큰 안정감을 주었다. 나는 주말에는 여기저기 끌려 다니느라 정신이 없었지만 평일 오후에는 어디 있어야 할지 분명히 알았다. 클레어는 어린이 사역에 섬길 인원을 충분히 확보했다. 리더들이 보여 주기를 기대하는 성품과 행동을 본인이 먼저 실천했다. 클레어의 한결같은 존재감은 그녀가 형성한 관심과 사랑의 공동체만큼이나 중요한 역할을 했다.

> 아이들은 자신에게 일어나는 일뿐만 아니라 그 이유까지도 이해하려고 노력한다. 그래서 자신이 경험한 종교 생활, 전수받은 영적 가치관, 기타 다른 사항에 대해서도 설명의 근원을 요구한다. 로버트 콜스(Robert Coles)[5]

아버지가 알코올의존에 대한 재활을 시작하고 결국 재혼하시자, 어머니와 나는 새로운 지역으로 이사를 했고 학교도 옮겼다. 그때 우리 모자는 모든 면에서 격동의 시기를 지나고 있었다. 나는 그 모든 일의 한가운데 끼어 있다는 느낌을 받았다. 여러 모로 사실이었다. 어디를 가든 내 본모습을 유지하기 점점 어려웠다. 책임자들, 따라야 할 규칙, 요구되는 기대 사항, 성공 지표 등이 계속 달라졌다. 나는 유머와 순응으로 수면 위에 고개를 내밀듯 겨우 적응했다. 학교 생활이 힘들어지면서 나는 삶에 치이는 느낌이었다. 거짓말을 비롯해 온갖 속임수를 쓰기 시작했다. 감정을 무시하고 비밀을 키웠다. 가게 물건을 슬쩍하다가 붙잡혔으나 다행히 용서받았다. 주님은 내 상황에 대해 설명해 주고 내 영혼에 관심을 갖는 사람들을 내 주위에 두셨다. 척과 클레어는 매우 중요한 사람들이다. 힘든 시기에 하나님이 우리를 위해 그들을 얼마나 놀랍게 사용하셨는지 나는 평생 잊지 못할 것이다.

그들과의 관계를 정리하자면 다음과 같다. 우리는 종종 집이나 식당에서 밥을 같이 먹었다. 생일이나 명절이면 선물을 주고받았다. 날을 잡아 함께 공원이나 해변에 갔다. 함께 보드게임을 하거나 재미있는 영화도 보았다. 교회 예배 때 함께 찬양하고 음식을 가져와 친교실에서 함께 먹은 뒤 뒷정리한 기억도 있다. 우리는 정기적으로 함께 기도했다. 척과 클레어의 거실은 어머니와 내가 가족의 힘겨운 상황과 예수님을 따르는 삶의 어려움을 나누는 피난처였다. 그들은 전화 한 통이면 언제든 우리에게 달려와 주었고, 도움이 필요할 때마다 기댈 수 있는 든든한 버팀목이었다. 우리에게 그들은 가족이나 마찬가지였다. 어머니와 나는 그들의 딸과 손자 같았다.

> 부모와 사역 리더들은 아이들에게 착한 행동만을 강요하고, 신앙 즉 하나님과의 관계를 누리게 하는 일은 쉽게 잊는다. 미셸 앤소니(Michelle Anthony)[6]

내가 이 이야기를 왜 하는지 아는가? 모든 아이에게는 그들을 환영하고 받아 줄 확장된 공동체가 필요하기 때문이다. 생물학적 가족도 많은 필요를 채워 줄 수 있으나, 교회의 축복은 그리스도의 몸이라는 다양성을 통해 가정의 부족한 부분을 채우시는 하나님의 공급이다. 우리는 사람들과의 관계 안에서 하나님을 만나는 거룩한 공간을 발견한다.

출애굽기 33장 7-11절은 장막에서 이루어진 여호와와 모세의 친밀한 만남을 설명한다. 여기서 나는 모세가 떠난 뒤에도 어린 여호수아가 회막을 떠나지 않았다는 마지막 부분에 주목했다. 모세는 여호수아의 영적 아버지였다. 모세는 그를 입양하고 거룩한 장소에서 하나님과 함께하는 자신의 신앙 경험에 여호수아도 참여하게 했다.

모세와 마찬가지로 척과 클레어는 교회, 그들의 집, 함께 삶을 나눈 축복의 장소에서 어머니와 내가 하나님을 만나도록 거룩한 장소를 마련했다. 그들은 우리를 가족처럼 대해 주었고, 그들의 시간, 에너지, 자원을 투자했으며, 삶을 헌신하여 우리의 삶에 긍정적인 영향을 주었다. 금지된 질문은 없었다. 나는 뒤엉킨 신앙의 문제를 얼마든 꺼내어 질문할 수 있었다. 그들은 귀담아듣고 사려 깊게 반응했다.

여러 해 전 척은 주님이 계신 본향으로 떠났다. 이 책을 준비하며 나는 클레어가 아직도 어린이집에 있는지 확인하려고 잠시 들렀다. 지난 31년간 그랬듯 같은 자리에 차가 세워져 있었다. 여름이라 학교는 조용했지만 어린이집은 한 학기를 마치고 다음 학기를 준비하기 위해 할 일이 많았다. 때마침 그 주에 클레어가 은퇴할 예정이라고 했다. 나는 우리가 함께했던 일들을 비롯해 내가 쓰려고 하는 책에 대해 말했다. 우리는 잠시 추억에 빠졌다. 클레어는 우리가 견딘 시간들을 생각하며 우리가 제자로 성장하는 모험에 자신이 참여할 수 있어서 매우 기뻤다고 했다. 클레어는 한결같이 내 앞날을 축복하며 힘과 용기를 주었다. 놀라운 유업을 남긴 하나님의 딸 클레어를 생각하면 마음이 뭉클하다.

관계가 뿌리내릴 공간을 마련하라

이러한 유업은 아이에게 영향을 끼치는 사람이나 어린이 사역자에게 하나님이 바라시는 것이다. 콘텐츠를 최고로 여기는 정보화 시대지만 여전히 관계가 먼저다. 그렇다고 신조, 교리, 신앙 고백이 불필요하거나 중요하지 않다는 말은 아니다. 이러한 것들도 당연히 필요하다. 그러나 그리스도 안에서 성령의 인도를 받는 것은 관계, 즉 하나님 그리고 이웃과의 관계 속에서 일어난다. 공동체는 단순한 사실 암기를 뛰어넘는 깊은 삶의 변화로 우리를 인도한다. 성경 읽기나 묵상을 비롯해 기도, 전도, 나눔, 섬김, 친교 같은 다양한 형태의 예배는 모두 관계를 지향한다. 아이들은 친구나 어른과의 친밀한 관계 안에서 여러 측면에서 신앙의 모습과 실천을 경험해야 한다. 이로써 신앙이 깊이 뿌리내리고 열매를 맺는다. 함께 신앙을 고민하고 실천해야 한다.

신학자이자 교육자인 존 웨스터호프(John Westerhoff)는 제자 양육자에 대해 이렇게 말한다. "아무도 누군가의 신앙을 결정할 수 없고, 아무도 누군가에게 믿음을 주지 못한다. 그러나 우리는 신실하게 살 수 있고, 우리의 삶과 믿음을 누군가와 나눌 수 있다."[7] 예수님의 제자도는 "무조건 나에게 순종하라"가 아니라 "나를 따라오라"는 관계의 모범으로 관계 전도의 토대를 마련한다. 사랑의 순종은 그리스도와 누리는 사랑의 관계에서 나오는 자연스러운 반응이다. 아이들을 효과적으로 상대하는 일에 대해 캐서린 스톤하우스는 이렇게 말한다. "아이들은 믿을 준비가 된 상태로 태어난다. 다만 믿음이 현실이 되려면 상호 간의 사랑, 관심, 소통의 환경이 필요하다."[8] 아이들은 조건 없는 사랑과 용납을 경험해야 한다. 정체성이 형성되는 과정에 있으므로 어른들이 제공하는 안전하고 전폭적인 지지가 있는 거룩한 장소에서 누리는 풍성한 소속감이 반드시 필요하다.

이렇게 신앙이 형성되는 과정은 주로 수면 아래에서 어른과 아이의 삶에 동시에 일어난다. 아이들은 다양한 환경에서 부여된 짐을 짊어지고 관계의 영역으로 나온다. 어린이 사역자들은 아이들의 마음과 생각에 무슨 일이 일어나는지 알 수 없다. 그러나 관계의 힘은 내면 세계를 여는 유대감을 만든다. 이 일이 어떻게 일어날까? 당신의 삶과 사역에서 이런 일이 일어나려면 어떻게 해야 할까? 관계의 뿌리가 지닌 세 가지 힘을 이용하면 된다. 그 세 가지는 바로 존재, 겸손, 공감이다.

존재, 겸손, 공감의 힘

얼마 전 십대인 아들 아론을 데리고 등교 전 밖에서 아침을 먹었다. 아이는 매주 아빠와의 데이트가 소중하다고 말한다. 우리는 이러한 시간을 오랫동안 보냈다. 보통 아이는 시계 알람이 울리자마자 침대에서 일어나 준비를 마친 뒤 현관 앞 소파에 앉아 출발을 기다린다. 사실, 딱 한 번 그렇게 했다. 보통은 이렇게 순조롭게 진행되지 않지만 어쨌든 결과는 똑같다.

큰아들 에이버리는 잠이 많은 편이다. 이제 고등학생이기도 해서 우리는 평일에 함께 시간을 보낸다. 나는 아이를 등교시키려고 일찍 일어나지만, 아이가 시간을 바꾸자고 해도 괜찮다.

우리 집에서 아빠와의 아침 식사는 남자 대 남자로 보내는 시간이다. 숨기거나 말하지 못할 게 전혀 없다. 어떠한 압박도 없고 무리해서 해결책을 제시할 필요도 없다. 그저 어떤 주제가 나오든 함께 대화하며 시간을 보낸다. 친구, 돈, 믿음, 학교, 비디오게임, 가족, 음악, 데이트, 스포츠, 직업 등 삶에 대한 모든 일이 대화의 주제가 된다. 우리는 함께 시간을 보내고(존재), 동등한 위치에서 하나님과 상대방 앞에 서며(겸손), 서로의 생각을 이해하면서 하나님과의 삶을 배워 간다(공감).

최근 들어 아론이 하나님과 함께하는 삶에 대해 질문하기 시작했다. 아이는 "하나님과 사귈 수 있다는 게 사실인가요? 예수님을 따르는 게 정말 좋은 건가요?" 삶에서 여러 일을 겪으며 이 두 가지 질문이 심각하게 다가온 모양이다. 아론이 엄마나 아빠나 학생부 목사님처럼 하나님과 깊은 사귐을 누리고 싶다고 말한 것이 처음은 아니다. 아들의 내면 어딘가에서 창조주를 알고 싶다는 갈망이 타오르고 있었다. 이러한 의문과 고민을 솔직하게 나누는 관계가 되기까지 오랜 시간이 필요했다. 아이와 함께 요한일서를 읽고 묵상한 지 벌써 몇 주가 지났는데, 아론이 말씀을 처음으로 혼자 읽고 느낀 점과 질문을 나에게 문자로 보냈을 때 깜짝 놀랐다. 하나님의 말씀에 대한 아들의 태도에서 진지함이 보였다. 아론은 아빠가 듣고 싶어 할 만한 대답이 아니라 하나님과의 관계에 대해 진심으로 고민하고 있었다.

> 우리와 경험한 일을 아이가 스스로 곱씹을 때, 새로운 방법으로 믿음을 보게 된다. 하나님이 아이를 통해 일하시는 것을 보며 우리는 은혜를 경험한다.
> 스코티 메이[9]

하나님의 말씀을 아이와 함께 읽고 적용할 때 솔직히 나는 조금 겁이 난다. 아이의 질문에 대답하지 못하면 어떡하지? 내가 좌절하고 아이도 실족하면 어떡하지? 우리의 아침 식사 시간이 과연 아이가 평생 걸어갈 신앙 여정에 어떤 영향을 줄까? 내가 아들을 제자로 양육할 자격이 있을까? 나는 과연 잘하고 있는 걸까? 아이와 앉아 있으면 무수한 질문이 머릿속을 스친다. 그래도 우리는 한 번에 한 구절, 한 질문씩 처리해 나간다. 대부분은 아이가 질문을 이어 간다. 나는 먼저 아이가 스스로 답하게 한다. 순조롭게 대화가 이루어질 때도 있지만 옆길로 새거나 빙빙 도는 경우도 있다. 나는 이 시간이 결국 그리스도를 향해 가기를 기도하며 그것을 확신한다. 내 안에 있는 두려움과 싸우려고 나는 아론과의 관계에서 세 가지 진심 어린 표현을 사용한다. 당신도 어린이 사역을 할 때 사용해 보라. 아이, 부모, 리더들과의 공동체를 더욱 성장하게 해주는 도구다.

존재, 겸손, 공감이라는 관계의 뿌리는 아이들에게 영향을 주는 사람들이 다음 세 가지 말의 능력을 잘 활용할 때 더욱 강해진다.

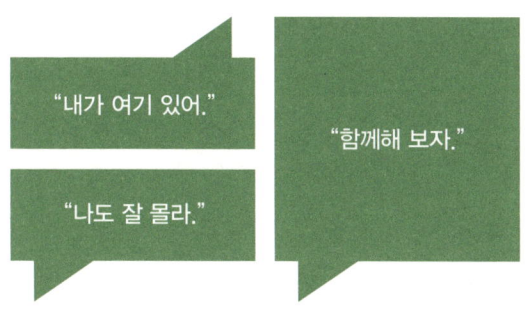

존재의 힘: "내가 여기 있어."

척과 클레어에게 받은 큰 선물 가운데 나도 우리 아이들에게 전하려 노력하는 것이 있다. 그것은 바로 온전히 함께 있는 것이다. 그렇다고 그것이 모든 일을 아이 중심으로 한다는 말은 아니다. 24시간 내내 아이를 관심의 중심에 두는 것도 아니다. 이는 아이들(또는 중요한 누군가)과 온전히 함께 있고, 아이들이 언제든 상대할 수 있는 사람이 되는 것이다. 우리 아이들은 내가 다른 생각을 하고 있거나 급한 문제로 골몰할 때 금방 알아차린다. 내가 바로 앞에 있는 사람이 아닌 스마트폰에 집중하고 있기 때문이다. 다른 일에 집중하더라도 아이들이 관심을 필요로 할 때는 전폭적으로 관심을 기울여야 한다. 특히 그렇게 하기로 자원했거나 약속했을 때는 더욱 그래야 한다.

"나에게 오라"는 예수님 말씀에 사람들이 특별히 끌렸던 이유는 예수님이 그들과 온전히 함께하셨기 때문이다. 예수님은 우리에게 질문하시거나 우리와 더불어 대화하실 때 다른 데 한눈팔지 않으셨다. 그분의 음성이나 말씀에서 예수님이 온 신경을 집중하셨음을 알 수 있다. 동산에서 예수님이 그저 마리아의 이름을 부르셨을 뿐인데

마리아가 부활하신 구세주를 바로 알아차린 구절을 생각해 보라(요 20:15-16). "내가 여기 있어"라는 말을 진심으로 전하면 관계 안에 강력한 뿌리가 생긴다.

챕 클락은 "우리는 함께 있는 방법을 잃어버린 문화에 살고 있다. 우리는 계획 없이 시간을 보내는 능력을 잃어버렸다."[10] 우리는 삶의 모든 부분을 일일이 계획하는 것에 익숙해져 삶이 자연스럽게 흐르도록 계획과 책임을 내려놓기 어렵다. 가끔은 우리의 계획을 내려놓고 하나님이 아이의 삶에서 그 순간 하시는 일에 집중해야 할 때가 있다. 제자 양육은 원래 형식적인 동시에 비형식적이다.

캐서린 스톤하우스의 말이 핵심을 지적한다. "믿음의 기초는 어른과 아이의 일상적인 상호작용을 통해 형성된다."[11] 한 세대에서 다음 세대로 전수되는 것들은 계획해서 되는 일이 아니다. 신앙과 행동은 영혼에 뿌려진 씨앗보다 경험한 결과로 이루어진다. 아이들은 친구 또는 어른들과 "내가 여기 있어" 또는 "넌 지금 자체로 충분히 괜찮아"와 같은 소통이 일어나는 관계를 맺을 때 마음을 열고 성장한다. 참된 소속감은 신체적·심리적 안전이 보장될 때 더욱 단단해진다. 어린이와 관련된 모든 일 즉 주일학교, 방과 후 운동, 가족 상담, 또래 모임 등이 바로 참된 소속감을 키울 수 있는 장이 되어 준다.

관계 중심의 어린이 사역에서는 사역자와 어린이 사이에 존재의 힘을 키우려는 노력이 필요하다. 최대 수용 인원을 감안하여 한 교사가 돌볼 어린이 수를 최대한 줄이는 것도 중요하다. 교사와 리더들이 한결같아야 아이들이 신앙의 모범과 멘토를 신뢰하며 성장할 수 있다. 이 점이 공교육과 다르다. 대부분 학교 교실은 어른과 아이 또는 아이와 아이 사이에 필요한 일대일 상호작용이 일어나기에 규모가 너무 크다. 교사가 자주 바뀌면 아이들이 교사와 친밀한 관계를 형성하기 어렵다. 일반적으로 공교육에서는 부모가 배제되지만 교회 공동체에서는 아이들이 다각적인 관계와 시각으로 자신의 삶을 바라볼 수 있는 전인적인 신앙 형성의 기회가 주어진다.

제자 양육은 두세 명의 제자가 가까운 거리에서 양질의 시간을 충분히 함께 보낼 때 일어난다. 아이들을 가장 잘 섬긴 때는 많은 어린이 사역자가 아이들의 삶에 긍정적인 영향력을 주었을 때다. 그러려면 마음에서 마음이 전해지도록 꾸준히 눈을 마주쳐야 한다. 이것은 아이들에게 안도감과 안정감을 준다. 아이들이 자신을 둘러싼 다양한 세상과 세계관을 깨닫는 데도 도움이 된다. 아이들은 하나님의 임재를 실재로 인식한다. 관계 중심의 어린이 사역을 위해 존재의 힘을 의도적으로 프로그램과 공동체 가운데 담아내야 한다. 교사들이 충실히 자리를 지킬 때 평생의 제자를 양육할 수 있다.

겸손의 힘: "나도 잘 몰라."

믿음이나 신앙에 대한 질문을 받고 할 말이 떠오르지 않거나 무슨 말을 해야 할지 몰라 난감했던 적이 있는가? 사람들은 신앙 문제에 대해 말하라고 하면 갑자기 일시 정지 상태가 된다. 예수님이 이혼이나 재혼에 대해 어떻게 말씀하셨는지 물어보면 뭐라고 대답하겠는가? 어떻게 대답해야 할지 모르거나 떠오른 생각이 있어도 상대가 반박할까 두려워 말하지 못할 수도 있다. 만약 어떻게 답해야 할지 모른다면 솔직하게 "잘 모르겠다"라고 하는 게 최선이다. 모른다는 사실을 인정하는 것은 전혀 나쁜 게 아니다. 학생부 교사들이 교재를 보며 아이들의 현실적인 질문에 대한 답이 없다는 사실에 충격을 받고 걱정하는 모습을 많이 보았다. "나도 잘 모르겠어"라는 말은 우리가 모든 대답을 알지 못한다는 인정이자 겸손하게 자신을 낮추는 행동이다.

다음 질문들은 대답하기 까다롭거나 대답하기 전에 충분한 공부와 생각이 필요한 것들이다. 다시 말해 아이들이 물어봤을 때 잘 모른다고 대답해도 되는 질문에 해당한다. 하나님은 구약에서 왜 그렇게 분노하셨는가? 가인은 누구와 결혼했는가? 예수님은 어떻게 나병 환자를 고치셨는가? 창조와 진화를 모두 믿을 수 있는가? 학교를 몇 바퀴 돌고 나팔을 불면 학교 벽이 무너질까? 하나님은 왜 내 기도를 전부 들어주시지 않을까? 교회에 왜 가야 하는가? 어떻게 하면 엄마에게 짜증을 덜 낼 수 있을까? 사탄은 진짜 있는 존재일까? 나에게도 수호천사가 있을까? 모든 사람이 천국에 갈까? 아니라면 그 이유는 무엇일까?

질문에 빨리 답하고 대화 주제를 바꾸고 싶은 유혹이 생길 수 있다. 캐서린 스톤하우스는 솔직한 반응이 중요한 이유를 이렇게 말한다. "평범한 질문에 잘 대처하면 아이들이 까다로운 질문에 대해서도 우리를 점점 신뢰하게 된다."[12] 무슨 말인지 잘 모르겠다면 다시 읽어 보라. 이 말을 충분히 소화하라. 눈을 맞추고 이름을 부르며 아이들의 솔직한 질문에 추측이나 식상한 대답이 아닌 정직한 대답을 할 때, 겸손이 빛을 발해 아이들의 마음 문이 열린다. "나도 잘 몰라"라는 대답으로 "나에게 오라"의 공동체를 만들라. 그래야 아이들이 어려운 질문을 해도 괜찮다고 생각하며 안심한다.

> 아이에게 절대 불확실하게 대답하지 마라. 아이의 질문이 당신도 고민하는 문제라면 차라리 솔직하게 답하라. 캐서린 스톤하우스[13]

하나님은 우리에게 서로 완벽하려 하지 말고 그저 함께 있어 주라고 하신다. 야고보서 5장 16절은 서로 죄를 고백하고 기도하라고 말한다. 그렇다고 교사가 아이들을 모아 놓고 자신의 비밀스러운 죄를 일일이 열거하거나 성경 이야기를 함께 공부하기 전, 다같이 회개해야 한다는 말은 아니다. 기독교 공동체는 자신의 결점과 실패를 솔직하게 인정하는 곳이라는 점을 강조하기 위한 말씀이다. 우리는 예수님 안에서 하나님이 주시는 은혜가 필요한 사람들이다. 자신이 섬기는 아이들에게 무조건 완벽한 모습만 보여 줄 수는 없다. 아이들은 진짜와 가짜를 바로 알아차린다. 아이들은 누구나 실수한다는 사실과 그리스도의 제자는 죄와 실수에 어떻게 대응해야 하는지를 알아야 한다. 겸손히 실수를 인정하고 자신도 은혜의 복음이 필요하다는 사실을 아이들에게 보여 줄 때 놀라운 힘이 발휘된다.

겸손은 성숙의 표시다. 교사가 솔직하게 모르면 모른다고 말할 때, 아이들의 제자도에 지속적인 영향을 끼칠 수 있다. 모든 대답을 아는 완벽한 사람으로 자신을 포장하기보다 솔직하게 있는 모습 그대로 아이들과 걸어가며 자신도 복음이 필요하다는 사실을 가감 없이 보여 주라. 아이들은 질문이 많다. 그들의 상처는 겉으로 드러나거나 내면에 숨겨져 있다. 마음 깊이 숨은 상처가 빛 가운데 나오려면 안전한 장소와 사람이 필요하다.

관계 중심의 어린이 사역에는 진리와 은혜의 공동체에 대한 헌신이 있다. 아이들은 자신과 함께하고 자신이 보는 세상을 함께 보며, 나란히 걷고 힘거운 질문에 대해 함께 고민하며, 자신의 좌절과 두려움에 귀를 기울이고, 모든 과정을 하나님과 함께하는 방법을 알려 줄 누군가를 갈망한다. 아이들과 함께 성장할 의향이 있는 그리스도의 제자인 어른을 찾는 것이 성공적인 사역의 핵심이다. 대부분 어린이 사역자가 아이들에게 성경을 가르치는 방법에 대해서만 훈련받는다. 그것만으로는 아이들을 헌신된 그리스도의 제자로 양육하기 어렵다. 관계에 기반을 둔 제자도는 우리 모두 하나님과 겸손히 걸어가는 것이다. 함께 그리스도를 알고 사랑하며 섬길 때, "나도 잘 몰라"라고 말하기가 훨씬 쉬워진다.

공감의 힘: "함께해 보자."

나는 동정(sympathy)과 공감(empathy)이라는 두 단어를 가끔 혼동한다. 두 단어 모두 관계나 감정과 관련이 있으나, 전혀 다른 차원의 긍휼(compassion)을 말한다. 동정은 누군가를 긍휼히 여기지만 상대의 감정을 반드시 자신의 감정으로 느끼지는 않는다. 아는 사람이 상처를 겪을 때 그에 대해 유감이나 슬픔을 느끼면서도 상처를 함께 나누지는 않는다. 누군가에게 동정을 보인다면 그에게 마음을 쓴다는 표시이며 그가 겪는 일이 어렵고 힘들다는 사실을 인정한다는 뜻이다. 동정은 어떤 일을 겪는 사람에 대한 일반적 합의를 가리키는 폭넓은 용어다.

반면 공감은 깊은 차원의 긍휼을 의미한다. 누군가가 겪는 감정이나 기분을 깊은 차원에서 동일시하고 조금 더 관여한다. 그 사람의 입장이 되어 보거나 상대의 경험을 내 것으로 여긴다. 이것은 자신이 이미 겪어 본 일이기 때문에 가능하다. 예를 들어 팀을 이끌고 해외에 가게 되면 이번이 첫 경험인 사람들의 생각과 감정을 예상할 수 있다. 나도 해외에 처음 나간 적이 있기 때문이다. 짐을 분실하거나 속이 메스껍다고 하는 사람에게 "어떤 기분인지 알아"라고 말할 수 있다. 완전히 똑같지는 않더라도 사람들이 느낄 문화적 충격이나 집을 떠난 데서 오는 좌절과 우울을 공감하는 것은 가능하다.

다음은 많은 아이가 품는 의문이다. 혹시 이런 생각들을 해봤는가? "예수님이 어떻게 나를 이해하실 수 있나요?" "예수님도 아이스크림을 배 터지게 먹고 싶은 유혹을 받으셨을까요?" "예수님은 학교에서 시험 볼 때 커닝하고 싶으셨을까요?" "차를 운전해 보지 않았는데 운전하는 사람의 마음을 이해하실까요?" 성경에 따르면 예수님은 평생 시험을 받으셨다. 그분이 구원하고 섬길 사람들과 하나님께 등을 돌릴 기회가 곳곳에 있었다. 누가복음 4장 1-13절에 따르면 예수님은 광야에서 40일 동안 마귀에게 시험을 받으셨다. 물론 오늘날의 유혹은 예수님 당시에는 없던 것이다. 그러나 예수님이 받으신 시험은 모든 사람의 마음에 공통된 욕망 즉 교만, 탐욕, 정욕, 분노 같은 감정을 자극했다. 히브리서는 예수님이 '모든 일에' 시험을 받으셨으나 죄에 넘어지지 않으셨다고 말한다. "우리에게 있는 대제사장은 우리의 연약함을 동정하지 못하실 이가 아니요 모든 일에 우리와 똑같이 시험을 받으신 이로되 죄는 없으시니라"(히 4:15). 예수님은 하나님께 불순종할 기회가 있었는데도 죄를 짓지 않으셨다. 이것을 기억하라. 깨어진 세상에서 죄와 현실 때문에 씨름해 본 교사들은 자신의 경험을 아이들과 나누고 자신이 제자로 삼은 아이들에게 더 깊이 공감할 수 있다.

통계적으로 부모의 이혼과 재혼처럼 삶이 무너지는 현실을 경험한 아이는 나뿐만이 아니다. 술과 약물 남용 문제로 씨름하는 부모,

조부모, 고모, 삼촌이 있는 사람도 나뿐만이 아니다. 내 주변에 있는 여러 세대의 신자와 나눌 수 있는 놀라운 변화의 이야기를 가진 그리스도의 제자 역시 나뿐만이 아니다. 나는 아이들에게 이야기할 때 내가 겪었던 과거의 고통과 오늘날 하나님이 내 삶에 주신 치유와 은혜를 소개하며 공감의 힘을 적절히 활용한다. 어른으로서 눈물로 얼룩진 아이들의 눈을 바라보고, 그들의 고통에 참여하며(같은 고통을 겪었든 그렇지 않든) 솔직하게 "우리 함께해 보자. 난 어디로 가지 않아"라고 말할 수 있다면, 그것은 은사다. 아이들을 모아 그들이 마음을 열고 함께 고통과 시련, 기쁨을 솔직하게 나누게 하는 것도 은사다.

유아부터 어른까지 모든 사람에게 믿음은 매우 복잡한 상황 가운데 형성된다. 관계 중심의 어린이 사역은 아이, 부모, 교사에게 개인의 고통, 관계의 역기능, 신체적 외상, 심리적 상처, 죄의 선택, 타인의 연약함이 낳은 결과에 대해 서로 의지해도 괜찮다는 공감대를 전한다. 관계 안에서 공감을 적극 활용하여 세대 간 사역의 힘을 회복해야 한다. 온갖 의문, 상처, 호기심, 기대, 망설임, 기쁨, 나눔, 의심을 가진 아이 앞에 우리가 존재와 겸손으로 다가갈 때 참된 공감이 일어난다. 공감에 능한 교사는 믿음의 공동체 안에서 더 많은 제자를 만든다.

신앙 문제에 대한 씨름은 결코 쉽지 않지만 충분히 해볼 만한 일이다. 어릴 때 존재, 겸손, 공감의 놀라운 힘을 목격한 적이 있다. 주일 아침마다 클레어는 내가 아버지께 전화하러 갈 때 언제나 내 곁에 있었다. 나에게는 어머니와 내가 예수님에게서 발견한 사실을 아버지도 경험할 수 있길 바라는 마음이 간절했다. 아버지에게 연락하는 내 마음에는 온갖 감정과 동기가 뒤섞여 있었다. 나는 그리스도와

상관이 없는 아버지에게 영원이 어떤 의미일까 궁금했다. 종종 용기를 내서 아버지께 전화를 걸어 교회로 오시라고 초청했다. 클레어를 비롯한 어른들은 실망하고 낙심한 내 옆에 언제나 사랑으로 함께해 주었다. 쉬운 해답은 없었다. 누군가가 쉬운 해답을 알려 줄 거라고도 전혀 기대하지 않았다. 나에게는 내 옆에 함께하며 상황에 대해 솔직한 대화를 나누고, 내가 슬플 때 함께 걸어 줄 수 있는 사람이 필요했다. 지금은 아버지와 견고한 관계를 맺고 누릴 수 있어 감사하다. 아버지의 신앙 여정을 존경한다. 존재, 겸손, 공감이라는 관계의 뿌리를 지키며 내가 복잡한 감정 속에도 잘 헤쳐 나가도록 도와준 많은 어른에게 고마움을 전한다. 한결같은 눈 맞춤과 진심 어린 공감을 실천하며 "나를 따라오라"는 말씀에 합당한 신앙 공동체에 있을 수 있었던 것은 크나큰 축복이었다. 내 신앙 여정은 바로 그 경험 때문에 완전히 달라졌다.

약간의 수고만 한다면 동일한 일이 당신에게도 일어날 수 있다. 함께 사역하는 교사들과 아이와 가정에 대해 이야기하라. 교사들과 앞의 세 문장을 실습하는 훈련을 해도 좋다. 지금 사용하는 교재와 프로그램을 보며 진정한 대화가 들어갈 공간이 있는지, 너무 빽빽해서 여유가 없는 건 아닌지 확인하라. 눈과 마음을 아이들에게 고정할 수 있는 공간을 마련할 때 아이, 가정, 교사와의 관계를 완전히 새로운 차원에서 보게 될 것이다.

영적 성장의 본질에 대한 솔직한 대화

하나님과 함께하는 삶은 결코 일직선이 아니다. 반드시 혼자 가야 하는 여행도 아니다. 하나님과의 관계를 개인적으로 추구한다면 그 마음가짐은 칭찬받아야 마땅하다. 그 과정에서 아이들의 삶에 자신을 투자하기로 했다면 더할 나위 없이 좋다.

> 아이의 신앙은 깊은 차원에서 형성된다. 건강한 성격 발달은 아이가 하나님께 열린 마음으로 다가가게 하지만, 이러한 발달이 제대로 이루어지지 않으면 신뢰하고 성장하는 믿음의 삶에 장애물이 생긴다. 아동기의 신앙 형성에 대한 무관심은 신앙생활의 가장 기본적인 토대를 무시하는 행동이다.
> 캐서린 스톤하우스[14]

여기까지 읽고도 개인적으로 그리스도를 따르는 일과 관계 중심의 어린이 사역의 중요성을 여전히 신뢰하지 못하는 사람이 있을까 싶다. 앞에서 보았듯 규칙과 규정으로 시스템을 만들면 누군가를 제자의 길로 인도할 수 있다는 신화가 있지만, 당연히 그렇지 않다. 제자도는 사실을 암기하거나 계획된 프로그램을 따르는 일 이상이며, 마음의 변화에 대한 문제다. 이 복잡하고 예측 불가능한 마음의 동기와 의문을 해결하려면 우리의 계획과 관점에 대해 씨름하며 때로는 계획과 관점을 과감히 바꾸는 융통성을 발휘해야 한다.

예수님은 "나를 따라오라"고 말씀하며 우리 각 사람을 부르신다. 우리는 어떤 상황에 있든, 어떤 커리큘럼이나 프로그램을 제공하든, 주님이 공동체에 주신 사람들이 누구든지 관계의 뿌리를 지키며 실천해야 한다. 존재, 겸손, 공감을 실천할 때 교사들은 평생의 제자를 만드는 양육자가 될 수 있다. 그리스도를 믿고 하나님과 함께 사는 일과 마찬가지로 관계의 뿌리를 실천하는 것도 결코 쉽지는 않다. 그래도 충분히 시도할 가치가 있다.

묵상과 토론을 위한 질문

01 당신이 겪은 최악의 일은 무엇인가? 그 일을 겪고 당신의 감정은 어떻게 달라졌는가?

02 하나님이나 사람들과의 관계 안에서 신앙이 성장하는 일을 무엇에 비유할 수 있을까? 당신의 생각을 말해 보라.

03 어떤 면에서 제자도는 규칙보다 관계의 문제라고 할 수 있는가?

04 주님은 당신을 돕고 치유하려고 그리스도의 몸을 어떤 방법으로 사용하시는가?

05 당신의 삶에서 '영적 거장'이라고 여기는 사람은 누구인가? 그 이유는 무엇인가?

06 아이들, 가정, 동료들의 제자도에 당신이 보이게 또는 보이지 않게 영향을 끼친다는 사실을 알고 나니 기분이 어떤가? 그 이유는 무엇인가?

07 믿음과 행동, 태도와 확신 사이에는 어떤 차이가 있는가?

08 당신의 삶에서 존재, 겸손, 공감의 힘을 보여 준 사람이 있는가?

09 다음 중 아이들에게 가장 하기 힘든 말은 무엇인가? 올해 주님은 당신이 어떤 부분에서 성장하기를 바라시는가? 그 이유는 무엇인가?

"나도 잘 몰라."
"내가 여기 있어."
"함께해 보자."

10 영적 성장이 깔끔한 직선이 아니라 뒤엉킨 선이라는 사실을 어떻게 깨달았는가?

11 믿음의 본질에 대해 씨름하는 아이나 부모가 있다면 어떤 방법으로 그들을 위한 시간을 내겠는가?

Chapter 7

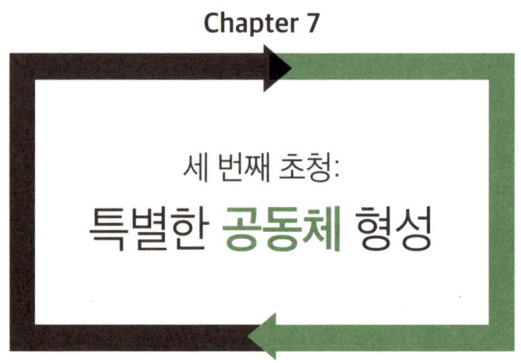

세 번째 초청:
특별한 공동체 형성

한 아이를 키우려면 온 마을이 필요하다. 아프리카 속담

대답하시되 누가 내 어머니이며 동생들이냐 하시고 둘러앉은 자들을 보시며 이르시되 내 어머니와 내 동생들을 보라 누구든지 하나님의 뜻대로 행하는 자가 내 형제요 자매요 어머니이니라(막 3:33–35).

P. D. 이스트먼(P. D. Eastman)이 1960년에 발표한 『우리 엄마 맞아?』 (*Are You My Mother?*, 보물창고 역간)라는 동화가 있다. 내용은 간단하다. 둥지에서 떨어진 아기 새가 어미 새를 찾아 나선다. 어렵게 집을 찾는 과정을 거쳐 아기 새는 고생 끝에 어미 새와 재회한다.

이 사랑스러운 이야기는 장대한 서사시와는 거리가 멀지만 진술한 언어로 가족과 영원에 대해 말한다. 창조, 타락, 구원의 이야기다. 하나님 말씀에 담긴 우리의 역사, 피조물과 하나님의 관계에 대한 통찰을 준다. 하나님은 자신이 창조한 백성과 친밀한 공동체를 형성하기 원하신다. 우리는 죄를 짓고 창조주께 반항하여 비극적인 타락의 나락으로 떨어졌다. 죄로 인해 하나님과 분리되어 깊은 차원의 유대가 단절되고 결속이 끊어졌다. 모든 인간은 아기 새처럼 둥지에서 떨어져 집에서 멀리 있고 세상에서 안식처를 찾아 헤맨다.

영적으로 길을 잃은 사람들의 마음에는 본인이 의식하든 못하든 안식처를 향한 갈망이 있다. 그들은 이렇게 질문하며 끊임없이 집을 찾는다. "여기가 진짜 우리 집인가요?" 그리고 계속 묻는다. "당신은 나에게 완벽한 부모인가요? 나에게 필요한 것을 줄 수 있나요?" 사람들은 나이나 인생의 시기와 관계없이 영혼 깊은 곳에 자리한 열망을 채우려고 파괴적인 행동도 불사하며 많은 수고를 감내한다. 예수님의 제자인 우리는 사람들이 원하는 해답이 있는 곳을 안다. 그 해답은 그리스도와 관계를 맺고 하나님의 가족으로 입양될 때에만 얻을 수 있다.

> 한 사람이 참 제자가 되고 믿음 안에서 성장하려면, 그를 제자로 양육할 사람이 한 명 이상 필요하다.
> 프랜시스 챈[1]

교회에는 아이나 어른들과 관계를 형성할 놀라운 기회가 무궁무진하다. 교회는 신앙을 탐색하는 사람들에게 방향과 지침을 제공한다. 단순히 질문에 대답만 제시하는 역할로는 충분하지 않다. 가정이 혼란에 빠지고 붕괴되는 시대에 그리스도의 몸은 예수님과 제자들이 보여 준 관계의 원칙과 가르침을 제시하는 특별한 공동체가 되어야 한다. 이 공동체를 만드는 것은 어렵고 용기와 창의성이 필요한 일이다. 현재 상황과 향후 바람직한 방향을 냉철하게 바라보는 정직과 겸손이 필요하다. 아이와 부모는 하늘 아버지가 계신 본향으로 가는 여정에서 많은 도움을 받아야 한다. 예수님과의 관계를 통해 이웃과의 관계를 바꾸는 원리를 깨달으려면 좀 더 많은 격려와 방향 수정이 필요하다. 하나님의 가족은 제자 양육의 혁명을 위한 기본 토대이자 모든 일의 시작이다.

당신은 나의 형제인가요?

내가 스티브를 만난 건 3학년 때였다.[2] 스티브는 오크트리에서 봉사하는 고등학생이었다. 가장 먼저 떠오르는 스티브와의 추억은 숙제를 마친 뒤 교회에서 플로어하키를 함께했던 일이다. 스티브는 투지가 넘치고 몸도 빠르며 승부욕이 강하면서도 무척 자상했다. 앞서 말했듯 나는 그때 가정과 학교에서 매우 힘겹게 지내고 있었다. 우리 가정은 깨졌고 내 성적은 곤두박질쳤다. 나는 몰래 숨어 다니며 나쁜 짓이 허용되는 한계를 시험했다. 부모님과 선생님을 속였다. 거짓말도 정말 많이 했다. 남의 물건을 훔치고, 내가 하지도 않은 잘못을 내 공으로 돌렸다. 힘겨운 시기에 벌인 반항은 오히려 사랑받는다는 느낌을 주고, 깨어진 가정 상황으로 인한 심리적 고통을 마비시키고 무뎌지게 했다. 내 행동은 도와달라는 무의식의 외침이었다.

당시는 몰랐지만 어른이 되어 생각해 보니 나는 가족 찾기라는 모험을 하고 있었다. 당신이 우리 엄마인가요? 당신이 우리 아빠인가요? 당신이 우리 누나인가요? 당신이 우리 형인가요? 그런 나를 무언가가 스티브에게 이끌었다. '누군가'가 나를 스티브에게 이끌었다는 것이 더 정확한 표현일 것이다. 시편 68편 5절은 "그의 거룩한 처소에 계신 하나님은 고아의 아버지시며 과부의 재판장이시라"고 말씀한다. 하나님은 나처럼 도움이 필요한 아이들에게 깊이 마음을 쓰는 은혜와 자비의 하늘 아버지시다. 나야 부모님이 이혼하기는 했지만 살아 계셨으니 엄밀히 말해 고아는 아니었지만, 그래도 말씀과 무관하지 않다. 나에게는 사랑을 베푸는 친척들도 있었다. 하나님은 내가 예수님과 하나님 백성과의 관계 안에서 성장하도록 폭넓은 영적 가족을 주셨다.

스티브는 예수님의 제자이자 학생부 교사로서 아이들의 삶에 영향을 주고 제자를 양육하는 역할에 충실했다. 그는 대부분 교회에 머물렀다. 나는 그가 다른 아이들, 자신의 친구들, 어른들을 어떻게 대하는지 지켜보았다. 평일에는 어린이집에서, 주말에는 예배, 주일학교, 어와나 클럽에서 스티브를 보았다. 스티브의 미소는 모든 곳을 환하게 만들었다(지금도 그렇다).

스티브에게는 지루한 일을 재미있게, 재미있는 일을 더 재미있게 만드는 능력이 있었다. 그가 나에게 함께 플로어 하키를 하자고 했을 때 나의 기분은 날아갈 듯했다. 우리 둘은 호흡이 척척 맞아 함께 다른 팀을 무찔렀다. 스티브는 최고의 골키퍼였다. 세계 제패도 가능해 보였다. 또 스티브는 내가 3학년 때 만들었던 나무 경주용 차를 보더니 다시 한번 만들어 보라고 조언했다. 그것으로 나는 4학년 때 디자인대회에서 3등을 차지했다. 이렇게 나는 때로는 멀리서 때로는 가까이서 오랫동안 스티브를 지켜보았다. 그는 내가 하나님을 좀 더 이해하고 더 나은 남자로 자라도록 내 품성이 형성되는 데 본이 되었다. 나는 스티브를 우러러보고 그의 모든 행동을 눈여겨보았다. 나는 스티브처럼 되고 싶었다. 최소한 한 번이라도 플로어 하키로 스티브를 이기고 싶었다.[3]

디모데와 바울의 관계처럼 스티브는 나의 멘토였다.[4] 영적인 형제이자 내 신앙의 여정에서 아버지 같은 역할을 했다. 지금은 교회에서 아이들을 대상으로 사역을 하려면 연방 경찰(FBI)의 신원 조회가 필요하지만 그런 규정이 없던 시절, 스티브는 우리 어머니께 나를 점심시간에 학교 밖으로 데리고 나가 하나님 말씀을 함께 공부하게 해달라고 부탁했다. 나는 6학년 때 스티브와 성경 공부를 했다. 평일에 만나서 성경 공부 교재에 나온 질문으로 토론하고, 요절도 외웠다. 숙제는 하기 싫었지만 나를 믿어 주고 창의적인 방법으로 나를 세워 주려 애쓰는 사람과 보내는 시간은 좋았다. 이 멘토링 시간은 내 삶에 깊은 인상을 남겼다. 당시 초신자였던 어머니께도 마찬가지였다.

이 말이 놀랍게 들릴지도 모르겠지만 스티브는 나에게 율법을 강요하지 않았다. 나와 어머니가 관계나 신앙 면에서 우리의 속도대로 가도록 기다렸다. 우리는 안전한 공간에서 배우고 치유를 받으며 성장했다. 우리에게는 깊이 고민할 경건한 모범이 주어졌다. 모든 것을 포용하며 은혜로 충만한 사역의 출발점이 되는 교회의 주요 전술은 사랑이다. 스티브는 하나님의 도움을 힘입어 매우 실질적인 방법으로 우리를 보살피며 우리 가정에 깊숙이 들어와 특별한 공동체를 구성했다. 야고보서 1장 27절과 로마서 12장 15절에서 주님은 말씀을 들은 회중에게 고아와 과부를 사랑하고 기쁨, 슬픔, 환희, 애도의 시기에도 언제나 함께하라고 하셨다.

사역자들이 교회 프로그램의 경계를 뛰어넘어 한 걸음을 내딛을 때, 여러 아이와 가정의 삶에 깊은 변화를 일으킬 수 있다. 스티브는 매우 단순하지만 의미 있는 방법으로 우리 가족을 대했다. 큰 배짱이 필요한 일이었다. 위험을 무릅쓰고 정해진 프로그램과 모임의 굴레를 벗어나 한 가족에게 가서 그들을 제자로 삼기란 결코 쉽지 않다. 시간이 갈수록 교회와 가정 사이의 틈이 넓어진다. 교회 리더와 부모는 모두 아이들에게 최선을 바라지만, 종종 의견 충돌을 일으킨다. 효과적인 어린이 사역자가 되려면 교회와 가정 사이에서 어떻게 가교 역할을 하고 벌어진 틈을 메울지 고민해야 한다.

깊어지는 균열

인구 통계학적으로 모든 가정이 그 어느 때보다 도움이 절실한 상황에 처했다. 지나치게 많은 일정과 뒤죽박죽인 우선순위가 주요인으로 비난받지만 이는 가정의 뿌리 깊은 문제가 표면으로 드러난 것에 불과하다. 스트레스 요인이 사방에 존재한다. 자녀의 미래와 교육 문제는 모든 부모의 근심거리다. 성실하게 일하는 사람들도 고용 불안을 걱정한다. 가족의 건강에 대한 걱정도 많다. 기술, 스마트폰, 소셜미디어, 비디오 게임, 표적 마케팅의 홍수는 그 위력이 엄청나다. 이혼율과 재혼율이 급증하며 이에 수반된 관계의 문제도 점점 복잡해진다. 재정적 어려움이나 연로한 부모님에 대한 해결책 마련 등 오늘날 부모와 아이들은 혼자서 헤쳐 나가기 힘든 시간을 보내고 있다.

아내는 최근 교육학 석사 과정을 마치고 소외 지역 유치원에서 교사로 일하기 시작했다. 아내와 동료들은 이러한 가족의 변화로 인한 문제를 날마다 확인한다. 아이들의 문화, 사회·경제, 종교적 배경이 다양해서 문제가 되기도 한다. 대부분은 한 가지 언어만 쓰지만, 같은 반 친구들과 교사가 모르는 언어를 쓰는 아이도 있다. 자녀의 학업과 발전 상황에 관심이 많은 부모가 있는가 하면 자녀에게 무관심한 부모도 있다. 화목한 가정도 있고 깨어진 가정도 있다. 아이들의 출석률도 들쑥날쑥하다. 숙제를 끝내지 않고 오는 아이도 있다. 신앙, 도덕적 가치, 관계에 대한 생각도 제각각이다.

아내가 교사로서 겪는 일은 교회 사역자도 동일하게 겪는 일이다. 아이들의 마음에 다가가려면 그들의 가정에 다가가야 한다. 어떻게 해야 할까? 교회 문은 활짝 열려 있지만 가정의 문은 굳게 닫혀 있다. 요즘 아이들은 일정과 활동은 더 많아졌고, 쉽게 소비하는 환경에 노출되어 있다. 친척들이 길 건너편, 최소한 인근 마을에 살던 시절은 끝난 지 오래다. 대다수의 부모가 혼자 벌어서는 생계를 유지하기 어려운 상황이다. 요구와 기대가 계속 높아지는 상황에서 많은 부모가 그 어느 때보다 고립되어 있다.

대다수의 부모가 자녀를 사랑하며 물리적으로나 감정적으로나 영적으로 가장 좋은 것을 주고 싶어 하지만 그 방법은 잘 모른다. 무엇이 교회와 가정을 멀어지게 하는가? 이 문제를 다루려면 가정의 교회 출석 경향을 살펴봐야 한다. 아이와 부모가 함께 오지 않으면 주일학교에서도 제자를 만들기 어렵다. 이런 차원에서 출석률 추이는 주목할 필요가 있다.

> **교회를 떠나는 가정들**
> 교회에 '거의' 또는 '아예' 참석하지 않는 미국인 수는 2003년과 2013년을 기준으로 25퍼센트에서 29퍼센트로 증가했다.[5] 전반적인 교회 출석수는 2004년과 2014년을 기준으로 43퍼센트에서 36퍼센트로 감소했다.[6] 참석자 가운데 교회에 출석하는 기간은 4주에 세 번 이상에서 4-6주에 한 번으로 달라졌다.[7]

간단히 말해 현대인은 교인 등록 대신 교회 소속을 선택했다. 이것은 무슨 의미인가? 4주나 6주에 한 번 교회에 참석하되, 매 주일 참석하지는 않는다. 이런 간헐적 참석이 부모에게는 큰 문제가 아닐지 모르지만 관계나 신앙 차원에서 아이들에게 미치는 영향은 심각하다. 교회로서도 아이들을 잘 양육하기 어렵다. 많은 아이가 불규칙적으로 교회에 오는 상황에서 교회가 어떻게 의미 있는 신앙 경험을 제공할 수 있겠는가? 부모조차 이따금 교회에 출석하는 상황에서 어떻게 가정의 신앙 성장을 도모할 수 있을까? 하나님의 가족과 보내는 정기적인 시간은 뒤로 제쳐 둔 채, 과연 아이들과 부모의 삶에 제자 양육과 세대 간 공동체가 파고들 수 있을까? 현명한 결정은 출석이 그저 교회에 누가 오는가, 얼마나 자주 오는가의 문제가 아니라는 점을 깨닫는 데서 시작된다. 출석률 양상을 보면 부모나 아이의 삶에서 무엇이 가장 중요하고 무엇이 빠졌는지 알 수 있다.

교회와 가정의 단절을 보여 주는 다음 지표는 부모에 대한 인식, 부모의 신앙관, 교회의 지원 방법이다.[8] 종종 가족을 대상으로 한 제자 양육에 '천편일률적인' 방식이 사용된다. 교회 리더들은 깊은 고민 없이 단순한 방법을 조언한다. "가정에서 신앙에 도움이 되는 책을 읽으십시오. 식사하기 전이나 잠들기 전에 기도하십시오. 차에서 가족이 모두 들을 수 있는 건전한 라디오 프로그램을 들으십시오. 아동부 특별 행사에 참석하십시오. 교회 봉사에 참여하십시오." 하나같이 좋은 일이지만 현실과 동떨어졌거나 지나치게 제한적인 해결책이라는 인상을 준다. 물론 가정을 활기찬 신앙으로 이끄는 단순한 공식이 있는 것은 아니다. 그러나 가정의 신앙에 가장 큰 영향력을 끼치는 사람이 부모이기 때문에, 부모는 무언가를 해야 한다고 피상적으로 말했을 것이다. 여기서 주의할 부분이 있다. 아무리 좋은 의도로 하는 말이라도 이런 취지의 말은 제 역할을 못 한다. 혹은 자녀의 신앙 교육을 어떻게 해야 할지 모르는 부모에게 무심결에 죄책감이나 수치심을 줄 수 있다. 한 가지 양육 방법을 따르는 행동은 예수 그리스도의 복음이 지향하는 방식과 다르다. 천편일률적인 방식을 부모에게 강요하기보다 경건한 성품이 잘 반영된 성경적인 믿음과 행동에 초점을 두어야 한다. 또한 성실한 믿음은 개인이나 가정마다 다르게 표현되며, 당연히 양육 방법도 다를 것이라는 인식이 선행되어야 한다.

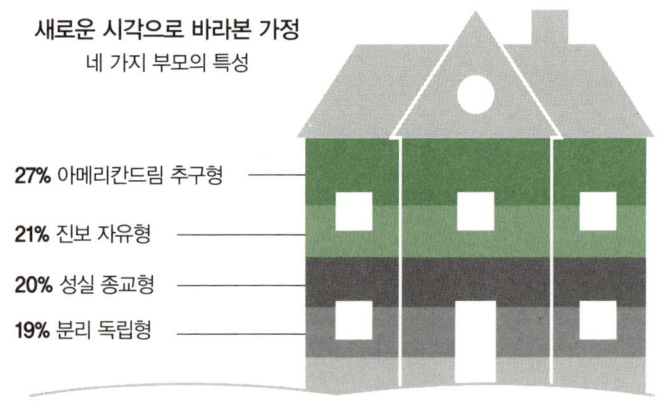

새로운 시각으로 바라본 가정
네 가지 부모의 특성

27% 아메리칸드림 추구형
21% 진보 자유형
20% 성실 종교형
19% 분리 독립형

버지니아대학 문화응용연구소의 2012년 연구

환멸이나 실망 때문에 이미 많은 가정이 교회 건물을 떠났다. 자녀를 양육하는 부모들은 어떤 형태로든 신앙, 심리, 관계의 지원이 필요하다(대부분의 부모가 이것을 원한다). 그러나 부모들이 해답이나 도움을 얻기 위해 제일 먼저 찾는 곳은 교회가 아니다. 바나그룹 조사에 따르면 교회는 "무엇이 신앙 성장에 도움이 되는가?"라는 질문에 대한 미국 성인의 응답 가운데 10위 안에 들지 못했다.[9] 놀랍지 않은가? 나도 크게 놀랐다. 이 조사 결과가 사실이라면 학생 사역이나 교회 리더십은 현재의 사역 모델을 재고해야 한다. 당신이 속한 교회와 지역에서 상당수 부모는 일정한 거리를 유지한 채, 교회가 자신의 필요를 자신이 원하는 방식으로 충족해 주기를 원한다. 많은 부모가 판단을 피하려고 아예 멀찌감치 있다. 교회와 가정 사이에 다리를 놓으려면 먼저 비난의 손가락부터 거두어야 한다.

아들이 고등학교에 막 들어갔을 때, 우리 부부는 신입생 설명회에 참석했다. 우리 부부는 아이 교육에 있어서만큼은 부모가 최대한 관여해야 한다고 생각한다. 부모의 책임을 등한시하는 일은 있을 수 없다(물론 봄 방학 후에 학기가 시작되고 날씨가 좋으면 시카고 컵스의 경기를 보여 주기도 한다). 우리는 아이들의 삶에서 가정이 중심이기를 바란다. 학교나 교사들과는 동역자 관계를 유지한다. 물론 우리 혼자서는 할 수 없는 일이기 때문에 결국 백기를 들고 포기할지도 모른다. 우리는 다른 부모들과 함께 학교 강당에 들어가서 자리에 앉았다. 새 학년이 시작될 때마다 매번 듣는 연설의 내용은 다음과 같다.

부모는 자녀 교육에 가장 큰 영향을 미치는 사람들이다. 자녀 교육은 부모의 당연한 역할이자 의무다. 우리는 부모를 섬기고 돕기 위해 있다. 당신의 자녀가 성공하려면 우리에게 잘 협조해야 한다. 집에서 함께 읽고 학습하는 일은 매우 중요하다. 자녀가 공부하는 내용에 대해 대화하고 아이에게 질문하라. 부모의 이야기와 경험을 들려주라. 아이가 교사에 대해 알도록 격려하라. 새로운 일을 시도하고 새 친구를 사귀도록 도전하라. 성품을 잘 계발하여 세상에 분명한 변화를 일으키도록 도와주

라. 부모의 시간 투자와 재정 지원은 부모와 학교의 관계에 필수적이다. 부모가 자원봉사로 섬기고 교사를 지원해 준다면 자녀의 학업 기간 3년은 당신 가정에 최고의 시기가 될 것이다.

이 내용이 익숙한가? 자녀가 있다면 적어도 한 번쯤은 들어 보았을 내용이다. 아이들을 대하는 일을 하거나 학생부 교사라면 공감하는 부분도 있을 것이다. 내가 왜 이 이야기를 꺼냈는지 궁금한가? 중요한 메시지이기 때문인가? 강당에 앉아 간간히 한숨을 내쉬는 부모들과 함께 연설을 들으며 생각해 보니 이 연설을 한 아이를 기준으로 한 번씩, 일 년에 네 번 이상 그것도 십 년 동안 들었다는 사실을 깨달았다. 사실은 나도 목사로서 지난 십 년 동안 사역 시즌 시작 때마다 많은 부모에게 비슷한 말을 했다. 물론 신명기 6장 전반부를 인용하는 등 약간 다른 점이 있지만 많은 교회가 학교에서 말한 동일한 내용을 부모에게 전한다. 내용 자체가 틀리지는 않았지만 사실 부모에게 그다지 도움이 되지는 않는다. 신앙 공동체와 교육 기관은 만족스럽지 않은 결과에 대한 책임을 부모에게 돌린다. 이에 대해 부모는 주체하기 어려운 좌절감을 느낀다. 기존 방식은 효과가 없다. 더 나은 방법은 없을까? 다른 선택권을 찾아보면 어떨까?

내 경험상 먼저 자신이, 그리고 그 후에는 교회와 학생부 리더십이 해야 할 질문이 있다. "지금 교회와 가정은 서로 얼마나 많이 손가락질을 하는가?" 당신이 지금 그랜드캐니언 벼랑 끝에 서 있다고 상상해보라. 저 멀리 협곡 반대편에는 부모들이 서 있다. 그들은 무슨 말을 하는가? 무언가를 요구하고 협력하자고 하면서 왜 교회를 향해 손가락질하는가? 이번에는 교회 편에서 보자. 교회는 어떤 메시지를 전하는가? 교회는 왜 부모에게 많은 것을 요구하며 말로만 협력하자고 하는가? 아이들에게 선한 영향력을 끼치려면 교회와 부모가 모두 필요하다. 지금 종이를 꺼내 아이와 가정에 전하고 싶은 메시지를 적어 보자. 부모를 만나 의견을 수렴하자. 교회와 부모는 그들이 열심히 섬기려고 노력하는 아이들을 위해 큰 협곡을 뛰어넘는 협력을 해야 한다.

교회와 가정에서 평생의 제자를 양육하려면 서로를 향한 손가락질을 멈추고 다리를 놓아야 한다. 통념을 특별히 벗어난 특별한 공동체가 핵심이다. 교착 상태를 타개하고 가정을 도우려면 이 시대의 가정에 다가가 관계를 맺고 지원하는 새로운 방법을 모색해야 한다.

교회와 가정을 잇는 제자도의 다리

2002년 윌 밀러(Will Miller) 박사와 글렌 스팍스(Glenn Sparks) 박사는 '냉장고 권리'라는 용어를 만들었다. 이는 냉장고를 허락 없이 열 수 있는 가족이나 친구 관계를 의미한다.[10] "내 집처럼 편하게 있어"라는 집주인의 말은 오랜 친구와 처음 온 손님에게 각각 다른 의미로 다가온다. 처음 온 사람은 외투를 벗고 관례에 따라 신발을 벗기도 하고 의자에 앉아 음료를 마시며 가벼운 대화를 나눈다. 반대로 친한 친구는 현관문을 불쑥 열고 들어와 외투를 소파에 던져 놓고 곧장 주방에 가서 냉장고의 음식을 꺼내 전자레인지에 돌리고 건넌방에 가서 낮잠을 자며 심지어 차까지 빌려 탄다. 주말에 집에 온 대학생 아이들이 주로 이렇다. 밀러와 스팍스 박사는 우리를 있는 그대로 받아들이는 사람들과 가족 같은 관계, 즉 친밀한 유대감을 누리지 못하는 것은 정신 건강에 해롭다고 주장한다. 하나님은 사람을 하나님이나 다른 사람과 떨어져 혼자 살도록 만들지 않으셨다(창 2:18). 기본적으로 가정은 서로 의존하는 공동체를 경험할 필요가 있다. 교회야말로 가정과 냉장고 권리를 허락하는 관계를 시작할 수 있는 곳이다.

관계 중심의 어린이 사역을 할 때 교회 건물의 한계를 뛰어넘는 사역 비전을 품을 필요가 있다. 정기적인 예배 시간과 예정된 프로그램도 도움이 되지만, 오늘날의 가정은 다양한 방식으로 평일에도 하나님의 가족 안에서 엄마, 아빠, 언니, 오빠, 할머니, 할아버지, 이모, 삼촌, 조카 같은 대리 가족의 도움이 필요하다. 물론 친가족이 무엇보다 중요하다. 그러나 친가족이나 영적 가족과의 관계는 가정의 신앙적 토대에 직접적인 영향을 준다. 신명기 6장에 선포된 약속과 삶의 방식은 모든 부모와 하나님의 백성에게 주어졌다. 각 가정이 적절한 보살핌, 코칭, 도전을 받을 때 아이들을 예수님을 따르는 사람으로 잘 양육할 수 있다. 교회는 부모를 제자 양육자로 훈련하고 세울 기회를 활용해야 한다. 이 비전을 실현하기 위해 가정 안에 세 개의 다리가 필요하다.

첫 번째 다리: 관심의 다리

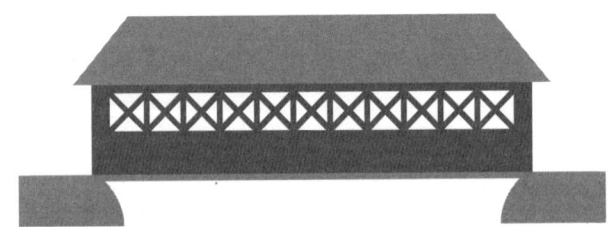

지속적인 격려

나는 지붕이 있는 다리를 좋아한다. 아쉽게도 이런 다리를 요즘은 찾기 어렵다. 우선 시공과 유지에 비용이 많이 든다. 그러나 오랜 역사가 있는 목구조 다리의 전형적인 이미지는 매력적이다. 지붕이 있는 다리는 건축물로서도 아름답지만 실용적이다. 이쪽과 저쪽을 연결하는 다리의 역할을 하면서도 비에 흠뻑 젖지 않고 건널 수 있다는 장점이 있다. 이런 다리는 인생의 폭풍에서 사람들을 지켜 주고, 여행자에게 쉼터, 안전, 보안을 제공한다. 가정에 대한 교회의 접근 방법을 생각할 때 나는 지붕이 있는 다리를 떠올린다. 도움이 필요한 사람들에게 쉼터, 안전, 보안을 제공하는 다리 말이다.

나는 사역지에 부임하면 '봉사자 구인 광고' 게시물을 유심히 본다. 여기에는 몇 가지 이유가 있다. 우선 담당 부서에서 교사들을 잠깐의 필요를 채우려는 봉사자로 여기는지, 영적 은사를 가진 종으로 여기는지 알기 위해서다. 다음은 광고 문구가 과연 새로운 사람들의 눈길을 끌 만큼 매력적인지 확인한다. 추가적인 도움이 필요하다고 사람들에게 알리면 종종 잘못된 메시지를 전할 수도 있고, 사역에 과부하가 걸려 불안정하다는 인상을 줄 수도 있다. 마치 이런 식으로 말이다. "환영합니다! 만나서 반갑습니다. 우리는 사랑으로 가정을 섬깁니다. 많은 도움이 필요한 상황이지만 그래도 당신의 아이를 안전하게 돌보겠습니다." 아니면 죄책감을 줄 수도 있다. "아이를 맡겨 주셔서 감사합니다. 90분 동안 당신의 아이를 기쁘게 섬기겠습니다. 일일이 기록하지는 않습니다만 당신은 매주 90분씩 우리에게 빚을 지고 있습니다. 그러니 최소한 한 달에 한 번쯤은 봉사해 주세요!"

당연히 이런 메시지를 부모에게 전하고 싶지는 않을 것이다. 그러나 부모에게는 그런 의미로 다가온다. 부모는 사랑 많은 사람들이 있는 안전한 환경에 자녀를 맡기고 싶어 한다. 힘든 시기일수록 그 필요가 절실하다. 생협 매장 이용권을 이미 다 쓴 부모들은 영적이나 심리적으로 메마른 상태라 봉사까지 생각할 여유가 없다. 봉사자를 구하는 광고를 낼 때는 교인들의 상황을 감안해야 한다. 다양한 가정과 필요에 따라 교회가 안식처이자 안전한 곳이라는 사실을 알리되 이미 지친 부모들에게 좌절감까지 느끼게 해서는 안 된다.

여러 가정과 특별한 공동체를 세우려면 지속적인 격려를 전하는 관심의 다리가 필요하다. 부모는 쉽게 낙심한다. 아이들을 제대로 키우고 있는지 확신이 서지 않아 주기적으로 스스로에게 실망한다. 나의 자녀가 완벽함과 거리가 멀다는 사실을 확인해 주는 교사, 코치, 가족, 다른 부모의 말이나 평가는 실망감만 더 키울 뿐이다. 양육에 실패한 것인지 아이가 잘못 선택한 것인지 구별되지 않을 때도 있다. 여기에 재정적 압박, 역기능 관계, 심리적 고통까지 더해진다. 교회 가족은 이 세상을 살아가는 가족에게 희망의 빛이 되라는 부름을 받았다. 어린이 사역자들이 어떤 식으로든 지속적인 격려와 관심의 다리를 세우지 않는다면 어떻게 되겠는가?

펠로우십 하우징(Fellowship Housing)은 집이 없어서 고통받는 아이들과 싱글맘을 위한 기독교 비영리단체다.[11] 사례 관리자는 2년 프로그램에 참여하는 여성들을 관리하며 여성들에게 임시 주택을 제공하고, 독립을 준비할 수 있도록 돕는다. 프로그램은 강도가 높다. 재정, 직업, 관계, 심리, 영적인 문제까지 다룬다. 싱글맘, 사역자, 봉사자 모두가 높은 수준의 헌신을 해야 한다. 이 단체는 건강한 관계 안에서 지속적인 은혜와 진리, 사랑과 책임이 필요한 엄마들과 특별한 공동체를 세운다.

이 단체가 특별히 좋은 이유는 외부 동역자와 협력하여 각 가정의 필요를 채운다는 점이다. 사역 단체나 교회 혼자서 모든 것을 할 수는 없다. 펠로우십 하우징은 집이 없는 엄마와 아이들에게 거처를 마련하고 사회사업, 재정 코치, 공동체 형성 등을 훌륭히 해낸다. 신앙 형성에 있어서는 교회와 협력하여 아이들과 가정에 관심의 다리를 놓고 엄마들을 돌본다.

펠로우십 하우징은 평일 제자 훈련, 어와나 프로그램, 식사 지원, 무료 법률 상담, 특수 사역, 회복 지원, 상조 지원, 이혼·결혼 관련 사역을 교회에 위탁한다. 2년 프로그램에 참여하는 엄마와 아이들은 지역 교회에 출석한다. 예배에 참석하여 하나님을 경배하고 교육을 받으며, 하나님의 말씀을 배우고 그리스도 및 사람들과의 관계를 쌓아 간다. 아이들은 평일과 주일에 학생부에서 복음 전도, 제자 양육, 성경 공부, 말씀 암송, 섬김을 경험한다. 교회가 세우는 지속적인 격려의 다리는 일상의 무거운 짐으로 힘겹게 살아가는 엄마와 아이에게 다시 하루를 살아갈 힘을 준다.

관심의 다리가 필요하다는 사실을 교회가 미처 인식하지 못하면 어떻게 될까? 다양한 돌봄 사역도 일어나지 않을 것이다. 힘든 사람들을 꾸준히 격려하기도 어렵다. 예수 그리스도를 알고 사랑하며 섬기기 전에 부모와 아이들은 자신들에게 필요한 관계를 맺지도 못하고, 심리, 재정, 영적 도움을 받지 못했을 것이다. 어린이 사역을 하는 모든 교회에서 위태로운 가정을 도우라는 부르심을 받은 것은 아니다. 그러나 아이에게 영향을 끼치는 사역자나 교사라면 어떤 식으로든 지속적으로 가정을 격려하는 관계의 다리를 세워야 한다.

갈라디아서 6장 10절

> 그러므로 우리는 기회 있는 대로 모든 이에게 착한 일을 하되 더욱 믿음의 가정들에게 할지니라(갈 6:10).

갈라디아서 6장 10절은 여러 가정을 지속적으로 격려하는 관심의 다리를 세우는 토대가 되는 말씀이다. "기회 있는 대로…착한 일을 하되." 관계 중심의 어린이 사역을 하면서 다양한 가정을 전략적으로 섬길 계획과 기회를 마련하라. 가정이 하나님과 그분의 말씀, 그분의 백성을 사랑하도록 인도하는 일에는 유익이 있다. 당신이 속한 교회는 노숙, 가난, 실업, 중독, 이혼, 특수 사역 등 가정들이 겪는 심각한 문제에 어떤 식으로든 기여할 준비가 이미 되었을 수도 있다. 그렇다면 함께 협력할 단체를 찾아보라. 아직 준비가 부족하다면 하나님이 해당 분야에서 초록불을 켜 주실 때까지 아이들과 그 가정에 보내는 격려의 수준을 계속 높이라. '아무 조건 없이' 모두에게 열려 있는 부모의 밤, 가족 이벤트, 멘토링, 운동 경기, 특별 행사, 지역 모임, 특별 전도 등을 통해 지속적인 격려의 다리를 세우고 궁극적으로는 통념을 벗어난 공동체를 형성하는 것이다.

너무 늦기 전에 관계의 다리를 세우는 데 도움이 될 아이디어 두 가지를 소개한다.

어버이날 행사: 홀마크(Hallmark)는 매년 어버이날을 기념하는 행사

를 개최한다. 특별한 방법으로 엄마, 아빠를 축복하는 주말 행사를 열면, 부모들도 해마다 이날을 기대한다. 부모와 아이들이 찍은 사진을 전시하는 공간을 마련해도 좋다. 엄마들에게 '자녀 양육 서버이벌 세트'를 만들어 격려가 되는 성경 구절, 초콜릿, 담당 교사의 전화번호가 적힌 연락망, 2시간 자녀 돌봄 쿠폰을 선물로 주는 것이다. 아빠들에게는 '아빠용 선물'을 준비한다. 베이컨이나 항상 들고 다닐 수 있는 관련 성경 구절 카드나 동전, 교회나 학생부 이름이 적힌 프리스비(던지기를 하고 놀 때 쓰는 플라스틱 원반), 아이를 데려가기에 좋은 장소가 소개된 지역 관광 지도같이 요긴한 물품을 넣어 준다.

루시의 상담소: 찰스 슐츠의 만화 『피너츠』(Peanuts)에 나온 루시를 기억하는가? 루시는 상담 부스를 차려 놓고는 한 번에 50원을 받고 심리 상담 서비스를 제공한다. 안타깝게도 전문가가 아닌 루시에게 돈을 내고 상담을 받는 사람은 없다. 그러나 교회나 사역 상황은 정반대다. 부모와 아이들은 사역자를 전문가라고 생각하지만, 정작 사역자들은 그런 시각을 부담스러워하며 상담 부스를 차리지도 않는다. 엄마와 아빠를 위한 전용 전화나 정보 부스와 공간을 마련하라. 사역자가 의사는 아니라는 사실을(의사인 경우도 있지만) 분명히 밝히고 부모에게 자녀 양육에 대한 조언과 격려를 하라. 교회 안에 따로 공간을 확보하거나 카페 혹은 놀이터에서 만나 커피를 마시며 대화할 수도 있다. 상담자는 시간을 내어 부모의 말에 귀를 기울이고, 무조건 조언만 늘어놓아서는 안 된다. 또 상담이나 코칭에 부모들의 마음이 열릴 때까지 사랑을 표현해야 한다. 손바닥을 마주치는 하이파이브, 악수, 포옹도 아이나 가정과 특별한 공동체를 세우는

데 도움이 된다. 혹시 50원을 받으면 그건 보너스다.

두 번째 다리: 코칭의 다리

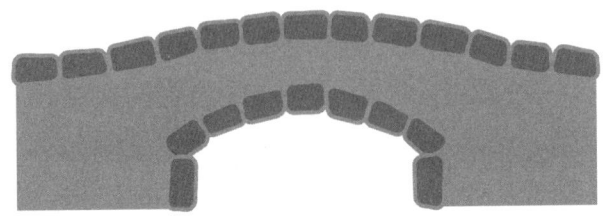

적절한 준비

교회가 세울 수 있는 또 다른 다리를 『로빈후드』(Robin Hood)에서 찾을 수 있다. 거센 물살이 몰아치는 강가에서 로빈은 반대편으로 건너갈 방법을 찾다가 외나무다리를 발견하고 즉시 건너기 시작하지만 장애물을 마주친다. 리틀 존과 외나무다리에서 만난 것이다. 둘은 누가 먼저 건너갈지를 두고 결투를 벌인다. 실력과 기지를 다루는 결투에서 로빈과 리틀 존은 막상막하의 실력을 보이다 둘 다 흐르는 강물에 빠진다. 이후 그들은 한편이 되어 노팅엄 주장관에 맞서 싸운다.

물론 교회와 완벽히 들어맞는 사례는 아니지만, 이것은 교회가 어떻게 가정에 접근해야 하는가에 대한 중요한 사실을 알려 준다. 로빈이 건너려 했던 다리는 주로 목재나 돌로 만든다. 좁은 개울을 건너거나 진흙탕 길을 지날 때, 숲길을 통과하거나 길에 생긴 갈라진 틈을 건너기 위한 용도로 설치된다. 목적지로 가는 여정에서 A지점에서 B지점으로 이동하기 위한 해결책이다. 한 사람이 지날 정도로 폭이 좁아서 반대편에서 오는 사람과 마주치는 일이 종종 있다. 각기 제 갈 길을 가거나 상대편을 강으로 밀어 넣는 방법도 있지만 그렇게 해서는 공동체를 만들기 어렵다. 로빈과 리틀 존은 처음에는 실랑이를 벌이지만 공동의 목표를 위해 서로의 차이를 인정한다. 평생의 제자도와 가정 사역에 필요한 모습이다. 교회와 가정은 특별한 공동체를 만들기 위해 동맹을 맺어야 한다.

아이를 잘 기르기 위해서는 부모와 함께하며 도움과 지침을 줄 누군가가 필요하다. 이 부분에서 교회가 코칭을 해줄 수 있다. 교회를 적으로 여기는 부모도 있지만, 만약 교회가 적절한 방법으로 접근한다면 주변 지역이나 도시에 사는 부모에게 공동의 목표를 제시할 수 있을 것이다. 부모들은 도움을 원한다. 적절한 때에 적절한 방법의 지원이 필요하다. 하나님의 가족은 교회와 가정 사이에 코칭의 다리를 세워 아이와 부모의 신앙 여정에 큰 영향력을 발휘할 수 있다.

오래전 교회에서 담당한 가정의 사례다. 혼자 아이를 키우는 남성이 도움을 청할 곳이 없다며 나를 찾아왔다. 결혼 생활은 이미 한참 전에 끝났고, 구직 문제로 힘들어했다. 아이들의 학교생활도 수월하지 않았다. 갈수록 힘든 상황에서 어찌할 바를 모르던 그에게는 관심과 코칭을 통한 적절한 도움이 필요했다. 나는 그의 상황에 적절한 조언과 방향을 제시할 사람을 연결해 주었다. 그는 재정 상담을 받고 구직에도 도움을 받았다. 부모들이 모이는 성경 공부에 참여하여 격려를 얻고 아이들은 학생부에서 또래 친구나 교사들과 관계를 맺었다. 이제 그에게는 아이들을 키우다가 어려움이 있을 때마다 꺼내서 사용할 수 있는 자녀 양육 도구 상자가 있다. 비상시에 연락할 수 있는 신뢰하는 사람들의 연락처도 있다. 교회는 그의 문제를 해결하지 않았다. 그저 방향을 제시하고 필요한 도움을 주었을 뿐이다. 종종 그의 상황을 전해 듣는데, 하나님이 그와 아이들의 삶에 역사하신 일을 보면 절로 겸손한 마음이 든다.

신명기 11장 18-21절

이러므로 너희는 나의 이 말을 너희의 마음과 뜻에 두고 또 그것을 너희의 손목에 매어 기호를 삼고 너희 미간에 붙여 표를 삼으며 또 그것을 너희의 자녀에게 가르치며 집에 앉아 있을 때에든지 길을 갈 때에든지 누워 있을 때에든지 일어날 때에든지 이 말씀을 강론하고 또 네 집 문설주와 바깥문에 기록하라 (신 11:18-21).

신명기는 출애굽기에서 하나님이 모세에게 주신 율법을 다시 정리한 책이다. 신명기 11장 말씀에서 우리는 신명기 6장에 나온 가정 사역의 기초를 다시 확인하게 된다. 이러한 반복을 통해 가족이 한 번에 한 걸음씩 걸어가는 일이 중요함을 강조한다. 모세는 여호와의 교훈과 약속을 한 세대에서 다음 세대로 전수하는 일의 중요성을 알리려고 노력했다. 코칭의 다리를 세우는 목적은 부모들을 효과적으로 훈련하여 그들과 자녀를 제자로 양육하는 것이다. 각 교회는 제자도 방식을 재고하고 제자 양육이 가정 안팎에서 일어나는지 확인해야 한다. 평일에 부모가 자녀와 보내는 시간이나 교회 프로그램을 점검하는 일도 필요하다. 관계 중심의 어린이 사역을 할 때 각 가정이 영적 리더로 성장하도록 도와주는 혁신적인 방법을 고민해야 한다. 제자 양육의 시작이 가정이 되는 것이 가장 이상적이지만 그렇지 않다 해도 거기서 끝내서는 안 된다. 가정에서 먼저 시작되지 않았어도 관계 중심의 어린이 사역을 제자 양육의 출발점으로 삼으면 된다.

아닌 경우도 있지만, 많은 부모가 영적 문제에 대해 어떤 식으로 말해야 할지 몰라 당황해한다. 자신들이 성경에 대해 설명할 준비가 되지 않았다고 느낀다. 식사 기도를 하려고 생각만 해도 겁이 난다. 이렇게 많은 부모가 가족을 제자로 양육하는 일에 두려움을 느낀다. 해본 적도 없을 뿐만 아니라 선례를 보지도 못했기 때문이다. 어디서부터 어떻게 시작해야 할지 엄두를 내지 못한다. 당신과 교회, 어린이 사역이 그 틈을 잇는 다리가 되어야 한다.

내 친구들이 스프라우트박스(www.sproutboxkids.com)라는 가정용 자료를 출시했다. 이것은 가정에서 하나님 말씀을 가르치고 싶어도 성경 지식이 부족해서 어려워하는 부모들을 위해 개발되었다. 회원이 되면 성경에 기반을 둔 창의적이고 목적이 분명한 자료가 매달 집으로 배송된다. 최신 증강 현실 기술을 활용한 성경 이야기도 제공되며, 디지털 애플리케이션으로 상호 작용하면서 첨단 기술을 만끽할 수 있다. 그러나 목적은 그것이 아니다. 이야기, 토론, 활동, 만들기 등으로 가정이 하나님의 말씀에 몰입하도록 도와주는 것이 목적이다. 내 친구들은 여러 부모에게 자녀를 제자로 삼는 방법을 조언하다 실제에서 부딪히는 어려움을 발견하고 이 제품을 개발했다. 아이들에게 재미를 주고 부모를 위로하는 것보다 복음과 하나님 말씀이 중요하다는 사실을 알기 때문에 과감히 현실을 뒤흔든 것이다.

내가 스프라우트박스를 소개한 이유는, 부모들에게 제자 양육 도구를 제공하려면 혁신이 필요하기 때문이다. 교회와 학생부 사역은 언제나 새로운 아이디어를 고안하여 선한 소문을 내야 한다. 내가 아는 학생부 교사는 아이들이 평일 어린이 사역에 참여하는 동안 부모 모임을 인도한다. 함께 육아 책을 읽고 성경 공부를 하며 가정의 어려움을 나누고 자신이 아는 정보를 공유한다. 미국에는 어릴 때부터 아이에게 성경의 원리를 가르치고자 하는 취학 전 아이를 둔 엄마들의 모임인 취학 전 어머니회(MOPS)까지 있다. 또 다른 학생부 목사는 특별 전도 주일이나 행사 때 부모들을 초청하여 아이와 동일한 복음을 듣게 한다. 부모에게는 구원의 ABC에 대해 아이와 대화할 수 있는 토론 가이드를 제공한다. 구원의 ABC는 자신이 죄인임을 하나님 앞에서 인정하고(Admit), 그리스도가 죽었다가 다시 살아나셨음을 믿으며(Believe), 주님을 영원히 알고 사랑하며 섬기기로 선택하는(Choose) 것이다. 부모에게 신앙의 문제에 대해 이야기할 실제 기회를 주는 것은 가정에서 제자를 양육하는 최고의 방법이다.

이외에도 부모를 제자로 또 제자 양육자로 세우는 창의적인 방법은 다양하다. 양육 관련 주제로 강좌나 훈련 세미나를 연다거나 CD, MP3, 팟캐스트, 동영상 등의 미디어를 활용하여 설교나 성경공부 교재를 제공해도 된다. 평일, 정해진 시간에 짤막한 육아 정보를 문자로 보내 부모들을 격려하고 책임을 다시 한번 상기시키는 것도 좋다. 독서 모임이나 부모와 가족을 위한 수련회처럼 교회 공동체의 힘을 활용하는 행사를 개최하는 방법도 있다. 학자금 저축 방법이나 성경적인 재정 관리에 대한 강의를 해도 좋고, 영화를 감상하고 성경적인 시각으로 토론하는 모임도 해볼 만하다. 그 밖에 지역 봉사 프로젝트, 부모를 위한 성경 암송 대회 등 아이디어는 무궁무진하다. 핵심은 부모들이 주도적으로 가족을 제자로 양육할 수 있도록 적절한 팁과 코칭 도구를 제공하는 것이다.

세 번째 다리: 도전의 다리

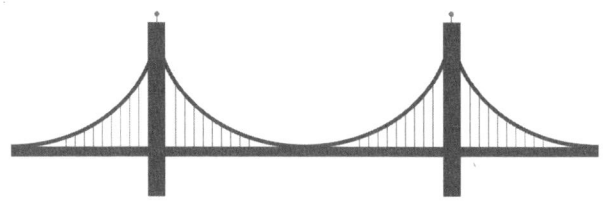

사랑의 개입

캘리포니아 주 샌프란시스코에 있는 금문교는 세계에서 가장 유명한 현수교다. 1937년에 개통하여 1964년까지 세계에서 가장 긴 다리였다. 폭이 1.5킬로미터, 길이가 5킬로미터로 샌프란시스코 베이와 태평양을 연결한다. 혁신적인 설계와 시공을 자랑하는 금문교는 건설 당시 철강 노동자 수백 명의 안전을 위해 최신 이동식 안전망을 설치했다. 견고함과 봉사의 상징인 금문교는 짠 바닷물, 짙은 안개, 잦은 지진, 차량과 보행자의 끊임없는 이동에도 잘 견뎌 냈다.

이 유서 깊은 다리는 나에게 특별한 의미가 있다. 나는 십대 시절 시카고 북서부로 이사하기 전까지 베이 지역에 살았다. 이곳은 우리 가족과 신앙의 뿌리가 있는 곳이다. 나는 가족과 함께 베이 지역에 가서 예전의 가족과 친구들을 만나는 것을 좋아한다. 아내와 아이들이 내 어린 시절을 짐작할 수 있는 기회이기도 하다. 시간이 허락되면 산타크루즈나 샌프란시스코 베이에 가서 오랜 시간 하나님이 나와 우리 가족에게 행하신 선한 일을 회상한다.

몇 년 전, 오랜 친구 조슈아와 금문교를 걸어서 왕복했다.[12] 3학년 때 처음 만난 우리는 형제나 다름없는 사이다. 집도 가깝고 학교도 같았으며 리틀리그에서 같이 운동했고 어울리는 친구들도 같았다. 신실한 그리스도인이었던 조슈아의 부모님은 나에게 넘치도록 은혜를 베풀어 주셨다. 내가 처음 제자도의 여정을 시작했을 때 그들은 나를 자신의 날개 아래 품어 주고, 나에게 낯설기만 했던 가족의 참모습을 보여 주었다. 조슈아 가족은 나와 함께 기뻐하고 함께 울어 주었다. 성경 말씀이나 교회 이야기가 대화 가운데 자연스럽게 나왔다. 기꺼이 서로 섬기고 희생했다. 그 집에 갈 때마다 하나님의 조건 없는 사랑을 느낄 수 있었다. 30년이 흐른 지금까지 그 기억이 생생하다.

조슈아와 금문교를 걸으니 신앙의 추억, 조슈아의 가족, 조슈아와의 우정이 물밀듯 떠올랐다. 처음 다리를 건너는 것이 아닌데도 그날은 발을 내딛는 순간 새로운 사실을 깨달았다. 가족만이 줄 수 있는 오랜 지지와 응원의 의미에 눈뜬 것이다. 조슈아의 가족이 나를 지지해 준 것처럼 오늘날 부모들에게는 그리스도를 중심에 둔 공동체, 결속이 오래 유지되는 공동체가 필요하다.

부모와 아이들 모두 오래 지속되는 사랑을 찾고 있다. 문화가 달라지면서 부모들의 이동도 증가했고, 그 결과 많은 관계가 무너졌다. 가정에 갑자기 닥친 비극과 질병은 심각한 타격을 끼친다. 사회의 각종 스트레스 요인은 심리적 안정을 침해하고 관계에 틈을 만든다. 또 이혼은 가족 제도를 약화하고 약물 남용은 건강한 가정을 파괴한다. 그뿐 아니라 재정적 압박은 우선순위에 혼란을 주고, 연이은 실패 때문에 미래에 대한 소망의 싹이 잘려버리기도 한다. 죄가 가족의 삶에 스며들고 그 결과가 세대에 걸쳐 이어졌다. 많은 교회와 어린이 사역자가 놀랄지도 모르겠지만, 이 세상에서 살아가는 이상 하나님의 가족도 이러한 일을 겪을 수 있다.

그렇다면 어떻게 해야 하는가? 장기적인 사랑의 개입과 흔들림 없이 안전하며 세월의 시련을 견딜 다리가 필요하다. 모든 상황에서 그리스도의 성품과 평생의 제자도 원칙을 실천할 어린이 사역자가 필요하다.

교회는 도전의 다리를 세울 때 주일 프로그램이나 특별 행사가 아닌 장기적 헌신을 유지할 수 있는 방안을 고민해야 한다. 부모가 먼저 제자가 된 후에 가정에서 제자를 양육하도록 그들을 훈련하고 교육해야 한다는 측면에서, 도전의 다리는 코칭의 다리 위에 세워진다. 인생의 우여곡절을 지나는 동안 누구나 변한다는 사실을 인정하라. 관심과 코칭은 단기적으로는 좋을지 모르지만 신뢰가 오랜 시간에 걸쳐 쌓이듯 건강한 도전도 오래도록 충분히 제시해야 한다.

부모들은 자신만이 아니라 자녀의 신앙을 위해 책임을 다해야 한다. 부모들에게는 이미 힘겨운 수고를 하는 그들을 격려해 주는 누군가가 필요하다. 무엇이 가장 중요한지 관대하고 솔직하게 알려줄 누군가가 필요하다. 아직 부모의 신앙이 무르익지 않았다면 다양한 가정과 인생의 우여곡절을 보며 그리스도의 방법으로 사랑의 관계를 실천하는 교사와 사역자들이 있는 교회 가족에게서 도움을 받을 수 있다.

내 경험으로 볼 때 사랑의 개입은 교회 가족을 통해서 가장 잘 전달된다. 교회 건물에서만 가능하다는 말은 아니다. 이런 이유에서 교회는 스스로를 유일한 해결책이 아닌 동역자로 여겨야 한다. 교회는 부모와 동역하면서 관리와 코칭을 제공하고, 부모가 자녀의 삶에 가장 중요한 신앙의 선배로서 지속적인 영향을 주도록 도전해야 한다.

로마서 12장 15절

즐거워하는 자들과 함께 즐거워하고 우는 자들과 함께 울라
(롬 12:15).

이 세 번째 도전의 다리는 인생과 육아에 찾아오는 뜻밖의 시기에도 일관성 있게 가정을 지원하는 것이 목적이다. 부모들은 가정이나 교회에서 기도를 통해 다른 가정을 섬기고 물건을 나누며 매일 생기는 필요에 개입함으로 어려운 이웃을 돕는다. 가족이 아프거나 갑자기 세상을 떠났을 때 교회 가족들은 위로하고 돕는다. 아이나 부모가 가족에게 상처를 주는 잘못된 결정을 내리면 교회의 믿음직한 친구들이 개입하여 바른 말을 전한다.

지금까지 소개한 다리 세우기 아이디어를 상황에 맞게 사용하자. 여기서 소개하고 싶은 사역 단체가 있다. 매우 필요한 사역인데다 다양한 방법으로 확대할 수 있는 모델이다. 질스 하우스(www.jillshouse.org)는 버지니아 주 맥린바이블교회의 목회 리더십에서 세운 단체로, 가족의 지적 장애로 힘들어하는 가족들을 섬기는 일을 한다. 자폐증, 다운증후군 등 다양한 질병과 장애는 본인뿐 아니라 가족 모두에게 영향을 준다. 어린이 사역에서 장애아에게 일대일 봉사자를 제공하는 일은 매우 중요하다. 그러나 엄마, 아빠, 형제가 모두 도움을 받아야 한다는 사실은 쉽게 간과한다. 질스 하우스는 가족이 모든 책임과 의무에서 벗어나는 휴식 시간을 계획하여 스트레스를 해소할 수 있는 기회를 꾸준히 제공한다. 사소하지만 주말 나들이가 큰 변화를 일으킨다. 매달 주말에 한 번 쉴 수 있다면 그 영

향력이 어떻겠는가? 장애인이 있는 가정을 위해 반드시 이런 사역을 하라는 말은 아니다. 다만 이런 질문을 던져 볼 수는 있다. 사랑의 개입이라는 장기적인 다리를 놓기 위해 하나님은 우리 교회와 공동체에 무엇을 말씀하시는가? 모든 아이가 그리스도의 방법으로 드러나고 사랑과 섬김을 받도록 주변에서 일어나는 일에 마음과 생각을 좀 더 헌신하라.

나는 지금까지 우리 가정에 조언을 하고, 우리가 그리스도께 철저히 헌신된 제자가 되도록 인도하는 일에 쓰임 받은 모든 사람에게 감사한다. 스티브를 비롯한 교회 가족들은 우리 가족이 꾸준히 성경을 읽고 묵상하며 교회 공동체에 지속적으로 참여하고 우리가 가진 영적 은사로 이웃을 섬기도록 격려했다. 가정의 상황이 고통스러울 때도 언제나 우리와 함께했다. 그동안 나 역시 그리스도의 몸 안에 일어나는 사랑하는 가족의 죽음, 불임, 특수한 상황, 심리 문제, 이혼, 재혼, 만성 질환, 이직, 뜻밖의 비극 등을 곁에서 지켜보았다. 로마서 12장 15절은 이웃의 기쁨과 고통에 동참하면서 예수님의 방법으로 사랑하는 것이 무엇인지 잘 보여 준다. "서로 사랑하라"고 말씀하신 예수님의 시각으로 모든 일을 바라볼 때, 비로소 통념을 벗어난 특별한 공동체가 형성된다.

가정을 위한 다리 세우기

예수님은 급진적일 정도로 관계의 다리 세우는 분이셨다. 우리가 할 일은 예수님이 자신의 생명, 죽음, 부활을 통해 이미 하신 일 위에 다리를 세우는 것이다. 거룩하신 하나님과 죄로 물든 사람들 사이의 간격을 메우는 궁극의 다리가 바로 십자가다. 그리스도는 인간과 영원의 이야기를 이어 주고 우리를 하나님과 다시 연결해 주는 다리가 되신다. 또 그리스도는 예수님 자신과 말씀, 그분이 하신 일에 대한 믿음으로 연결하는 십자가로 우리를 초청하신다.

신명기 6장에 나오는 하나님의 백성과 사도행전의 초대교회는 참된 공동체의 모범이다. 남녀노소, 부자나 가난한 사람, 동포나 외국인 모두 하늘에 계신 성부 하나님의 위대함과 선하심 아래 하나 되어 살아간다. 가정은 중요하다. 그러나 영원히 지속되는 것은 영적인 가족이다. 다리를 세우는 교회와 어린이 사역자들은 평일 프로그램을 뛰어넘는 영적 가족이 되어야 한다. 여러 가정과 아이가 겪는 삶의 우여곡절 속에서 그들에게 삶을 투자하는 관계적 사역과 초청이 필요하다.

오늘날 가정은 도움을 원한다. 그리스도를 중심에 둔 공동체가 필요하다. 가정이나 교회는 스스로 평생의 제자를 만들지 못한다. 변화하는 세상에서 하나님이 주신 잠재력을 발휘하려면 교회와 가정을 잇는 제자도의 다리가 필요하다. 손쉬운 해결책은 없다. "서로 사랑하라"를 온전히 실천하는, 통념을 벗어난 특별한 공동체를 만들려면 분명한 의도와 관점, 계획이 필요하다. 인내와 꾸준함도 있어야 한다. 시간이 흐르면 우리가 뿌린 씨앗이 열매를 맺을 것이다. 제자도의 다리를 세우고 여러 가정을 도와주며 코칭하고 도전하는 제자 양육자라면, 아이들이 성숙한 그리스도의 제자로 성장하는 모습을 보게 될 것이다.

묵상과 토론을 위한 질문

01 관계 맺기를 원하는 아이들에게 바람직한 장소와 그렇지 않은 장소가 있는가? 그 이유는 무엇인가?

02 하나님이 당신의 삶에 허락하신 뜻밖의 영적 가족이 있는가? 친가족은 주지 못했지만 그들이 당신에게 준 것은 무엇인가?

03 교회와 가정의 거리가 점점 멀어지는 이유는 무엇인가? 당신의 상황과 경험으로 볼 때 가능한 해결책이 있는가?

04 당신이 속한 어린이 사역에서 특별한 본보기가 되는 공동체가 있는가? 그 공동체는 왜 특별한가?

05 그리스도의 몸 안에 있는 아이들과 가정들이 분리에서 상호 의존과 연합으로 나아가기 위해 넘어야 할 장애물이 있는가? 그것은 무엇인가?

06 가정에서 평생의 제자도가 일어나려면 우선 어떤 변화가 있어야 하는가?

07 당신의 사역에서 관심, 코칭, 도전의 다리 가운데 가장 잘되는 것은 무엇인가? 현재 집중적으로 개발해야 할 다리가 있다면 무엇이고, 그 이유는 무엇인가?

08 교회에 가정을 돕기 위한 대책이나 부서가 있는가? 당신이 신뢰하고 추천할 수 있는 외부 단체가 있는가?

09 교회와 가정 사이에 다리를 놓을 때 아이들과 부모의 삶에 어떤 일이 일어나겠는가? 그런 변화가 일어나도록 헌신할 준비가 되었는가?

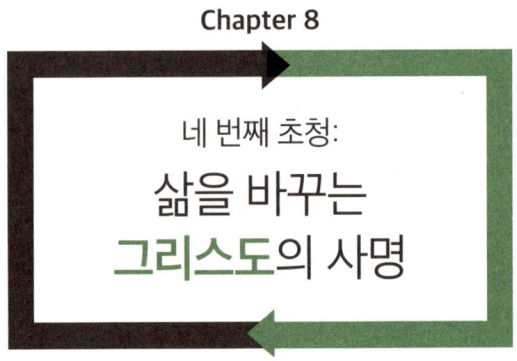

Chapter 8

네 번째 초청: 삶을 바꾸는 그리스도의 사명

우리는 우리가 하는 말로 조금 가르치고 대부분 우리의 존재 자체로 가르친다. 헨리에타 미어스(Henrietta Mears)[1]

온전하게 행하는 자가 의인이라 그의 후손에게 복이 있느니라 (잠 20:7).

모두 알다시피 물은 생명 유지에 필수적이다. 물이 없으면 사람은 죽는다. 공동체가 살려면 나무처럼 물가에 뿌리를 내려야 한다. 물은 먹고 청소하며 몸을 씻고 요리하는 데 쓰인다. 전기 발전이나 농작물 재배, 운송, 여가에도 쓰인다. 풍부한 물은 편안한 삶을 위한 필수 수단이지만 부족할 때는 죽음과 공동체의 파멸로 이어진다. 예수님이 우물가의 여인에게 그분의 영생을 물에 비유하신 것이나, 풍성히 넘치도록 주는 생수의 강으로 성령을 표현하신 것도 전혀 놀랄 일이 아니다.[2]

관계 중심의 어린이 사역은 어린이와 가족에게 물에 대한 접근권, 즉 영적 생수를 접하게 한다. 우리는 그리스도의 방법을 실천하여 사람들에게 생수를 전한다. 효과적인 제자 양육자가 되고 싶은 교사라면 먼저 안에서부터 완전히 달라져야 한다. 제자도에 철저히 헌신되지 않은 사람에게 제자 양육을 맡길 수는 없다. 삶이 달라지는 영생의 선물을 받지 않은 사람은 그 선물을 누군가의 삶에 전하지 못한다. 완벽한 사람이 되라는 말이 아니다. 그러나 복음과 성령의 능력으로 하나님이 주시는 은혜의 생수를 정기적으로 마셔야 한다.

본인이 가 보지 못한 곳으로 사람들을 인도하는 일은 불가능하지는 않지만 매우 어려운 일이다. 그러나 감사하게도 우리는 도움을 받을 곳이 있다. 앞에서 말했듯 커리큘럼은 지도에 불과하다. 지도를 들고 떠나는 우리에게는 하나님 그리고 이웃과 누리는 관계가 곧 우리의 여정이 된다. 누군가를 양육할 충분한 자격을 갖춘 사람을 찾기 어려운 이유가 여기에 있다. 지도를 볼 줄 아는 사람은 많지만 직접 걸어 본 사람은 많지 않기 때문이다. 하나님과 관계를 맺고 그 안에서 성장한 경험이 있으며, 평생의 제자를 양육하는 역할을 진지하게 생각하는 사람이어야 아이들과 마음을 나누며 소통할 수 있다.

부모와 자녀 관계처럼 제자 양육에서도 성품과 경험의 부족을 성령이 채우신다. 그렇기 때문에 우리에게는 희망이 있다. 누군가의 마음에 긍정적인 인상을 남기는 가장 좋은 방법은 자신의 삶에 형성된 틀을 있는 그대로 보여 주는 것이다. 하나님의 말씀과 성령이 우리의 삶을 형성한 바로 그 방법으로 우리는 사람들을 제자로 양육한다. 그래서 모든 제자 양육자에게는 그리스도로 인해 급격하게 삶이 바뀐 경험이 필요하다. 변화의 도가니를 경험한 교사라면 다른 사람의 삶에서 동일한 일을 반복할 수 있다. 삶을 완전히 바꾸는 그리스도의 사명을 따르려면 새로운 제자 양육의 틀이 필요하다.

틀을 깨는 일

나는 어릴 때부터 제왕나비의 아름다움에 매료되었다. 우리 집에서 차로 한 시간 거리에 이 경이로운 곤충의 연례 이동을 볼 수 있는 곳이 있다. 매년 가을이 되면 우리 학교는 유칼립투스 향이 진동하는 숲에 매달린 제왕나비 떼를 보기 위해 내추럴브리지스 주립공원으로 소풍을 갔다. 알에서 애벌레로 변하고 번데기를 거쳐 나비로 탈피하는 전 과정을 생생하게 볼 수 있었다. 생명의 완전한 변화라는 신비는 어린 내 마음을 사로잡기에 충분했다.

캘리포니아에서 중서부로 이사한 우리에게 하나님은 또 다른 활기찬 교회 가족을 예비하셨다. 넘어졌다가 일어선 우리와 함께할 경건한 사람들이 필요했다. 우리가 찾은 공동체 역시 문제와 결점이 있었다. 가족이라면 당연히 그럴 수 있다. 완벽한 사람은 없고, 누구나 실수할 수 있다. 그러나 우리는 공동체와 함께 일하고 성장한다. 교회는 내가 개인적으로나 공적으로 날개를 펴고 예수님의 제자로 성장하기에 좋은 환경을 마련해 주었다. 선생님들은 내가 신앙 훈련을 실천하도록 도전하고 격려했다. 또 내가 하나님이 주신 은사와 재능을 발견하고 계발하는 과정에 함께해 주었는데, 특히 밥이라는 학생부 목사님은 제자 양육의 틀을 깨고 당시 내 삶에 개입해 주었다.[3]

이 교회는 관계를 중시했다. 밥은 십대 아이들을 대할 때 기존의 관행을 뛰어넘는 색다른 시도를 했다. 삶을 바꾸는 그리스도의 사명은 밥의 삶도 급격히 변화시켰다. 그는 자신의 영향력 아래 있는 아이들에게 본인의 신앙을 있는 그대로 보여 주었다. 성실하게 아이들을 지도하며 언제나 한결같이 진지한 태도로 제자도에 임할 것을 강조했다. 밥은 자신의 마음과 집을 언제나 개방하고 우리에게 거리를 두지 않았다. 그는 아이들도 나이와 상관없이 삶의 모든 영역에서 그리스도를 닮고 그리스도처럼 살아가도록 부름 받았다고 확신했다. 그래서 우리에게 높은 기준을 제시하고 도전했다. 밥의 제자 양육에 대한 결단은 예수님이 명하신 성경의 의무에 따른 것이었다. "모든 민족을 제자로 삼아"(마 28:18-20), "내 증인이 되리라"(행 1:8), "그의 안에 산다고 하는 자는 그가 행하시는 대로 자기도 행할지니라"(요일 2:6). 밥은 모든 제자(아이들을 포함하여)가 성부 하나님께 능력을 받고 성자 하나님께 위임을 받아, 성령 하나님의 보내심을 받는다고 가르쳤다. 삶을 바꾸는 그리스도의 역사는 어른에게만 해당되는 것이 아니었다.

예수님은 제자들에게 이렇게 말씀하셨다. "너희에게 평강이 있을지어다 아버지께서 나를 보내신 것같이 나도 너희를 보내노라"(요 20:21). 밥은 이 말씀을 진지하게 받아들였다. 우리가 어떻게 이 말씀을 삶에 나타낼 것인지, 예수님의 제자로서 어떻게 이 사역에 참여할 것인지 계속 고민하게 했다. "내가 세상 끝날까지 너희와 항상 함께 있으리라"(마 28:20)는 예수님의 초청을 거듭 말하며 복음 사역의 모범을 보였다.

> 복음은 구원의 처음, 중간, 끝을 가능하게 하시는 하나님의 능력이다. 복음은 우리가 불신자에게 하는 선포뿐만 아니라 그리스도인으로서 경험하는 모든 일에 스며들어야 한다.
> 제임스 윌호이트[4]

그뿐만 아니라 밥은 예수님 안에 있는 은혜의 복음이 우리를 날마다 도전하게 해야 한다고 했다. 복음은 우리를 죄에서 구원하는 일회성 메시지가 아니다. 복음에는 우리의 생각, 마음, 행동을 바꾸고 우리로 하여금 신실한 예수님의 제자로 살아가게 하는 하나님의 능력이 있다. 그는 하나님과 각본 없는 모험을 떠나는 우리에게 가이드가 될 어른들을 교사로 세웠다. 각 교사는 다양한 장점과 능력으로 사역에 참여하고, 우리가 예수님을 알고 사랑하며 섬기도록 지도하는 일에 헌신했다. 우리는 하나님의 말씀을 함께 배웠다. 성경적 세계관으로 우리가 속한 관계와 문화의 변화를 보는 법과 개인 묵상, 공적 예배와 기도, 구제에 대해서도 배웠다. 가정, 교회, 학교, 운동 팀, 직장에서 예수님의 제자로 사는 방법과 제자의 기본 태도를 배웠다.

이 시기에 나는 그리스도의 몸 안에서 섬기는 일에 내 열정을 바쳤다. 주일학교에서 봉사하고 교회와 학교에서 친구들과 함께하는 성경 공부 리더로 섬겼으며, 전도 행사를 계획했다. 찬양 팀에서 힘껏 찬양하고 교회에 다니지 않는 사람들과 관계를 맺는 차원에서 스포츠 리그에도 참여했다(아쉽게도 경기에 출전하기보다 벤치에서 친구들과 어울리는 일을 더 잘했다). 기회가 있을 때마다 단기 선교 팀에도 참여했다. 예수님이 죄에서 나를 구원하려고 몸소 하신 일을 내가 깊이 깨닫고 제자로 삶을 헌신하도록 목사님과 교사들은 기준을 제시했다. 하나님께 은혜를 받은 사람으로서 사랑으로 순종하는 일에 반응하지 않을 수 없었다. 나는 정식 교인이 되고 학생부 사역 리더 팀에 들어갔다. 주님은 어린 시절 나에게 확고한 신앙의 토대를 세워 주셨다. 나는 결코 뒤를 돌아보지 않았다.

오래전 내가 새롭게 어린이와 가정을 대상으로 전임 사역을 시작할 때 밥 목사님과 다시 연락이 닿았다. 그는 하나님의 부르심에 응답하여 교사 학위를 취득해 도시 우범 지역의 공립학교에서 과학을 가르친다고 했다. 그가 나의 교사이자 멘토, 친구로 곁에 있어 준 때가 떠올랐다. 밥은 그리스도의 사랑으로 나에게 안전한 안식처를 제공했다. 밥의 희생 덕분에 내 제자도의 여정이 달라졌다. 대화를 하다가 그는 과거 자신의 사역에 대해 뜻밖의 말을 했다. "다시 한다면 훨씬 다르게 할 수 있을 텐데…." 자신의 틀을 끊임없이 깨는 그의 신중한 말과 통찰, 평생 겸손히 배우는 학습자의 자세는 나에게 훌륭한 모범이 되었다.

최근에 다시 연락이 닿아서 밥과 이야기를 나누었다. 그는 하나님께 받은 중요한 임무가 있어서 대학 캠퍼스에서 변증 사역을 시작할 계획이라고 했다. 그의 열정, 은사, 경험과 잘 맞는 사역이라고 생각했다. 하나님은 그리스도를 위해 사람들에게 자신을 헌신한 그의 삶으로 고정된 제자 양육의 틀을 계속 허무신다.

모든 것을 새롭게

내가 밥 목사님의 사역을 길게 소개한 이유가 궁금할 것이다. 이 책은 청소년 사역이 아닌 어린이 사역 책인데 말이다. 두 연령대 사이에 중요한 차이가 있다는 것을 잘 안다. 어린이 시기는 청소년기와 많이 다르다. 청소년들도 제자도에 좀 더 적극적으로 참여할 수 있다. 그들에게는 신앙 공동체에 깊이 관여하고 기여할 충분한 능력이 있다. 그러나 밥 목사님의 사례에서 말했듯 어린이 대상의 제자 양육은 모든 방면의 성장을 염두에 두어야 한다. 어린이는 청소년이 되고 청소년은 성인이 된다. 영적 성숙의 과정은 평생에 걸쳐 일어난다.

마치 제왕나비처럼 변화는 다음 단계를 준비하기 위한 성장 과정에서 일어난다. 안팎이 완전히 달라지는 성품의 변화는 평생의 과정이다. 관계 중심의 어린이 사역에서는 이것을 염두에 두고 어린이들의 청소년기를 대비하는 데 전략적 중점을 둔다. 어린이들에게 특히 중점을 두는 이유는 제자도가 수업이나 행사가 아닌 계속 배우고 성장하며 예수님과 믿음으로 걸어가는 생활 방식이기 때문이다.

하나님의 말씀에는 많은 진리가 담겨 있다. 그 모든 진리는 영원히 변하지 않는 한 가지 사실로 귀결된다. 바로 그리스도가 우리 죄를 위해 돌아가셨다가 부활하셨으며, 우리는 성령의 은사를 통해 하나님과 새 삶을 살아간다는 것이다.[5] 예수님의 삶과 죽음, 부활에서 깨닫는 핵심 진리는, 완전한 용서와 하나님과의 영원한 삶이 오직 믿음과 아들 예수님과의 관계로만 주어진다는 사실이다. 값없이 주시는 이 선물은 노력으로 얻지 못한다. 오직 믿음을 통해 하나님의 은혜로 받는다.[6] 교회마다 교리 차이가 있을 수는 있지만 하나님의 은혜는 그리스도를 믿고 오직 그리스도께 자신의 신뢰를 둔 모든 사람을 위한 것이다.[7]

성경에서는 구원의 믿음이 하나님과 그분의 말씀에 "어린아이처럼" 반응하는 것이라고 말한다. 예수님이 제자들에게 말씀하신 것처럼 하나님 나라에 들어가려면 어린아이와 같아야 한다. 모든 그리스도인은 스스로 충족하고 만족하려는 열망을 하나님의 마음으로 바꿔야 한다. 부모를 의지하는 어린아이처럼 겸손하게 하나님께 나아가야 하는 것이다. 우리는 도움이 필요하고 성장해야 하며 변해야 한다.[8] 나이, 성별, 인종과 업적, 사회적·경제적 지위나 의지력이 어떻든 그리스도의 십자가 아래서 우리는 하나님 앞에 똑같다.

> 하나님은 신비로운 성령의 역사, 하나님 백성 간의 관계, 그리스도와 성경 말씀 안에 있는 그분의 뜻과 목적에 대한 계시로 우리를 만나 주신다. 또 이와 같은 방법으로 어린이를 만나 주신다. 스코티 메이[9]

우리는 관계 중심의 어린이 사역을 하면서 그리스도의 사명을 품고 실천한다. 어린이들에게도 동일하게 그 사명을 품고 실천하도록 격려한다. 어른에게 적용되는 진리는 어린이에게도 동일하게 적용된다.

> 그런즉 누구든지 그리스도 안에 있으면 새로운 피조물이라 이전 것은 지나갔으니 보라 새것이 되었도다 모든 것이 하나님께로서 났으며 그가 그리스도로 말미암아 우리를 자기와 화목하게 하시고 또 우리에게 화목하게 하는 직분을 주셨으니(고후 5:17-18).

그리스도를 따르는 모든 사람이 여기에 포함된다. 어린이도 어른과 동일한 화목 사역을 위임 받았다. 그리스도가 명하신 사명은 단순히 듣기 좋은 교훈적인 이야기가 아니다. 그리스도는 "잃어버린 자를 찾아 구원하기 위해"(눅 19:10) 오셨으며, "섬김을 받으려 함이 아니라 도리어 섬기려 하고 자기 목숨을 많은 사람의 대속물로 주기 위해"(막 10:45) 오셨다. 예수님의 사명은 의도적이고 희생적이다. 예수님은 하나님의 은혜가 필요한 사람들을 찾고 도움이 필요한 사람들을 대신하여 자신을 내어 주셨다. 그분의 사명은 완전한 거래, 즉 우리의 생명과 예수님의 생명을 맞바꾼 거래였다. 그분은 하나님의 사랑하는 백성인 우리를 구원하려고 성부 하나님께 순종하여 자기 생명을 자발적으로 내려놓으셨다. 그러나 자신이 진정한 만주의 주요 만왕의 왕임을 보이며 은혜로 능력 가운데 다시 살아나셨다.[10] 삶을 바꾸는 예수 그리스도의 사역은 하나님과 사람 사이에 참된 화목을 이룬다. 이제 예수님은 우리에게도 동일한 사명을 주신다. 예수님이 모든 사람에게 행하신 일을 널리 전하라는 명령이다. 나이가 적든 많든 상관없다. 우리는 화목의 메시지를 세상에 전하라는 부르심을 받았다.

복음의 핵심을 조명함

이 부르심을 어떻게 이루어야 할까? 세상에 화목의 메시지를 어떻게 전할 것인가? 아이 한 명, 부모 한 명, 리더 한 명을 대상으로 한 번씩 한다. 제자를 세우는 일은 사람들과 잘 어울리거나 무조건 착하게 행동하는 것 이상이다. 예수님이 우리를 통해 사시듯 그분께 바른 생활 방식을 배우고 따라야 한다. 그러려면 하나님이 우리의 속과 겉을 완전히 바꾸셔야 한다. 우리의 욕망, 동기, 관심이 모두 달라져야 한다. 거룩한 삶의 변화는 성품의 변화로 이어질 것이다.[11] 제자 양육은 밖으로 드러나는 것뿐만 아니라 내면에서 일어나는 일도 중요하다.

> 예수님의 긍휼 사역은 사람들을 그분께 이끌었다. 그러나 그 사역이 곧 예수님이 세상에 오신 이유는 아니다. 예수님이 착한 행동만 하는 사람으로 우리 가운데 계셨다면 역사상 가장 이타적인 사랑의 모범이 되셨을 것이다. 그러면 우리는 영생을 누리지 못하고 우리의 죄 가운데 죽었을 것이다. 예수님의 구원 사역은 예수님이 복음을 제시하실 때까지 선명하게 드러나지 않았다.
>
> 로버트 콜먼[12]

우리의 목표는 예수님을 닮는 것이다. 가능한 일이다. 그 일은 마음에서 시작한다. 이 점을 아는 교사라면 제자 양육자의 역할을 더욱 잘할 수 있다. 목표는 아이들에게 바른 행실을 가르치고 줄을 조용히 잘 서게 하는 것이 아니라 성숙한 성품을 갖추고 삶의 변화를 이루는 것이다. 교사는 먼저 자신의 마음 상태를 살피고 양육하는 어린이들의 마음에 민감해야 한다. "모든 지킬 만한 것 중에 더욱 네 마음을 지키라 생명의 근원이 이에서 남이니라"(잠 4:23). 예수님은 세상의 보물에 대해 말씀하며 "네 보물이 있는 그 곳에는 네 마음도 있느니라"(마 6:19-21)고 하셨다. 마음은 우리의 내부 세계와 외부 세계를 연결하는 생명의 중심이다. 마음에는 우리의 감정도 포함되지만 우리가 어떻게 느끼느냐 하는 문제가 다는 아니다. 마음에는 우리 욕망이 자리 잡는다. 우리의 선택과 생각을 결정하며 우리가 누구인지 정의한다. 그렇기 때문에 참된 변화는 마음에서 시작된다. 외적으로 우리가 누구인가는 우리 내면에 있는 것이 밖으로 표출된 것이다. 예수님은 "마음에 가득한 것을 입으로 말함이니라"(눅 6:45)고 하셨다.

그리스도를 닮은 성품은 개인적으로 형성된다. 그 후에 비로소 하나님은 우리의 성품을 공적으로 사용하신다. 아무도 보지 않을 때 우리의 참 모습이 나타난다. 성품의 연약함을 보충할 수 있는 공식은 없다. 교실에서 교사가 하는 역할에 대해 제임스 윌호이트 교수는 이렇게 설명한다. "교사의 영적 성숙은 개인의 문제가 아니다. 학생들에게 영향을 끼치기 때문이다."[13] 이 원리는 목사, 부모, 코치, 교사 등 모든 리더에게 적용할 수 있다. 우리의 참 모습, 우리의 성품, 신앙의 성숙은 우리가 영향을 주는 사람들에게 그대로 전달된다. 골로새서 3장 12-14절에 따르면 우리는 그리스도의 성품을 "옷 입으라고" 부름 받았다. 그러나 우리에게는 보여 주기 위한 성숙의 옷을 입을 위험이 있다. 그럴 경우 문제가 심화된다. 우리 안에 있는 하나님 생명의 저장고에서 흘러나오는 말이나 영향력이 아니라면 우리가 하는 말에는 사람들을 변화시킬 힘이 없다. 교사에게 성령의 참된 열매가 부족할 때 아이들이 뒷걸음질치거나 다른 길로 가는 경우를 많이 보았다.[14]

앞서 말했듯 성령 안에서 자라는 비법 같은 것은 없다. 요한복음 15장을 충분히 묵상하는 것으로 시작해 보라. 우리가 그리스도 안에 거할 때 열매를 맺는다는 사실을 알려 주는 말씀이다. 그리스도를 닮고 사람들을 향한 그분의 열망, 사명, 마음, 하늘 아버지를 향한 사랑에서 그분과 하나가 될 때 우리 삶에 더 많은 열매가 열릴 것이다. 이 말씀은 삶의 변화와 사랑의 순종 사이에 균형을 잘 맞춰야 한다는 점을 알려 준다. 하나님은 개인적으로 그리스도 안에 머무는 방법을 아는 교사의 마음에 있는 정원에 양분을 주신다. 우리는 하나님의 은혜로 그분과 동역하며 그분이 심으신 영적인 씨앗은 자라서 영원한 열매를 맺는다.

혼자든 어린이 사역 팀원들과 함께든 충분한 시간을 내어 요한복음 15장 1-17절을 깊이 묵상하기를 강력히 추천한다. 예수님은 제자인 우리와 하나님의 관계뿐만 아니라 주님 안에서 우리가 하는 수고의 결과 등 여러 문제를 다루셨다. 하나님과의 견고한 사귐 없이 행하면 우리가 하는 모든 어린이 사역 활동이 열매를 맺지 못한다는 것이 사실 믿어지지 않는다. 그러나 예수님은 하나님 나라의 방식을 포장해서 말씀하지 않으셨다. 예수님은 요한복음 15장 5절에서 "나는 포도나무요 너희는 가지라 그가 내 안에 내가 그 안에 거하면 사람이 열매를 많이 맺나니 나를 떠나서는 너희가 아무것도 할 수 없음이라"고 말씀하셨다. 그 의미를 기도하는 마음으로 충분히 묵상할 필요가 있다. 생명의 근원과 동역하지 않으면 아무것도 자라지 않는다. 씨앗은 흙, 물, 태양, 영양분, 꽃을 피울 시간이 필요하다. 결과는 하나님께 달렸다. 그렇다고 땅을 갈거나 땅에서 싹이 날 때 잘 보살피는 일을 등한시해도 된다는 말은 아니다. 요한복음 15장의 원리는 개인적으로든 교사들과 함께든 충분히 토론하고 적용할 만하다.

성품의 정원 가꾸기: 효과적으로 사역하는 교사의 다섯 가지 성품

케이트와 나는 아이들이 태어나면 삶이 달라질 것이라고 예상했다. 그러나 구체적으로 어떤 변화가 일어날지, 어떤 일을 하게 될지는 몰랐다. 누군가를 돌보는 방법을 배우려고 개나 애완동물을 기르는 부부도 있다는데, 우리는 집 뒤뜰에 꽃을 심기로 했다. 식물을 죽이지 않고 잘 가꾸면 부모 역할도 잘할 거라고 생각했다. 임신한 아내와 근처 가게에 가서 창가용 화분을 사고 페튜니아와 화분용 영양토를 샀다. 우리의 작은 실험 용품을 구입하고 의기양양하게 집에 돌아왔다. 현관에 예쁜 꽃이 있으니 무척 보기 좋고 집에 생기가 돌았다. 우리는 책임감을 가지고 진지하게 화분을 가꿨다. 우리의 원예 기술에 우리가 놀랄 정도였다. 처음 몇 주 동안은 열심이었다. 그러나 아무런 경고 없이 우리 집의 작은 정원은 말라 버렸다.

우리는 아연실색했다. "화분에 물 주는 것도 깜빡하는데 어떻게 아이를 키울 수 있을까?" 감사하게도 우리는 정신적 충격을 극복하고 아이들을 낳아 오늘날까지 그 꽃과 같이 되지 않도록 잘 키우고 있다.

그 뒤로 16년 동안 우리 부부는 화초 가꾸기와 자녀 양육 사이에 큰 차이가 있다는 것을 깨달았다. 화초는 아무런 말도 하지 않는다. 필요를 알려 주는 경고등이나 신호도 없다. 그러나 하나님은 아이들에게 문제가 있을 때 부모가 알 수 있도록 소리를 내게 하셨다. 둘 사이의 공통점이라면 화초와 아이들 모두 지속적인 관심과 영양 보충이 필요하다는 것이다. 정원을 계속 가꾸고 물을 주며 비료를 주고 돌봐야 하듯 지혜로운 부모라면 삶과 삶을 나누는 관계로 아이들을 양육한다. 아이의 마음을 돌보는 과정이 바로 아이들과 부모 안에 경건한 성품을 계발하는 열쇠다.

> 하나님은 믿는 우리의 삶에서 시작한 선한 일을 끝마칠 때까지 우리 영혼을 성령의 지속적인 신비로 빚으신다. 역설적으로 성장을 위해 우리가 할 수 있는 일은 없다. 성장은 우리 삶에서 하나님의 임재에 주의를 기울일 때, 그분이 우리에게 주시는 선물이다.
> 　　　　　　　　　　　　　　　　　　　　키스 앤더슨 & 랜디 리스[15]

성품 형성은 사람들이 상호 작용을 하며 내면 깊숙한 것을 드러낼 때 일어난다. 어린이 사역에서 제자 양육자는 아이들의 사소한 행동에 금방 조급해지고 좌절감이 들 때 아이들을 혼내기 쉽다. 우리는 모두 이런 실수를 저지른다. 너무 쉽게 좌절감이 든다. 그러나 우리의 마음부터 먼저 살펴야 한다. 우리의 본능적인 반응은 일회적인가 아니면 반복적인가? 우리 안에 심각한 문제가 있는 것은 아닌가? 어린이에게 영향을 끼치는 리더나 교사는 어린이를 제자로 세우는 일을 잘하기 위해 먼저 자기 마음의 문제를 살피고 해결해야 한다.

삶에 일어나는 그리스도의 역사는 우리의 모든 영역을 망라할 정도로 파급력이 크다. 교사는 정원을 가꾸듯 마음이라는 자신의 영적 토양에서 성령과 함께 잡초를 뽑고 땅을 뒤엎는 시간을 보내야 한다. 말씀과 기도, 하나님의 아들을 대신해 성실하게 섬기고 순종하며 성장할 기회를 통해 자기 마음에 규칙적으로 물과 양분을 주어야 한다. 삶을 바꾸는 그리스도의 사명을 효과적으로 담당하기 위해 모든 교사나 부모가 마음의 정원에서 적극적으로 가꿔야 할 다섯 가지 성품을 정리했다. 이 성품들은 성령이 주신다. 바로 겸손, 정직, 거룩, 성실, 인내다. 하나씩 살펴보자.

겸손: 내 삶에서 교만의 씨가 자라는 곳이 어디인가?

> 아무 일에든지 다툼이나 허영으로 하지 말고 오직 겸손한 마음으로 각각 자기보다 남을 낫게 여기고 각각 자기 일을 돌볼 뿐더러 또한 각각 다른 사람들의 일을 돌보아 나의 기쁨을 충만하게 하라(빌 2:3-4).

나는 사람들이 왜 어린이 부서를 섬기겠다고 찾아오는지 늘 의문이지만 한편으로는 그래서 늘 감동을 받는다. 자녀 양육처럼 학생부 사역은 언제나 정신없고 지저분하며, 시끄럽고 지칠 뿐만 아니라 아무리 해도 티가 안 난다. 다음 세대의 중요성을 강조하지만 어린이 사역은 그다지 가치를 인정받지 못한다. 기독교 어린이집으로 간주되거나, 창문도 없는 지하나 구석진 장소를 배정받을 때도 많다. 지극히 제한적인 지원에 기대 수준만 높은 교회도 많다. 어린이와 가정을 섬기는 일은 매우 힘들고 사람을 겸손하게 하는 일이라는 사실을 나는 몸소 깨달았다.

아이들을 섬기면 저절로 겸손해질 거라고 생각할 수 있지만 모든 일이 그렇듯 교만의 씨가 슬그머니 들어와 자리를 잡는다. 그래서 항상 다음과 같은 질문으로 스스로 점검해야 한다. 죄책감이나 의무감으로 섬기는가 아니면 아이들과 함께 있기를 좋아하는가? 자신이 아이들보다 '위에' 있다고 생각하는가 아니면 예수님의 제자로서 아이들과 동일한 여정을 조금 먼저 출발한 사람으로 생각하는가? 겉으로 드러난 자기 의가 있는가 아니면 자신의 부르심과 그리스도의 몸 안에서 사역하는 일에 확신이 있는가? 교만과 이기심이 사역과 자기 마음에 뿌리내린 것을 발견하면 낙심하게 된다.

교만의 해독제는 예수 그리스도의 십자가다. 그분의 삶과 죽음, 부활은 겸손으로 정리할 수 있다. 예수님은 빌립보서 2장에서 존경스럽고 도전이 되는 모범을 보이셨다. 세상에서 굴복은 약함으로 간주된다. 누군가의 필요를 채우며 섬기는 일은 불필요하고 나약해 보인다. 나보다 다른 사람을 먼저 생각하며 일주일 또는 하루, 한 시간을 보낸다고 생각해 보자. 삶이 어떻겠는가? 그리스도를 따르는 우리에게 하나님이 주신 목표점이 바로 그것이다.

나는 모든 어린이 사역자가(유급이든 무급이든) 기본적으로 "모든 일을 원망과 시비가 없이 하라"는 빌립보서 2장 14절의 권고를 충실히 따르기를 기도한다. 좌절되고 불평하고 싶을 때는 오직 그리스도를 바라보라. 그분은 불쌍한 인간의 몸을 입고 세상을 위해 죽기까지 복종하며 모든 특권, 능력, 위치를 버리고 자신을 비우셨다. 제자들의 발을 씻기신 예수님의 그 겸손을 우리 마음에 길러야 한다. 관계 중심의 제자 양육자는 예수님처럼 먼저 무릎을 꿇고 섬겨야 한다.[16]

당신의 마음을 정직하게 살펴보라. 교만이 들어와 있는가? 자의식이 자라고 있는가? 감사 인사나 격려를 받고 사람들의 인정을 받아야 한다고 생각하는가? 사역에 필요한 일 가운데 당신의 위치보다 낮은 일이라서 할 수 없는 일이 있는가? 주일학교가 별로 크지 않고 예산도 없으며 거리에서 사람들이 이야기할 정도로 멋지지 않아서 실망스러운가? 교회 리더들 가운데 당신보다 더 성공한 것처럼 보이는 사람이 있는가? 교만의 씨앗은 자신의 필요만 채우려는 자기중심적인 마음을 야기한다. 하나님의 긍휼을 인정하고, 섬기는 아이들에게 한없이 긍휼을 베푸는 겸손한 마음을 우리에게 주시기를 기도한다.

하나님께 더 많이 받을수록 사람들의 삶에 더 많이 쏟아부어야 한다. 어린이에게 영향을 끼치는 사람은 성령과 협력하고 자신보다 다른 사람의 필요를 의식적으로 선택함으로 삶에서 겸손을 배양해야 한다. 또 십자가를 드러내고 자격 없는 자신을 향한 하나님의 은혜와 놀라운 사랑을 묵상한다. 상황을 분별하여 영적 은사를 사용하고 인정받으려는 마음 없이 섬기면서, 다른 신자들 앞에서 투명하게 행동해야 한다. 이렇게 할 때 그리스도를 닮은 겸손이 싹트고 꽃을 피운다.

교사가 평생의 제자 양육자로 바뀌려면 무슨 수를 써서라도 교만을 뿌리 뽑으려는 강한 결단이 필요하다. 삶에서 교만이 보일 때마다 바로 뿌리를 뽑으라. 교회나 사역 리더 안에 교만이 보이거든 바로 외쳐라. 교만의 씨앗이 어린이와 가정에 퍼져 나가게 해서는 안 된다. 교만을 해결하는 간단한 방법은 교만한 상태인지 묻는 것이다. 팀을 불러 모아 현재 사역에 교만이 있는지 물어보자. 만약 교만이 있다면 어떤 상황인지 이야기한다. 각자 생각을 글로 적고 의견을 나누라. 필요하다면 변화를 시도한다. 한번 퍼진 교만은 쉽게 사라지지 않는다. 교만이 퍼지면 팀과 함께 해결하려고 하지도 않을 것이다. 당신이 현명한 선택을 하기를 기도한다.

정직: 아무도 보지 않을 때 나는 누구인가?

> 바른 길로 행하는 자는 걸음이 평안하려니와 굽은 길로 행하는 자는 드러나리라 (잠 10:9).

신약에는 편지를 모은 책이 많다. 서신서 대부분은 사도와 신자로 구성된 한 가족이 다른 가족에게 보낸 것으로, 다른 신자에게 편지를 쓰는 것은 하나의 생활 방식이었다. 평생의 제자도는 한 교회에서 다른 교회로 그리스도의 가르침을 전하고 그 가르침을 온전히 살아내는 것에 달려 있다. 베드로와 바울은 모든 곳에 갈 수 없었다. 자신들의 모범과 가르침을 글로 전해 사람들에게 리더십을 번식해야 했다.

편지가 정직의 씨앗과 무슨 상관인가? 빌립보서 2장 12절에서 바울은 "그러므로 나의 사랑하는 자들아 너희가 나 있을 때뿐 아니라 더욱 지금 나 없을 때에도 항상 복종하여 두렵고 떨림으로 너희 구원을 이루라"고 했다. 영적 리더인 바울은 호랑이 없는 골에서 토끼가 왕 노릇한다는 것을 알았다. 터무니없는 말이지만 이 말의 의미를 이해할 수 있을 것이다. 사람들은 아무도 보지 않을 때 온갖 일을 한다. 아이들은 교사 등 뒤에서 온갖 장난을 친다. 직원은 상사가 사무실에 없으면 점심시간을 좀 더 여유롭게 늘린다. 바울은 특별히 고린도 교인들에게 그런 일이 없게 하라고 했다. 자신이 가까이에서 지켜보지 않아도 성품의 기준을 높게 유지하라는 말이었다. 정직은 누군가가 지켜볼 때 평가하는 사항이 아니라 오히려 마음에 달린 문제다. 사실 하나님은 언제나 모든 것을 아신다.

헨리 클라우드(Henry Cloud) 박사는 정직을 윤리와 본질의 결합이라고 말한다.[17] 이 성품은 진실한 말과 시간 지키기 같은 특성으로 나타난다. 도덕적인 선택을 하며 옳고 그른 일을 판단하고, 본인에게 신뢰감을 줄 수 있는 행동을 하는 것이다. 결국 우리의 영향력과 관련이 있다. 우리는 신뢰할 만하고 책임감이 있는 사람인가? 정직의 또 다른 측면은 표면 아래에서만 찾을 수 있다. 이는 바다 속의 선체, 화장한 얼굴 이면을 의미한다. 양심과 깊은 신념에 따라 한결같이 진심으로 행동하는 사람은 그의 내면이 겉으로 드러난다.

클라우드 박사는 정직을 이렇게 정의한다. "정직한 사람은 각기 다른 부품이 잘 작동하고 원래 의도된 대로 제 기능을 하는 전인(全人), 즉 통합된 사람을 지칭한다. 정직은 사람의 온전함과 영향력을 의미한다. 그것이 원활하게 잘 작동하는 사람이 정직한 사람이다."[18]

사람을 신뢰할 수 있는 이유는 마음의 참된 기질이 외부 행동으로 표출되기 때문이다. 우리가 하는 활동(행동)과 사람들과 어울리는 방식(관계)이 우리의 한결같은 성품(존재)과 합력해야 한다. 이것이 어린이를 제자로 양육하는 일과 무슨 상관이 있는가? 어린이는 어른이 하는 말과 행동을 주의 깊게 관찰하며 조금이라도 모순을 발견하면 바로 알아차린다. 그래서 우리의 말과 행동이 우리의 본모습과 일치해야 한다. 예수님의 제자라면 사람들이 볼 때나 보지 않을 때나 정직하게 부르심을 따라 걸어가야 한다. 우리의 정직은 설령 아무도 보지 않더라도 "그리스도의 복음에 합당하게" 한결같이 걸어갈 때 형성되고 이어진다.[19]

얼마 전 캘리포니아에서 어린이 사역자를 대상으로 한 지역 모임에 강사로 초대받았다. 모임 주최자인 하이디는 훌륭한 어린이 제자 양육자이자 어린이 사역 리더다.[20] 하이디와 함께하는 동역자만큼이나 그녀가 하는 사역도 훌륭하기로 정평이 나 있다. 하이디는 자신의 사역과 연결된 모든 어린이, 가족, 교사의 안전을 위해 세심한 주의를 기울이고, 언제나 개인적으로나 전문인으로서 완벽한 직업 윤리를 실천하려고 노력한다고 한다. 하나님 나라의 일을 하는 데는 위험이 많다는 것을 알기에 자신의 삶이나 리더십에 돌을 던지는 사람이 없도록 항상 조심한다는 것이다. 그래서 사람들이 보든 보지 않든 언제나 주 여호와를 섬기는 일에 온전히 헌신한다고 한다.

이 행사가 끝나고 하이디의 가족과 얼린 요구르트를 먹게 되었다. 거절할 수 없는 초대였다. 하이디는 효과적인 부분과 아쉬운 부분, 참석자들이 이야기한 리더십의 고충, 내년에 개선할 점 등을 이야기했다. 제자 양육자와 어린이 사역자들이 함께 문제를 의논하고 향후 일을 계획하는 시간이 흥미로웠다. 나는 이미 하이디의 한결같은 모습에 깊은 인상을 받았는데, 한 가지 놀라운 사건을 경험했다.

내 차로 걸어가며 하이디 부부에게 정신없는 주일 사역을 하기 전에 잠시 눈이라도 붙이러 가냐고 물었다. 그러자 그들은 아니라며 잠시 들를 곳이 있다고 했다. 행사에서 남은 도시락을 하이디의 차에 실은 것이 기억나서 다시 물었다. 그들은 지역 빈민가에 음식을 나눠 줄 생각이라고 담담히 말했다. 이 가족에게는 지극히 당연한 일인지 별로 대수롭지 않게 이야기했다. 나는 할 말을 잃었다. 온종일 말하고 인도하며 사람들을 상대해서 피곤할 텐데도 하이디는 어려운 사람들을 도와주는 일을 택했다. 그녀는 한결같은 태도가 무엇인지 보여 주었다. 아무도 보지 않을 때 하이디와 가족의 참모습이 어떤지 확인할 수 있어서 무척 감사했다.

> 리더의 실제 개인 생활은 효과적인 리더십을 발휘하는 데 지대한 영향을 끼친다.
> 사무엘 D. 리마(Samuel. D. Rima)[21]

정직을 배양하려면 선택을 내려야 한다. 뿌린 씨앗이 잘 자라려면 성령과 협력해야 한다. 아무도 보지 않을 때 당신은 누구인가? 당신이 하는 말은 신뢰할 수 있는가? 지켜보는 사람이 없어도 삶의 모든 영역에서 언제나 동일한 사람인가? 어린이와 주일학교에는 정직을 삶의 방식으로 추구하는 데 헌신한 교사와 리더가 필요하다. 정직은 우리가 신뢰하는 가족과 친구에게 확인할 수 있는 성품이다. 당신이 열려 있다면 그들은 사실대로 말할 것이다. 정말로 당신을 아낀다면 삶의 변화에서 필수적인 정직의 영역에서 당신이 성실하게 걸어가도록 곁에서 지지해 줄 것이다.

거룩: 내 행동은 내 마음에 있는 무엇을 보여 주는가?

누구든지 네 연소함을 업신여기지 못하게 하고 오직 말과 행실과 사랑과 믿음과 정절에 있어서 믿는 자에게 본이 되어(딤전 4:12).

나는 바울이 디모데에게 한 말을 처음 사역한 교회 벽면에 붙여 두었다. 이는 사역에 참여하는 모든 사람이 날마다 명심해야 하는 교훈이다. 어린이, 교사, 부모, 손님, 장로, 목사, 관리인, 일용직 노동자(종종 수리할 곳이 있어서 사람을 불러야 했다)를 대할 때마다 기억해야 할 도전이다. 어린이와 교사들은 이 말씀을 서로에게 실천하고 각자가 말씀대로 하는지 지켜봐야 한다. 어린아이는 종종 자신의 신실한 행동이 지닌 잠재력을 모를 때가 있다. 오히려 어른은 굳어진 사고방식 때문에 '역멘토링'의 기회를 간과하기 쉽다.[22]

"말과 행실과 사랑과 믿음과 정절"은 많은 부분을 덮는다. 여기서 특히 나에게 와 닿는 단어는 "정절"(순수)이다. 하나님의 백성은 세상에서 거룩하게 온전히 하나님의 소유로 구별되도록 부르심을 받았다. 정절과 거룩은 함께 간다. 컴퓨터 운영 체제를 업그레이드하듯 예수님의 제자가 된 사람은 삶과 사랑하는 방법을 달리해야 한다. 이제 삶의 나침반이 예전과 다른 방향을 가리키므로 행동의 동기 역시 달라져야 한다. 레위기 19-20장에는 자신의 백성이 거룩하기를 바라시는 하나님의 열망과 신조가 기록되어 있다. 예수님은 마태복음 5장 48절에서 이렇게 강조하셨다. "그러므로 하늘에 계신 너희 아버지의 온전하심과 같이 너희도 온전하라." 베드로는 베드로전서 1장 14-16절에서 흩어진 교회를 향해 하나님께 순종하는 자녀처럼 거룩하라고 권고했다. 정절은 성적 윤리에만 해당하는 것이 아니다. 거룩한 삶으로의 부르심이자 죄에서 구별된 삶, 하나님의 부르심과 사명에 헌신된 삶을 의미한다.

교회에서 많이 언급된 주제는 아니지만 교사들은 개인의 정절을 매우 심각하게 고민해야 한다. 왜 그런가? 우리가 보고 듣는 모든 일이 마음에 영향을 주기 때문이다. 누군가를 향한 섬김 역시 우리의 마음에서 나오므로 의식적으로든 무의식적으로든 정절을 지켜야 한다.

우리가 일상에서 하는 행동은 어린이 사역과 그 결과에 직접적으로 영향을 준다. 주일학교에서는 "작은 눈아, 보는 것을 조심해"라는 가사의 노래를 부른다. 나처럼 속으로 따라 부르는 사람도 있을 것이다(한번 시작하면 멈추기 쉽지 않은 노래다). 가사를 생각해 보라. 우리가 보고 듣는 것 중에 안 보고 안 듣고 안 했으면 하는 것이 얼마나 많은가? 감사하게도 하나님 앞에 설 수 있는 근거는 우리가 과거에 지은 죄나 우리가 한 또는 앞으로 할 행동이 아니다. 그 근거는 그리스도가 우리를 위해 하신 일에 기초한다. 하나님이 우리를 받아 주신다는 확실한 사실을 믿지만 우리는 여전히 삶에서 죄의 결과를 느낀다. 제자를 양육하는 사람이라고 해서 흠이 없고 완벽한 것은 아니다. 언제나 마음과 생각과 동기를 살펴 우리의 동기와 욕망을 정결하게 해주시기를 구하고, 유혹에 먹잇감이 되어 넘어지지 않도록 해야 한다.

시대를 초월한 빌립보서 4장 8절의 가르침을 기억하라. "끝으로 형제들아 무엇에든지 참되며 무엇에든지 경건하며 무엇에든지 옳으며 무엇에든지 정결하며 무엇에든지 사랑 받을 만하며 무엇에든지 칭찬 받을 만하며 무슨 덕이 있든지 무슨 기림이 있든지 이것들을 생각하라." 나는 나 자신과 사역을 섬기는 사람들에게 종종 묻는다. "내 생각과 말, 행동 가운데 그리스도를 잘못 표현한 것이 있는가?" 후속 조치를 취할 용기가 있다면 봉사자나 직원을 채용하려 할 때, 얼굴을 맞대고 할 수 있는 질문이다. 이런 질문을 받으면 삶의 불순물이 어쩔 수 없이 드러난다. 거룩하지 않은 속성을 찾는 것은 어려운 일이 아니다. 가장 힘든 일은 그다음 단계다. 겉으로 드러난 모든 불순물과 죄 된 행동 유형을 제거할 각오가 되었는가? 알면서도 숨기거나 직면하기 꺼리는 문제는 예수님의 제자로 성장하고 사역하는 데 걸림돌이 된다. 거룩함을 추구하려면 사람들과 빛 가운데 걸어가고 죄를 고백하며 주 안에서 기쁨과 열망을 배양하겠다는 강한 의지가 있어야 한다.[23] 하나님의 말씀에는 우리 삶의 표면을 뚫고 들어가 마음 안에 있는 실체를 만지는 능력이 있다.[24]

빙산의 원리를 잘 알 것이다. 리더십과 관련하여 수면 위아래에 무엇이 있는지 말할 때 자주 사용되는 원리다. 빙산은 매우 크지만 수면 위로 나온 꼭대기는 상대적으로 작다. 이 원리를 생각하면 타이타닉 호가 침몰한 이유를 이해하기 쉽다. 이 거대한 유람선은 멀리서는 거의 보이지도 않는 해수면 아래 있는 빙산 때문에 가라앉았다. 성품도 이와 비슷하다.

말, 행동, 관계, 성공에서 우리는 거룩을 어렴풋이 확인할 수 있다. 반대로 거룩이 부족한 경우도 확인할 수 있다. 그것이 우리의 전체 모습은 아니다. 마음에서 일어나는 일은 수면 아래에 있다. 우리의 욕망, 동기, 비밀, 숨은 목적은 성품이라는 빙산 아래에 도사린다. 겸손, 정직, 거룩 같은 성품이 활발히 밖으로 드러나기를 바란다면 눈에 보이는 것뿐만 아니라 보이지 않는 것까지 주의를 기울여야 한다. 그래서 거울에 우리 모습을 비추는 동시에 사람들을 우리를 보는 거울로 생각하는 것이 중요하다. 우리가 그리스도를 따를 때 사람들은 우리를 진정으로 사랑할 것이다. 삶의 변화는 일부분이 아니라 처음부터 끝까지 온전히 일어나야 한다.

당신의 마음은 요즘 어떤가? 거룩을 진지하게 배양하고 싶다면 현재 상태를 점검하라.

성실: 나는 어떤 사람이 되어 가는가?

> 무슨 일을 하든지 마음을 다하여 주께 하듯 하고 사람에게 하듯 하지 말라(골 3:23).

로즈는 80년대 초반부터 어린이 부서에서 섬겼다. 10년 뒤에 남편 에드가 동참했다. 에드와 로즈의 딸이 학교에 들어가면서 두 사람은 매주 유치원과 1학년 어린이를 대상으로 사역을 시작했다. 이 놀라운 부부는 17년 동안 교회에 속한 어린이와 가족의 삶에 온전히 헌신했다. 쉬는 주말도 있고 휴가를 가거나 아파서 불참한 경우를 감안해도 섬긴 기간이 족히 8백 주가 넘는다.[25] 한편 어린이 사역의 통계가 정확하다면 당신은 이 책을 다 읽기도 전에 사직서를 제출하고 싶은 유혹을 받을지도 모른다.

처음 어린이 사역을 시작할 때 에드와 로즈는 얼마나 오래 섬기게 될지 미리 계산하지 않았다. 그들이 하나님의 영광을 위해 직접적으로나 간접적으로 영향을 끼친 사람은 셀 수 없이 많다. 많은 아이가 중학생, 고등학생, 대학생이 되어 찾아오고, 일부는 그들과 함께 주일학교에서 사역한다. 에드와 로즈는 매주 한결같이 헌신한다. 단지 직업의식이 투철해서 그런 것이 아니다. 그들이 그리스도와 교회에 충성하는 모습은 매우 인상적이며, 항상 성실하고 믿음직하며 책임감이 강하다. 이런 태도의 뿌리에는 무엇이 있을까? 어떻게 그토록 오랫동안 성실하고 믿음직하며 책임감 있게 섬길 수 있을까? 우리 모두에게 필요한 성품을 배양한 덕분이다. 바로 훈련이다.

제자(disciple)와 훈련(discipline) 사이에는 깊은 관련이 있다. '훈련'이라는 말을 들으면 아이들을 훈계할 때 쓰는 생각하는 의자나 복도로 데리고 가서 혼내는 모습이 떠오를 것이다. 그러나 훈련의 정의와 목적은 훨씬 광범위하다. 훈련은 성실, 신뢰, 책임 같은 성품이 자라기 위해 필요한 비료다. 이러한 성품은 오랜 시간이 흘러 확인되고 검증된다. 한 번 일을 잘했다고 해서 바로 성실하거나 믿을 만한 사람이라는 평가를 얻지는 못하고 매번 주어진 기회를 성실히 처리해야 한다. 예정된 시간에 맞춰 나오는 정도의 문제가 아니다(물론 좋은 출발점이 될 수 있다). 성실이 삶에서 습관으로 자리 잡고 말과 행동으로 표현되어야 한다.

삶의 어떤 영역에서든 책임감 있는 사람이 되려면 훈련이 필요하다. 책임감 있는 교사는 성실하게 공부하고 준비하며, 책임감 있는 선수는 규칙적으로 훈련한다. 또 책임감 있는 부모는 자주 반성하고 조정한다. 제자는 평생 배우는 사람이다. 훈련은 학습과 성장을 일으키고 도움이 되는 행동을 계발하는 것이다. 마음의 태도가 반복된 행동을 통해 형성된다는 점은 익히 알려진 사실이다. 사랑이라는 측면에서 성장하고 싶다면 원치 않더라도 이웃을 사랑하기로 선택하라. 기쁨, 평화, 인내, 친절 같은 성령의 열매도 마찬가지다.[26] 물론 꾸준한 열매는 의지력만으로 맺히지 않는다. 하나님의 말씀을 묵상하고 성령께 협조하며 새로운 습관을 기르고 과거의 생각과 행동 습관을 버리는 신앙의 훈련이 따라야 한다.

예수님처럼 되려면 어떤 훈련이 필요할까? 역사적으로 볼 때 말씀 읽기와 묵상, 기도, 홀로 있는 시간, 죄 고백, 개인 및 공동 예배, 성도의 교제, 헌금, 섬김이 신앙 성장에 핵심적인 역할을 했다.[27] 모든 예수님의 제자와 교사는 이러한 훈련을 실천하고 예수님께 더 가까이 가기 위해 적극적으로 노력해야 한다. 선천적으로 은사와 열정과 관심과 능력을 더 많이 갖춘 사람이 있지만 모든 제자는 어린이에게 영향을 끼친다. 제자 역할에 충실한 사람은 고린도전서 9장 24-27절에서 바울이 말한 것처럼 자신을 절제한다. 성경을 읽고 연구하며, 전능하신 하나님께 간구하고 영적 가족인 교회에 충실히 참여하며 예수 그리스도의 복음을 개인적으로나 공적으로 실천한다. 이 모든 일에 분명한 의도를 가지고 행동한다. 결코 쉬운 일이 아니다. 신뢰와 책임을 기르는 일에는 노력이 필요하다. 하지만 매우 값진 일이다.

당신을 포함하여 어린이에게 영향을 끼치는 교사나 부모는 모두 좀 더 성실히 노력할 수 있다. 계획을 세우고 지키는 일을 꾸준히 해낼수록 좋다. 자발성이나 융통성도 중요하지만, 특히 성령의 인도를 따를 때 지속적으로 헌신하는 것도 중요하다. 프로그램을 계획하고 운영하라. 사람들의 일정을 짜고 책임을 다하며 연간 일정을 세워 충실히 따르라. 개인적으로든 대외적으로든 언제나 성실함을 동일한 수준으로 유지하라. 팀원들과 만나서 자기절제를 잘하고 있는지 어떤 면이 부족한지 대화하라. 함께 동역할 기회를 마련해 서로의 강점은 배가되고 약점은 보완되게 한다. 또 정기적으로 모여서 격려하고 생각을 나누며 기도하고 감독하는 시간도 성실을 기르는 데 도움이 된다. 사람들이 규칙적으로 잘 나오지 않으면 성가신 일들을 취소하고 싶은 유혹이 든다. 그러나 그런 생각을 거부하자. 사랑으로 점검하고 함께 훈련하도록 팀을 도전하라. 평생의 제자도가 여기에 달려 있다.

인내: 상황이 힘들 때 나는 어떻게 견디는가?

> 우리가 선을 행하되 낙심하지 말지니 포기하지 아니하면 때가 이르매 거두리라(갈 6:9).

킴은 교사로서 어린이 사역에 헌신했다. 어떻게 그럴 수 있었을까? 킴에게 삶의 우선순위는 언제나 그리스도였다. 그는 자신이 정한 핵심 가치를 충실히 따르고, 여러 면에서 한결같은 모습을 보여 준다. 하나님과의 관계가 우선이고 그다음은 가족과 친구, 그다음이 일과 사역이다. 킴은 그리스도를 중심에 둔 동심원 구조의 삶이 혼란스럽고 어딘지 모르게 어긋나 자신을 압도할 때, 스스로 먼저 인정한다. 성경을 보고 성경적인 공동체에 지도와 도움을 청한다. 또한 킴의 기도는 대범하며 관계는 깊다. 자신이 열정과 은사를 가진 분야에서 기쁨과 희생으로 그리스도를 섬긴다. 예수님의 제자로서 언제나 멘토가 되어 주고 멘토링을 받는다.

킴과 만난 어린이, 부모, 리더들은 언제나 격려를 받는다. 그들은 킴이 자기 말을 듣고 자신을 사랑해 준다는 느낌을 받는다. 킴의 삶에 어린이 사역만 있는 것은 아니다. 그러나 킴은 어린이들과 있을 때 그 순간에 온전히 열중한다. 킴의 우선순위는 언제나 어린이에게 영향을 주는 일이다. 상황이 어렵다고 그만두는 일은 없다. 동일한 길을 끝까지 묵묵히 걸어간다.

아동 발달 연구를 보면 어린이와의 상호 작용에서 신뢰성이 매우 중요하다는 사실이 자주 강조된다. 신뢰성이란 무엇일까? 원칙에 충실하고 한결같으며 믿음직하고 꾸준한 것이다. 신뢰할 만한 사람은 자신의 인간관계와 생활 방식을 계속 점검하고 목표와 부르심에 비추어 자신을 평가하며, 아무리 힘들고 어려워도 중도에 포기하기를 거부한다. 어린이와 가정 사역의 영원한 속성을 알기 때문에 맡겨진 일에 헌신한다.

어린이 사역과 관련하여 일관성을 생각하다가 특히 도움받은 두 말씀이 있다. 바로 디모데전서 4장 16절과 디모데후서 2장 15절이다. 먼저 디모데전서 4장 16절 말씀이다. "네가 네 자신과 가르침을 살펴 이 일을 계속하라 이것을 행함으로 네 자신과 네게 듣는 자를 구원하리라." 구약에서 선지자가 했던 역할을 암시하는 내용이다. 하나님은 그분의 말씀을 대언하는 사람들에게 그들이 성실히 진리를 전하면 시간이 흐르고서 사람들이 구원을 얻는다고 하셨다. 그러나 성실히 전하지 않으면 사람들의 피가 그들의 머리로 돌아간다. 이것은 끝까지 인내하고 사명을 지키며 결코 포기하지 말고 구원의 약속을 붙들라는 부르심이다. 여기서 핵심은 꾸준함이다. 그리고 이 꾸준함은 말만 하지 말고 행동으로 보여야 한다. 그래야 예수 그리스도의 복음이 필요한 아이와 부모들에게 큰 울림이 있다.

다음은 디모데후서 2장 15절 말씀이다. "너는 진리의 말씀을 옳게 분별하며 부끄러울 것이 없는 일꾼으로 인정된 자로 자신을 하나님 앞에 드리기를 힘쓰라." 나는 3학년 때 어와나에서 처음 이 말씀을 배웠다.[28] 성경을 읽고 주님을 섬길 때 인내가 중요하다는 사실을 알려 주는 말씀이다. 인내에는 담대함과 끈기가 필요하다. 포춘쿠키를 뽑듯 선택적으로 말씀을 읽지 말고 성실함과 분명한 의도로 성경을 읽어야 한다. 물론 이해하기 어려운 말씀도 있고 내면 깊숙한 곳을 만지는 말씀도 있다. 우리는 말씀을 읽지만 오히려 하나님의 말씀이 우리를 읽어야 한다. 말씀이 내면에 들어오고, 삶에 적용되며, 마음을 찔러야 한다. 예수님의 제자로서 그분을 닮으려면 하나님의 말씀과 그분에 대한 섬김으로 그리스도를 알고 사랑하려는 꾸준한 노력이 필요하다.

시간이 흐를수록 우리의 삶은 사람들 눈에 밝히 드러난다. 당신은 마음의 정원을 어떻게 가꾸는가? 하나님의 말씀의 씨앗이 자라 겸손과 정직, 거룩과 성실, 인내의 열매가 열리는 것이 보이는가?

복음과 하나 된 삶

오직 너희는 그리스도의 복음에 합당하게 생활하라 이는 내가 너희에게 가 보나 떠나 있으나 너희가 한마음으로 서서 한 뜻으로 복음의 신앙을 위하여 협력하는 것과 (빌 1:27).

어떻게 해야 어린이의 마음에 닿을 수 있을까? 교사의 마음을 두드려 그들을 먼저 제자로 만드는 일에서 시작하라. 당신의 사역에서 가장 중요한 것은 무엇인가? 교사와 사역 리더들을 제자로 훈련하여 그들이 어린이를 제자로 세우도록 가르치는가? 아니면 프로그램을 운영하며 교육하는 시늉만 하는가? 당신이 중요하게 여기는 가치가 결과를 결정한다. 예수님의 말씀처럼 보물이 있는 곳에 우리 마음이 있다. 사역을 이끄는 리더들이 사역 활동의 초점을 정한다. 리더가 복음 전도를 중요하게 여긴다면 일정이나 리더의 말과 행동에 그것이 여실히 드러난다. 성경 공부, 기도, 말씀 암송, 예배, 선교 후원뿐 아니라 스포츠, 구제, 고아와 과부를 돌보는 일도 마찬가지다. 관계 중심의 어린이 사역을 부속품처럼 여기는 환경에서는 사역이 성장하기 어렵다. 관계 중심의 어린이 사역에는 전 교인을 제자도와 제자 양육으로 이끄는 발판 역할을 할 잠재력이 충분하다.

묵상과 토론을 위한 질문

01 예수님과의 관계가 어떤 면에서 당신의 생활 방식에 혁명을 일으켰는가? 당신의 생각과 행동은 어떤 면에서 가장 급격한 변화가 있었는가?

02 그리스도의 제자로서 삶을 온전히 헌신하여 자신의 틀을 깬 사람이 있는가? 그가 그렇게 한 이유는 무엇인가?

03 당신과 당신이 속한 교회의 리더십은 어린이의 삶에서 일어나는 제자도의 변화를 어떤 식으로 강조하는가?

04 "제자도와 관련하여 그리스도를 닮은 성품은 먼저 개인적으로 형성된 후에 하나님이 공적으로 사용하신다." 이 말에 동의하는가 반대하는가? 그 이유도 말해 보라.

05 효과적인 교사에게 필요한 다섯 가지 성품 가운데 성령이 현재의 제자도와 사역 시즌에 당신에게 특별히 집중하게 하시는 것은 무엇인가?

겸손: 내 삶에서 교만의 씨가 자라는 곳이 어디인가?
정직: 아무도 보지 않을 때 나는 누구인가?
거룩: 겉으로 드러나는 내 행동으로 알게 되는 내 마음의 상태는 어떠한가?
성실: 나는 어떤 사람이 되어 가는가?
인내: 상황이 힘들 때 나는 어떻게 견디는가?

06 당신은 예수 그리스도의 복음을 어떻게 정의하는가? 어떤 말과 행동, 태도로 복음을 나누는가?

07 현재의 어린이 사역 모델은 복음을 드러내고 선한 훈련을 배양하는 일에 집중하는가? 당신이 하고 있는 사역을 점검해 보라.

08 어린이와 교사들이 삶을 개혁하는 그리스도의 사명을 온전히 지킬 수 있게 하기 위해 한 가지만 바꾼다면, 무엇을 바꾸고 싶은가?

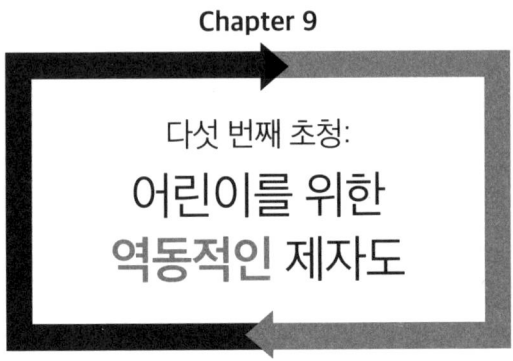

Chapter 9

다섯 번째 초청:
어린이를 위한 역동적인 제자도

어른을 고치는 일보다 어린이를 세우는 일이 훨씬 쉽다.
프레더릭 더글러스(Frederick Douglass)[1]

내가 내 자녀들이 진리 안에서 행한다 함을 듣는 것보다 더 기쁜 일이 없도다(요삼 1:4).

트랙 달리기와 크로스컨트리 달리기의 차이점을 아는가? 이것은 어린이 제자 양육에 빗대어 볼 수 있는 유용한 비유라고 생각한다. 어린이와 가정을 사랑하는 사역자 가운데 시간이 흘러도 여전히 트랙에서만 달리는 사람이 많다. 트랙은 짧고 빠르게 통과할 수 있다. 물론 장애물을 설치하거나 거리를 다르게 하거나 이어달리기를 하여 도전 강도를 높일 수 있다. 그러나 결국 모두 같은 구간을 반복하여 달린다. 일반적으로 어린이 사역에서는 여러 가지 사역 방법을 혼합하고 교재를 바꾼다거나 교회 인테리어를 새롭게 장식하고 새로운 교사나 리더를 영입하여 아이들에게 신선함을 주려고 노력한다. 그러나 동일한 구간을 계속 돌고서 트랙을 벗어나면 아이들은

트랙이 아닌 길에서는 달릴 준비가 되어 있지 않다. 장거리달리기나 크로스컨트리 달리기를 배우지 못한 것이다.

크로스컨트리 달리기에도 코스가 있지만 이 코스는 변한다. 선수는 탄력적으로 계절에 따른 코스의 변화나 경사 같은 다양한 요소에 적응해야 한다. 들판이나 숲을 달리는 것은 트랙에서 달릴 때와 다르다. 걸음을 뗄 때마다 새로운 도전과 예측하지 못한 장애물을 만난다. 코치가 가까이 있어도 코치의 목소리는 금세 저멀리 사라져 버린다.

트랙과 크로스컨트리 모두 일정한 목표점이 있다. 경주를 성공적으로 마친다고 할 때 인생은 트랙보다 크로스컨트리와 비슷하다. 끊임없이 코스의 상황이 변하기 때문에 자신이 어떤 길을 달릴지 예측할 수 없다. 예수님의 제자인 우리는 잘 다져진 길이 아닌 오프로드를 달리는 경우가 많다. 익숙한 트랙이 아닌 사람이 많이 다니지 않은 길을 가야 한다.

오프로드 달리기

어린이 사역은 어린이들이 하나님의 말씀에 대해 배울 환상적인 환경을 제공한다. 그러나 대부분의 학습이 복잡한 일상과는 별개로 이루어진다. 교사는 교실 안에서는 성경을 삶에 적용해야 한다고 강조한다. "말씀을 듣는 데서 그치지 말고 집에 가서 실천하라"고 외친다. 그러나 솔직히 과연 이 말처럼 되는가? 아이들은 프로그램과 분반 공부를 재미있게 하고 교재도 챙겨서 집으로 가지만 주일을 제외한 나머지 날은 전혀 다른 세상에서 살아간다. 주일에서 배우는 것과 일상생활 사이의 괴리가 크다. 다시 한번 말하지만 단번에 해결할 수 있는 만병통치약은 없다. 교회 사역을 넘어서 아이들의 삶에 지속적인 변화가 일어나게 할 묘책 같은 것은 없다. 그나마 있는 방법도 실천하기가 쉽지 않다. 어린이와 가정에 후속 조치를 할 생각인가? 좋은 생각이다. 그러나 어떻게 체계적이고 의미 있는 방법으로 할 것인가? 관심을 보이지 않는 부모에게 어떻게 할 것인가? 대부분의 어린이 사역은 잘되는 것만 지속한다. 성경 이야기를 들려주거나, 성경 말씀을 일상과 연결하거나, 소그룹 모임에서 각자가 이해한 내용과 삶에 관한 질문을 하거나, 집에 가서 변화를 시도하라고 도전하는 정도다.

안타깝게도 이런 방식은 교회를 '실제 세계'와 분리하는 악순환을 고착화할 뿐이다. 아이들이 매일 살아가는 세상에서는 무수한 말과 세계관이 충돌한다.

관계에 기반을 둔 제자도는 그리스도를 따르는 여행이 각 사람마다 다르다는 점을 인정한다. 교사는 예측 가능한 제자 양육 방식에서 맞춤형 방식으로 전환할 필요가 있다. 목표는 트랙 달리기가 아닌 크로스컨트리 달리기와 비슷하다. 무리에 섞여서 주님과 함께 달리는 일은 매우 개인적인 경험이자 공동체로 함께하는 경험이다. 이것은 학사 일정이나 교회 계획에 얽매이지 않는다.

관계 중심의 어린이 사역은 현재 교회 아이들이 처한 제자도 방향에서 벗어나는 것을 목표로 한다. 그 이유는 현재의 방향이 제자를 양육하는 제자를 만들어 내지 못하고 있기 때문이다. 우리는 지금의 방식을 극단적으로 느껴질 정도로 버려야 한다. 제자 양육이 다람쥐 쳇바퀴 도는 상태고 계속 똑같은 트랙을 반복해서 돌고 있다면 뭔가 문제가 있는 것이다. 몇 바퀴를 도느냐는 중요하지 않다. 우리의 성과는 특정 커리큘럼이나 일정으로 측정되지 않는다. 오직 신앙의 성장으로 측정된다. 한 번에 한 단계씩 아이들이 열정적으로 그리스도를 사랑하고 따르는 일을 배우는 것으로 평가할 수 있다.

인도자가 누구인가?

3학년부터 8학년 때까지 내가 받은 어린이 사역 경험에서 어와나는 큰 의미가 있다. 어와나에서는 매주 비그리스도인 친구를 초대하고 하나님의 말씀에서 우리가 암송하고 발견한 내용을 부모님과 이야기하며 교회 안팎에서 섬기는 것을 권장한다. 어와나의 핵심은 단순히 배우는 내용에만 있지 않다. 모든 어린이는 자신을 돌보는 리더와 얼굴을 마주하며 시간을 보낸다. 오늘날 세계 백여 개국이 넘는 곳에서 아이들이 매주 어와나 활동에 참여한다. 나는 내가 제자 양육에 마음을 둔 세계적인 단체 덕분에 제자도의 방향이 완전히 달라진 수백만 어린이 가운데 한 명이라는 것이 무척 감사하다.

데이비드는 내가 좋아하는 어린이 사역 리더였다.[2] 그는 어와나에서 봉사하는 고등학생으로 자기 나이에 맞는 어와나 프로그램에도 참여했다. 동일한 제자도의 여정을 함께하고 있다는 사실을 알면 특별한 동질감이 든다. 데이비드는 나보다 훨씬 앞섰지만 우리는 동일한 목표를 향했다. 그는 친구들을 초대했다. 나도 그렇게 했다. 또 그가 하나님의 말씀을 탐구하는 것처럼 나도 그렇게 했다. 그는 배운 내용을 부모님과 나누었고 나도 그렇게 했다. 우리 둘 다 교회 안팎에서 봉사했다. 그리고 우리에게는 매주 우리가 하나님과 자신들에게 얼마나 소중한 존재인지 눈을 보며 말해 주는 리더들이 있었다.

나는 데이비드를 우러러봤다(그의 키가 커서 올려다본 것이 아니다). 나는 데이비드처럼 되고 싶었다. 그의 운동 실력, 감수성과 인내심, 강인함이 부러웠다. 그의 성경에 대한 열정과 교회 공동체에 대한 헌신은 내 마음을 움직였다. 그는 어린이 사역에 봉사자로 참여했을 뿐만 아니라 가이드 역할에도 충실했다. 주님과 사람들과의 관계 안에서 하나님과의 각본 없는 모험을 하고 있었던 것이다. 믿음의 문제로 씨름하며 삶을 바꾸는 그리스도의 사명을 실천하고 성령의 인도를 따라 사람들을 인도했다. 그의 DNA에는 제자 양육이 포함된 것 같았다.

5학년 때 데이비드가 내 마음의 문을 두드렸다. 어와나에서는 성경 읽기, 성경 암송, 섬김, 기타 활동이 포함된 일정 프로그램을 수료한 아이들을 대상으로 하는 일주일 캠프가 있었다. 대단한 기회였으나 과제를 따라가기가 쉽지 않았다. 그는 우리 가정의 상황을 잘 알았다. 내가 여름 캠프에 참석하려면 장학금을 받아야만 했기 때문에 우리 어머니와 계획을 세웠다. 그는 매주 안전 요원 일을 하러 가기 전후에 우리 아파트에 와서 나와 성경 공부를 했다. 어와나 프로그램 일정은 끝났으나 과제 완료 마감일은 아직 남아 있었다. 나는 데이비드가 굳이 하지 않아도 될 일을 한다는 것을 알았다. 우리는 오랜 시간 함께 노력한 끝에 결국 캠프에 갈 장학금을 받는 데 성공했다.

> 성경이 기억을 채우고 마음을 다스리며 발을 인도하게 하라. 헨리에타 미어스[3]

데이비드는 강단에서 가르치지 않았다. 연극이나 스킷 드라마, 슬라이드쇼나 OHP도 없었다. 오직 우리 둘과 성경 그리고 성령뿐이었다. 그러나 주님은 내가 데이비드 같은 사람을 통해 하나님 말씀의 진리를 보고, 성령의 인도하심에 기도로 반응할 수 있게 하셨다. 우리는 커리큘럼을 따르기도 했지만 즉흥적으로 하기도 했다.

나는 제자가 되는 일이 분반 공부나 커리큘럼, 훌라후프 넘기와는 다르다는 사실을 배웠다. 그것은 관계를 통해 이루어진다. 성령이 하나님의 말씀으로 제자도 여정을 역동적으로 인도하시도록 허용하는 일인 것이다.

진리를 신뢰하는 방법

얼마 전 나는 오랜 친구이자 동역자인 낸시와 어디에 다녀올 일이 있었다.[4] 비가 내리는 날, 우리는 낯선 도시에 있는 한 교회를 찾아갔다. 우리가 개발에 참여한 새 커리큘럼을 시험적으로 사용하는 어린이 사역지를 방문할 계획이었다. 스마트폰 내비게이션에 교회 주소를 쳤을 때 낸시가 말했다. "댄, 길을 잘 찾아 주어 정말 고마워요." 나는 격려에 감사하며 요즘은 기술 덕분에 길 찾기가 얼마나 편해졌는지 모른다고 말했다. 우리는 목적지까지 20분이 걸린다는 정보를 믿고 주차장을 떠나 차분한 음성이 알려 주는 대로 따랐다.

다음 이야기가 어떻게 이어질지 아마 예상할 수 있을 것이다.

한참을 갔는데 가로등이 점점 사라졌다. 길이 상당히 좁았다. 내 비게이션은 목적지에 도착했다고 하는데 오른쪽으로는 숲이 우거진 비탈이 보이고 왼쪽으로는 강에 빠지지 않도록 막는 가드레일이 보일 뿐이었다. 우리는 교회 입구를 찾으려고 여기저기 살펴보았다. 슬슬 긴장이 되고 늦을까 봐 걱정이 되었다. 낸시는 교회에 전화해서 도움을 청하라고 부드럽게 말했다. "교회가 있는 도로와 같은 이름의 다리가 마을 반대편에 있대요. 우리는 그 다리 옆에 있어요." 나는 전화를 끊으며 말했다.

내비게이션에 새 주소를 입력하자 다시 차분한 그러나 이제는 슬슬 짜증나게 들리는 목소리가 길을 안내했다. 25분간 구불구불한 길을 속절없이 헤매다 결국 또다시 강가에 멈췄다. 그러다 어둑어둑해지고 비까지 내릴 때 우리는 제대로 된 길에 접어들어 결국 목적지에 도착했다. 서둘러 출발했는데도 1시간이나 늦게 도착했다. 어린이 사역 팀과 우리의 실수담을 웃으며 이야기했다. 들어 보니 내비게이션의 피해자가 우리만 있었던 것이 아니었다. 모임 후에 낸시와 나는 숙소로 돌아왔다. 교회에서 숙소까지 4분이 걸렸다.

내비게이션 사건에서 우리가 배운 교훈이 있다. 낸시와 나는 우리가 길을 잃었다는 사실을 확인하기 훨씬 전에 무언가 잘못되었다는 것을 감지했다. 내비게이션 음성이 아니라 우리의 직감을 신뢰해야 한다는 것을 알았지만, 음성이 안내하는 대로 계속 갔다. 우리가 사실이라고 생각하는 것에 좀 더 집중했다면 정확한 음성을 신뢰하고 따랐을 것이다.

선한 목자이신 예수님은 이렇게 말씀하셨다. "내 양은 내 음성을 들으며 나는 그들을 알며 그들은 나를 따르느니라"(요 10:27). 하나님의 말씀은 그분의 성령으로 가득하며 생명으로 충만하다.[5] 그리스도와 우리의 관계는 그분의 인도하심에 응답하고 위험을 감수하는 토대가 된다. 말씀은 우리가 방향을 분별하기 위해 의지하는 내비게이션이다. 길을 가다가 방향을 잃어버릴 수 있지만 바른 음성을 듣는 방법을 알면 길을 잃는 일이 줄어든다. 모든 제자는 성령과 보조를 맞춰 걸어야 한다.[6]

> 우리는 사람들을 위해 하나님을 경험하는 순간을 발명할 필요가 없다. 다만 보고 듣고 알 수 있게 서로 도와주면 된다. 키스 앤더슨 & 랜디 리스[7]

사무엘상 3장 1-10절에는 사무엘과 엘리의 이야기가 나온다. 말씀을 읽는데 우리 아이들이 어릴 때 한밤중에 나를 깨우고 벌써 아침이냐고 물었던 생각이 났다. 연로하고 몸도 불편한 상태에서 사무엘을 깨운 것이 여호와라는 사실을 알기까지 엘리에게는 세 번의 기회가 필요했다. 여기서 하나님을 향한 사무엘의 태도를 주목해 보자. "사무엘이 아직 여호와를 알지 못하고 여호와의 말씀도 아직 그에게 나타나지 아니한 때라"(삼상 3:7). 어린 사무엘은 여호와의 음성을 분별하는 방법을 배우는 단계에 있었다. 이야기가 최고조에 달하는 10절에서 사무엘은 하나님께 "주의 종이 듣겠나이다"라고 대답한다. 엘리의 조언에 따라 겸손하게 여호와께 대답한 사무엘은 여호와의 음성을 분별하고 들으며 신뢰하고 따르는 방법을 배우기 시작한다.

여기서 사무엘이 하나님의 음성을 알아차리는 방법에 주목하자. 그에게는 하나님의 말씀(소리로 들림), 하나님의 성령(듣고 깨닫도록 도우심)

하나님의 백성(엘리의 도움)이 필요했다. 물론 사무엘 이야기는 독특한 경우다. 그러나 하나님은 변하지 않는 분이시라는 사실을 기억하자. 그분은 지금도 여전히 말씀하신다. 예수님은 제자들에게 눈과 귀뿐만 아니라 마음으로 들을 수 있기 때문에 복되다고 하셨다.[8] 내가 어릴 때 하나님의 음성을 신뢰하고 따르는 것에 대해 알려 준 말씀은 시편 119편 105절과 잠언 3장 5-6절이다. 초기부터 나는 성경이 내 제자도 여정을 위한 안내서라는 것을 알았다. 본능을 신뢰하지 않고 하나님과 성경에서 그분이 하신 말씀을 신뢰하는 것이 내 제자도의 길을 곧게 해준다는 사실도 깨달았다. 이 핵심적인 말씀들은 오늘도 나를 인도하고 내가 사람들을 인도하는 방법의 기초가 된다.

> 어린이 안에서 하나님과의 춤이 언제 시작되는지 누가 알 수 있을까? 아무도 모른다. 신비가 있는 한 그 춤을 위한 변화와 성장, 자유가 있을 것이다.
> 월터 왱어린[9]

성령이 조명하시고 다른 제자들의 공동체 안에서 명확해진 하나님의 말씀은 그리스도인의 삶에서 인도의 권위와 분별의 기본 틀을 형성한다. 이 기본 틀이 수십 년 동안 나를 인도했다. 관계 중심의 제자도에서 우리는 아이들에게 말씀을 통해 하나님의 음성을 듣는 방법과 다른 신자들의 도움으로 마음과 삶에 말씀을 적용하는 방법을 가르친다. 하나님의 음성을 분별하는 방법은 아이들에게 역동적인 제자도의 삶을 준비하게 한다. 아이들이 잘 분별할 수 있게 도우려면 네 가지 영역에서 성장하도록 인도해야 한다.

역동적인 제자도를 위한 네 가지 성장 영역

우리는 예수님의 어린 시절, 특히 유아기나 청소년기에 대해서는 잘 모른다. 아동 발달이나 유대인 양육법 측면에서 예수님의 어린 시절을 추측할 뿐이다.[10] 아마도 예수님은 세상에서 아버지였던 요셉을 따라 도제식으로 일을 배웠을 것이다. 예수님은 열두 살 때 성전 랍비들을 깜짝 놀라게 했다. 이 사건 외에는 성경에 별다른 사례가 나오지 않는다.[11] 그러나 예수님의 아동기와 사춘기에서 성인으로 성장하는 시기와 관련해 눈에 띄는 구절이 하나 있다.

> 예수는 지혜와 키가 자라가며
> 하나님과 사람에게 더욱 사랑스러워 가시더라 (눅 2:52).

많은 내용이 담긴 구절이다. 예수님은 자라고 성숙하셨으며, 예수님의 성장은 내면과 관계의 성숙이 포함된 통합적 성장이었다고 요약할 수 있다. 하루는 이 말씀을 읽다가 아이들과 대화를 나누면 좋겠다는 생각이 들었다. 그래서 두 아들에게 말씀을 먼저 소개하고 지혜, 키, 사랑 이렇게 세 주제로 이야기하자고 제안했다. 아이들은 간단하게 세 분야를 집중 조명한다고 하니 좋아했다. 전에도 해본 적이 있지만 지혜, 키, 사랑 같은 단어들은 단번에 파악하기가 어려웠다. 그래서 세 가지를 다시 네 가지 성장 분야로 분류했다. 바로 성품의 성장, 신체의 성장, 신앙의 성장, 관계의 성장으로 말이다. 말씀을 바탕으로 우리 아이들이 성장하고 성숙해 가는 다양한 방식에 대해 이야기를 이끌어 갔다. 에이버리와 아론은 나와 무엇이든 이야기하는 사이였다. 성장의 네 영역으로 주제를 구체화하니 아이들이 훨씬 쉽게 질문할 수 있었다. 이 경험을 다른 부모들과 어린이 사역자들에게 나누니 모두 공감했다. 이 방법은 관계 중심의 어린이 사역을 진행하면서 예수님의 제자로 반드시 성장해야 할 다양한 영역과 전인 교육을 보장하는 매우 좋은 방법이라고 생각한다.

성품의 성장: 지혜가 자라다

앞에서 말했듯 신명기 6장에 따르면 친가족이든 하나님의 가족이든 우리는 모두 협력하여 아이들을 주님의 방법으로 훈련하는 일에 부름 받았다. 성경의 방식은 통합적인 제자도 모델이다. 어린이에게 영향을 주는 사람들은 어린이와 부모들이 예수님의 부르심에 응답하여 그분의 제자가 되도록 초청해야 할 완벽한 위치에 있다. "내가 지혜로운 길을 네게 가르쳤으며 정직한 길로 너를 인도하였은즉 다닐 때에 네 걸음이 곤고하지 아니하겠고 달려갈 때에 실족하지 아니하리라"(잠 4:11-12). 이 말씀은 하나님이 인도하시는 말씀을 듣고 순종하는 사람의 모습을 보여 준다. 그리스도를 닮은 성품이 자라려면 말씀과 성령께 중심을 두어야 한다.

교사와 부모들은 아이들이 하나님의 본을 따르고 그리스도처럼 희생적인 사랑을 실천할 기회를 촉진할 수 있다.[12] 성경의 이야기와 교훈은 대화를 통해 상황에 맞게 풀어서 삶에 적용해야 한다. 다시 말해 바른 성품이나 행동을 알려 주는 도덕적인 이야기나 교훈만 들려주는 것이 아니라 죄, 구원과 영적 성장, 하나님의 사명에 대해서도 이야기해야 한다.

아이들에게 자신의 마음에서 그리스도의 성품을 발견하고 부족한 부분이 무엇인지 깨달아 더욱 그리스도를 닮을 기회를 주어야 한다.

아이들의 지혜가 자라려면 스스로 내린 선택을 돌아보게 하고 그 선택의 동기뿐만 아니라 그 행동이 누군가에게 끼칠 결과까지 생각하도록 유도할 필요가 있다. 그 과정에서 지혜가 자란다.

제자 양육자는 지혜가 자랄 수 있는 분위기를 사역 안에서 조성할 수 있다. 아이들이 성경과 기도에 지속적으로 참여하는 가운데 하나님 말씀의 진리에 삶을 맞추도록 유도하는 것도 중요하다. 교사들이 보이는 모범을 따라 아이들은 하나님이 인도하시는 말씀을 듣는 방법을 발견한다. 커리큘럼을 계획할 때 성경 말씀에 토대를 둔 경험과 함께 말씀을 묵상하고 기도로 반응하는 시간을 마련하는 것이 이상적이다. 아직 그렇지 않다면 커리큘럼을 조정하자. 모든 어린이와 교사가 하나님 말씀을 직접 듣는 특별한 헤드폰을 갖게 된다면 정말 굉장할 것이다. 물론 실제는 예상과 다르다. 그러나 지혜가 자라는 일을 진지하게 고민하다 보면 아이들이 그 순간에 들리는 하늘 아버지의 음성을 분별하도록 도울 수 있을 것이다.

신체의 성장: 키가 자라다

처음 부모가 되면 나이와 발달 단계에 큰 관심이 생긴다. 그들은 아이들이 자랄 때 무슨 일이 일어나는지, 무엇을 눈여겨봐야 할지, 무엇을 조심해야 할지 등을 알고 싶어 한다. 우리 아이가 언제 앉을까? 언제 바닥을 길까? 언제 걸을 수 있을까? 언제 운전을 하고 직장을 구할까? 어느 정도 예측할 수 있는 부분이 있지만 성장 과정은 아이마다 다르다.

모든 어린이의 삶에서 일반적으로 확실한 신체의 성장 단계가 있다. 먼저 말을 하고 걸음마를 떼며 젖니가 빠진다. 사춘기가 되면 목소리가 바뀌고 신체가 바뀌기 시작한다. 우리 아들의 인중이 거뭇거뭇해진 것을 처음 본 순간을 아직도 기억한다. 이제 아이가 다 컸구나 싶었다. 아이가 자랄수록 삶의 이정표가 전보다 자주 찾아온다.

대개 인간은 고통이나 어려움 없이 성장한다. 근육은 건강한 자극과 긴장이 주어질 때 더욱 강해진다. 신체의 성장과 건강은 신앙의 성장에 영향을 준다. 적절한 식사, 운동, 수면은 건강한 제자가 되는 데 필요하다. 교사와 부모들은 신체적 성장의 모범을 보이고 신체가 성장하는 아이들을 여러 사역에 동참하도록 인도할 수 있다. 사역을 매주 열리는 축제나 게임 행사로 만들지 않고도 하나님 말씀으로 들어가기 전, 아이들의 관심을 단번에 사로잡을 수 있다. 신체 활동을 제자 양육이나 공부와 연결할 방법을 찾아보자. 예수님은 제자들에게 온 힘을 다해 하나님을 사랑하라고 가르치셨다. 훈련은 생각, 마음, 의지 그리고 '몸'의 문제라는 것을 잊지 말라.[13] 몸이 자라는 것은 신체와 마음의 성장을 모두 포함한다.

이스라엘이 약속의 땅을 차지할 준비가 되자 하나님은 여호수아를 불러 새 지도자로 세우고 네 번이나 "강하고 담대하라"고 말씀하셨다. 여호수아는 수많은 어려움을 맞닥뜨렸지만 그에게는 엄청난 보상이 뒤따랐다.[14] 어릴 때 모세와 회막에 가서 여호와를 만나는 방법을 배운 여호수아는 하나님의 성령을 신뢰하고 따르며 이스라엘 백성을 영적인 지혜와 육체, 내면의 힘으로 이끌 자격을 갖추었다.[15] 어린이와 교사들도 그리스도를 위해 "강하고 담대하라"는 격려가 필요하다.

신체의 성장은 역동적인 제자도에서 중심을 차지한다. 우리는 어린이의 어느 한 부분에만 관심을 두지 않고 전인적인 교육에 관심을 둔다. 사람은 시간이 흐르면서 강점과 약점뿐만 아니라 몸의 변화와 전환을 경험한다. 하나님은 모든 아이를 걸작품으로 창조하셨고 키가 자라는 일은 하룻밤 사이에 일어나지 않는다.[16]

당신의 사역 안에서 성장하고 발전하는 아이들을 보며 각 이정표를 어떻게 기념할 수 있을까? 생일은 즐거운 이벤트이며 아이들은 편지 받는 것을 좋아한다. 자원봉사자들이나 신앙 선배들에게 생일 축하 카드를 써서 보내게 하라. 학년을 시작하거나 마치는 때도 아이들에게는 중요한 시기다. 학기 초나 학기 말에 이벤트를 계획하여 교사나 사역자가 교회 바깥일도 잘 알고 있다는 사실을 인식하게 해주면 어떨까? 부모들이 아이의 키를 벽면에 표시하듯 아이가 태어날 때부터 어른이 될 때까지(그 이후까지) 성숙하는 과정을 계속 주시하는 것은 관계 중심의 어린이 사역에서 중요하다. 교사들과 아이디어를 모아서 의미 있는 행동을 해보라.

신앙의 성장: 하나님께 사랑스러워 가다

적절한 영양분 없이 성장하기란 불가능하다. 예수님은 요한복음 15장 1-17절에서 자신만이 생명의 참된 근원이자 공급원이며, 자신을 떠나서는 그 어떤 가치 있는 것도 자랄 수 없다고 하셨다. 예수 그리스도와 끊어지지 않는 관계를 유지하는 것은 반드시 필요한 일이다. 육체의 일과 '영적인' 일을 잘못 구분해서는 안 된다. 그래야만 하나님이 우리에게 주신 은혜의 수단을 의식적으로 계속 추구할 수 있다. 앞에서 언급했듯 은혜의 수단은 성경 공부, 시간 내어 기도하기, 마음의 동기 돌아보기, 마음의 소원에 귀를 기울이고 하나님께 가져가는 일을 말한다. 여러 면에서 지혜가 자라고 신앙이 자라는 일은 동전의 양면과 같다. 거기에는 이웃을 섬기고 성도와의 교제와 이웃에 대한 희생적 섬김 안에서 하나님의 은혜를 경험하는 일이 포함된다. 영적이라고 느끼는 순간과 영적이라고 느끼지 못하는 순간이 모두 포함된다.

그리스도의 죽음과 부활을 제외하고 우리의 신앙을 성장하게 할 만큼 놀라운 사건을 꼽으라면 예수님이 요한에게 세례를 받으신 순간이라고 말하고 싶다. "예수께서 세례를 받으시고 곧 물에서 올라오실새 하늘이 열리고 하나님의 성령이 비둘기같이 내려 자기 위에 임하심을 보시더니 하늘로부터 소리가 있어 말씀하시되 이는 내 사랑하는 아들이요 내 기뻐하는 자라 하시니라"(마 3:16-17).

삼위일체의 형상이 매우 잘 드러난 말씀이다. 성자가 물에서 나오고 성령이 비둘기처럼 내려오며 성부가 말씀으로 승인하신다. 예수님은 이때까지 사역에서 아무것도 성취하지 못하신 상태였다. 광야에서 사탄에게 시험받으시는 일도 아직 일어나기 전이었다. 그럼에도 여호와는 스스럼없이 자신의 아들을 사랑하는 자라 부르시고 성부 하나님과의 관계에 기초하여 예수님의 정체성을 확정하신다. 하나님의 영광이 부어지고 그분이 사랑하는 아들에 대한 인정, 확증, 사랑의 말을 선포하신다.

예수님이 받으신 세례는 장면은 하나님께 입양된 자녀라는 정체성을 지닌 우리에게도 해당된다. 그리스도의 생명과 그분의 세례는 우리가 믿기만 하면 우리의 것이 된다. 하나님이 그분의 아들에게 하신 말씀은 우리에게도 해당된다. 로마서 8장 15-17절은 우리가 하나님의 성령을 받을 때 하나님의 아들 예수님과 함께 상속자로 입양된다고 말씀한다. 하나님의 조건 없는 사랑과 은혜의 메시지를 듣고 깨달을 때, 아이들의 신앙은 급성장한다.

　아이들을 신앙 성장의 길로 인도하는 일은 하나님에 대해 무엇을 믿는지 확인하는 것에서 시작한다. 하나님은 누구신가? 하나님은 어떠한 분이신가? 일단 하나님이 어떤 분이신지 깨달으면 자신이 누구인지, 그리스도 안에서 하나님 가족의 공동 상속자가 된다는 것이 어떤 의미인지 알아야 한다.[17] 어린아이들은 하나님께 자신이 어떤 가치가 있는 존재인지를 부모님이나 다른 어른들과의 관계 속에서 확인한다. 여기에는 좋은 점과 나쁜 점이 공존한다. 아이들을 향한 우리의 인정과 사랑은 그들을 향한 하나님의 사랑을 긍정적으로 전달한다. 그러나 하나님의 사랑과 인정은 부모님, 친구들, 어른들의 사랑이나 인정과는 다르다는 점을 아이들에게 알려 주어야 한다. 교사와 부모가 자신의 실수를 고백하고 하나님이 필요하다는 것을 인정하는 행동은 아이들에게 좋은 본보기가 된다. 성경의 진리는 아이들에게 하나님이 어떤 분이신지, 인간의 역사에서 어떤 일을 하셨고 앞으로 어떤 일을 하실지 알려 준다.

　자신이 시작한 삶을 변화시키는 일을 완성할 분은 바로 하나님이시다.[18] 하나님의 사랑 안에 자란다는 것은 인자와 능력의 임재를 더욱 의지하는 법을 배우는 것이다. 단지 여호와의 은혜를 얻는 것만이 아니라 그분의 위대함, 선하심, 은혜에 사랑으로 순종하고 반응하는 것이다.

　하나님은 내 오랜 친구 냇을 청소년 사역에서 어린이와 가정을 대상으로 하는 사역으로 부르셔서 어린이와 가정을 알고 사랑하며 섬기는 교사들을 세우게 하셨다.[19] 그가 부르심에 순종하여 사역을 시작할 즈음, 하나님은 사역의 핵심 목표에 대한 강한 비전을 주셨다.

그의 마음을 움직인 세 단어를 요약하면 경외심, 감탄, 반응이다. 무엇을 어떻게 해야 한다는 구체적인 내용은 없지만 사역이 존재하는 핵심 목표가 무엇인지를 알게 해준다. 그는 하나님이 어떤 분이고 어떤 일을 하셨는지에 대해 알고 그분을 경외하는 제자를 세우려고 한다. 하나님이 하신 일을 보고 감탄하는 사람들에게 영감을 불어넣고 호기심을 충족하게 한다. 또 각 사람이 하나님의 인도하심에 반응할 기회를 준다. 간단해 보이지만 이것이 바로 신앙 성장의 진수다.

당신의 사역은 모든 사람이 동참하여 같은 방향을 향하도록 제자도의 방향을 어떻게 설정했는가? 당신은 신앙 성장의 필수 요소를 설명할 수 있는가? 하나님께 영광을 돌리고 어린이와 교사들이 믿음 안에서 성장하게 하는 필수적인 활동과 계획이 있다. 제자를 세우는 일에 모든 노력을 집중하여 시간과 에너지를 투자하라.

관계의 성장: 사람에게 사랑스러워 가다

우리 교회의 한 아버지는 자기 딸의 새로운 모습을 최근에야 발견했다. 아이는 가는 곳마다 다른 사람으로 변했다. 아직 중학생도 되지 않은 나이에 아이는 사람들과 어울리는 법을 터득했다. 수업 전에는 합창 연습을 하는 아이들과 어울리고 점심시간에는 동급생 친구들과 어울렸다. 집에 가는 버스에서는 교회 친구들과 어울렸다. 공원에서 다른 학교에 다니는 여자아이들과 축구를 하고, 집에 오면 혼자 놀거나 친구가 전혀 없는 것처럼 행동했다. 사교성이 뛰어나서일 수도 있고, 반대로 내성적이라 혼자만의 시간이 필요했을 수도 있다. 어쩌면 가족 문제로 집에서는 조용했을 수도 있다. 그런데 이것이 정상인가? 아니면 걱정해야 할 문제인가? 부모로서는 깊이 캐

묻지 않으면 사실을 확인하기 어렵다. 분명한 점은 요즘 들어 카멜레온처럼 행동하는 아이가 많아졌다는 것이다. 다양한 세상과 세계관의 바다에서 생존하려면 무슨 수를 쓰더라도 환경에 맞춰 행동하는 수밖에 없다. 착한 아이인 딸에게 아버지는 용기를 내어 어떤 상황인지 물었다. 건강한 관계의 성장은 평생에 걸쳐 일어나며, 어릴 때 형성된 확고한 자존감이 필수적이다.

또래 압력이라는 말이 어쩌면 너무 진부하게 들릴지 모르지만 여전히 존재하는 현실이다. 아이들은 세상을 어떻게 헤쳐 나가야 할지 궁금해하며 가족, 친구, 미디어, 문화에서 해답을 찾으려 한다. 다양한 성격을 시도하거나 다른 사람들의 행동을 따라해 본다. 사람들에게 인정과 사랑을 받기 위해 그 과정에서 자기를 잃어버리는 경우도 흔하다. 이것은 관계의 성장이나 사람들에게 사랑스러워 가는 데 있어 건강한 접근 방식이 아니다. 교사와 부모는 어린아이들의 정체성 형성이 중요하다는 점을 인식하고 건강한 방법으로 친밀함, 존경, 사랑을 표현하는 방법을 알려 주어야 한다.

어린이에게 영향을 주는 우리의 역할에는 아이들이 동행할 사람을 지혜롭게 선택하도록 인도하는 일도 포함되어 있다. 잠언 13장 20절은 "지혜로운 자와 동행하면 지혜를 얻고 미련한 자와 사귀면 해를 받느니라"고 말씀한다. 우리의 역할은 아이들이 주변 사람들에게서 받는 영향에 민감하도록 지도하고[20] 아이들이 사람들에게 어떤 영향을 주는지 잘 살피는 것이다. 아이들 주변에 있는 온갖 음성이 관심을 가져 달라고 외치지만, 그 모든 음성을 무조건 신뢰해서는 안 된다는 사실을 가르쳐야 한다.

정체성이 형성되면 아이들은 장기적인 사랑의 관계 안에서 신뢰하는 법을 배운다. 아이들은 성장하고 성숙하는 과정에서 서로 그리스도처럼 사랑을 표현한다. 귀를 기울이고 질문과 관심을 표현하면서 관계가 견고해진다. 자신이 사람들에게 끼치는 영향을 아이들이 깨닫고 이웃에게 긍휼을 베푸는 방법도 가르쳐야 한다. 아이들이 이웃의 필요, 특히 오직 그리스도만이 채우실 수 있는 필요를 보고 들으며 느끼기 시작할 때 관계의 성장이 이어진다.

관계의 성장에 대한 아이디어가 필요하면 다음을 고려하자. 커스틴이 속한 팀에서는 평일에 어린이 교회학교에 나오는 아이들에게 선택권을 주었다.[21] 아이들은 단체 활동, 미술, 연극 등에 참여한다. 저녁 프로그램의 일부이지만 아이들에게 하고 싶은 것을 선택할 기회를 주고 자신이 선택한 결과를 책임지게 했다. 매주 다른 프로그램을 선택하는 아이는 매번 다른 친구를 만나고 다른 교사의 지도를 받는다. 물론 활동도 계속 달라진다. 이 방식에서 내가 가장 좋아하는 부분은 미술이나 연극 프로그램이 이웃을 향한다는 것이다. 미술 활동에 참여해 미술만 배우는 것이 아니라 지역 무료 급식소나 요양 시설에 가서 어려운 이웃을 만나기도 한다. 연극 활동에서도 연극만 배우는 것이 아니라 즉흥 연기를 통해 실생활에서 벌어진 사건을 재연하기도 한다. 정말 대단한 아이디어다. 이를 통해 또래뿐만 아니라 어른과의 관계도 형성되고 하나님의 말씀과 교회 밖 세상과도 연결된다. 아이들은 주도적으로 활동에 참여한다. 이것은 아이와 교사 모두 다방면에서 성장할 수 있는 매우 탁월한 방법이다.

> 아이들이 추상적인 개념을 고민하고 정체성 문제를 깊이 생각하기 시작할 때, 기독교 신앙이란 자신이 발견하고 받아들이기로 결정하는 것이라는 사실을 깨닫는다.
> 카라 파월[22]

그리스도를 알고 사랑하며 섬기는 일은 이웃을 향한 실질적이고 가시적인 사랑의 행위로 드러난다. 이것이 하나님과의 관계라는 든든한 토대에서 나올 때 어려운 이웃에게 선물과 같은 열매를 맺는다. 지혜와 키와 사랑이 자라는 일은 궁극적으로 의로운 행위나 도덕적 성과에 달린 것이 아니다. 예수 그리스도를 통해 하나님께 나아와 그분의 은혜를 전적으로 의지하는 사람들에게 주시는 하나님의 선물이다. 성장하는 아이에게 하나님의 소망, 치유, 온전함을 전달하는 분은 성령이시라는 사실을 기억하라.[23]

여기서 한 가지 주의할 점이 있다. 모든 것을 낱낱이 파악하려 애쓰지 마라. 조금 비유적으로 말했다. 우리는 눈에 보이고 수치로 확인하거나 사진으로 남길 수 있는 성과물을 좋아한다. 그러나 하나님은 마음을 보시는 분이다. 하나님의 관심은 아이들이 그분의 세미한 음성을 듣고 사랑으로 반응하는가에 있다. 어떤 방법을 사용하든 아이들이 본받았으면 하는 행동뿐만 아니라 마음을 잘 형성하도록 최선을 다해야 한다.

하나님의 인도를 따르는 아이들

역동적인 제자의 삶으로 사람들을 준비하게 하는 일은 지속적인 과정이다. 어린이와 교사, 부모에게는 평생 매 순간 하나님의 음성을 듣고 반응하기 위한 적절한 도구가 필요하다. 필수적인 도구는 성경 읽기, 기도, 성경 암송, 봉사, 친교, 예배, 전도다. 나는 거룩한 생활 태도를 옷으로 입으라는 골로새서 3장 12-14절의 설명을 좋아한다.

그러므로 너희는 하나님이 택하사 거룩하고 사랑 받는 자처럼 긍휼과 자비와 겸손과 온유와 오래 참음을 옷 입고 누가 누구에게 불만이 있거든 서로 용납하여 피차 용서하되 주께서 너희를 용서하신 것같이 너희도 그리하고 이 모든 것 위에 사랑을 더하라 이는 온전하게 매는 띠니라.

제자로 성장하려면 긍정적인 또래 압력이 필요하다. 경건한 행실이 우리 삶에서 가장 커질 때 어린이, 부모, 교사에게 본이 되고 우리가 세우는 모든 제자들 또한 그 행실을 본으로 보일 수 있다.

미셸 앤소니는 다음과 같은 적절한 말을 남겼다. "아이들은 주어진 기회나 성령 안에 살아가는 어른들에게서 전해지는 은혜에 유익을 얻는다."[24] 우리 교회의 한 여자아이는 점심 도시락을 싸기로 결심했다. 평범한 도시락이 아니라 분명한 목적이 담긴 도시락이었다. 시카고에 사는 제이미는 당시 열 살이었다.[25] 제이미의 엄마는 매일 출근길에 많은 노숙자를 보고 모른 척하거나 동전 몇 개만 던져 주는 것이 아니고, 가던 길을 멈추고 그들과 이야기를 나누었다.

제이미는 엄마를 통해 노숙자들과 무언가를 나눠야겠다고 생각했다. 그래서 특별한 도시락을 만들었다. 도시락에는 사과 한 개, 바나나 한 개, 바게트(꼭 프랑스 바게트여야 한다) 그리고 하나님이 그들을 사랑하신다는 메시지와 "나는 생명의 떡이니 내게 오는 자는 결코 주리지 아니할 터이요 나를 믿는 자는 영원히 목마르지 아니하리라"는 요한복음 6장 35절을 적은 쪽지를 넣었다. 제이미가 어떻게 이렇게 할 수 있었을까? 성경에서 예수님이 보이신 본과 엄마가 매일 하는 행동에서 배운 것이다.

놀라운 방법으로 그리스도를 알고 사랑하며 섬기는 방법을 실천하는 아이들의 사례는 세계 곳곳에 무궁무진하다. 그들은 지혜와 키가 자라며 하나님과 사람에게 사랑스러워 간다. 관계 중심의 제자양육의 지향점은 모든 걸음을 지도하는 것이 아니라 길을 설정하는 일을 돕는 것이다. 모든 제자는 나이와 상관없이 모든 면에서 그리스도를 닮아야 한다. 그러나 그 과정은 사람마다 다르다.[26] 목적지는 분명하지만 거기까지 가는 방법은 각본도 없고 울퉁불퉁하며 일반적인 방법과는 다르다. 삶을 뒤흔들 정도로 역동적이다.

묵상과 토론을 위한 질문

01 예수님의 제자이자 교회 가족의 일원으로서 당신은 언제 자신이 '트랙'에서만 달린다는 것을 느꼈는가?

02 하나님과의 제자도 여정이 역동적이라는 사실을 어떻게 알 수 있을까? 정체된 느낌이 들기 시작하면 당신의 내면에 어떤 일이 벌어질까?

03 당신은 아이들이 제자로서 '오프로드'에서 달릴 수 있도록 준비시키는가? 그렇게 하지 못하고 있다면 그 이유는 무엇인가?

04 당신의 교회나 어린이 사역에서 맞춤형 제자 양육보다 예측 가능한 제자 양육이 일어나기 쉬운 이유는 무엇인가?

05 하나님의 음성을 특별한 방법으로 들은 적이 있다면 말해 보라. 하나님이 어떻게 말씀하셨고 당신은 어떻게 믿음의 걸음을 내디뎠는가?

06 하나님의 성령, 말씀, 사람들은 당신이 날마다 그리스도와 관계를 맺고 그리스도께 응답하는 데 어떤 역할을 하는가?

07 당신이 예수님을 따를 때 성경은 예수님이나 사람들과의 관계에 어떤 영향을 주는가?

08 당신이 속한 어린이 사역은 어린이와 교사나 부모가 다음 각 영역에서 함께 성장하도록 어떤 지원을 하는가?
- 지혜(성품의 성장)
- 키(신체의 성장)
- 하나님의 사랑(신앙의 성장)
- 사람들의 사랑(관계의 성장)

09 제자도의 본질이 역동적이라는 점을 감안할 때 당신은 정기적으로 만나는 어린이, 가족, 교사들에게 무엇을 기대하는가?

10 어린이나 새신자가 하나님의 인도하심을 듣고 순종한 이야기에 놀란 적이 있다면 말해 보라.

3부

어린이 사역의
방향 재조정

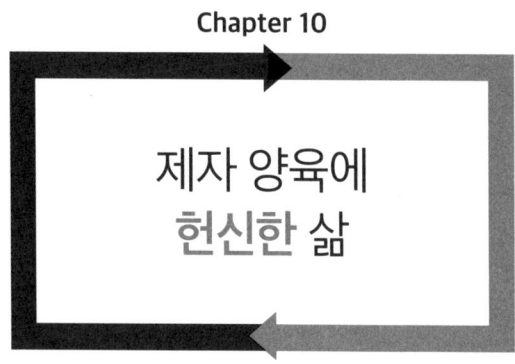

Chapter 10

제자 양육에 헌신한 삶

제자가 되는 방법은 단 하나다. 그것은 예수님께 헌신하는 것이다. 오스왈드 챔버스(Oswald Chambers)[1]

내가 그리스도를 본받는 자가 된 것같이 너희는 나를 본받는 자가 되라(고전 11:1).

"미안하지만 전화를 끊어야 할 것 같아. 공사 구역에 진입했어. 빨리 출구를 찾아야겠어."

나는 통화를 하며 공항으로 향했다. 계기판을 보니 연료가 얼마 남지 않았는데 눈앞에는 공사장이 보였다. 상황이 좋지 않았다. 서둘러 전화를 끊고 다른 경로를 모색했다.

무작정 출발한 것은 아니었다. 주차와 수속을 감안해 충분한 시간 여유를 두고 사무실에서 출발했다. 교통 혼잡이나 연료 부족 같은 일을 미처 예상하지 못했을 뿐이다. 안타깝게도 출구를 찾는 데 실패했다. 공항 가는 방향에 있는 출구가 보이지 않았다. 갓길이 너무 좁아서 차를 세울 수도 없었다. 스트레스 수치가 한없이 치솟았다.

다행히 고속도로 출구를 겨우 발견하여 차선을 변경하고 빠져나왔지만 결국 비행기는 놓쳤다. 그러고서 차에 기름을 가득 넣었는데 기분이 그렇게 좋을 수가 없었다.

연료가 없는 상태로 운전하면 위험하다. 자동차만 그런 것이 아니라 우리 삶도 마찬가지다. 탈진과 소진으로 더 나눠 줄 것이 없다는 느낌은 변화의 필요성을 알려 주는 신호다. 멈춰야 한다. 휴식이 필요하다. 영과 혼과 육을 재충전해야 한다. 우선순위와 속도에 재조정이 필요하다. 경고등이 있는 데는 이유가 있다. 불이 깜빡일 때는 주의하라는 경고다.

'연료 없음' 경고등이 깜박거릴 때

많은 사람이 그렇듯 나도 Y2K의 위기를 무사히 지났다. 지금 생각하면 허황된 공포에 불과하지만 당시만 해도 1999년에서 2000년으로 달력이 바뀐다는 사실에 많은 사람이 한없는 편두통과 야근에 시달렸다. 새해가 시작되는 동시에 세계가 망한다는 글을 온라인에서 읽기도 했다. 당시 나는 발전기까지 구입할 여력은 없었지만 나름 철저히 준비했다. 집에 있는 모든 물병에 물을 채워 냉장고에 넣어 두었다. 어떤 일이 닥쳐도 끄떡없었다. 감사하게도 그날 밤 세상은 무너지지 않았다.

사실 그때를 기억하는 이유는 따로 있다. 내 내면의 연료 탱크가 바닥난 시기였기 때문이다.

하나님은 그해 우리 부부에게 첫아이를 주셨다. 외적으로는 모든 상황이 좋았다. 이끌던 사역도 영적으로나 수적으로 성장했다. 곳곳에서 성공의 증거가 보였지만 내 내면은 메마르고 공허했다. 어찌할 바를 몰랐다. 마음의 문제가 무엇인지 내면을 어떻게 들여다봐야 할지도 몰랐다. 좌절감이 늘면서 계기판에 경고등이 깜빡거렸다. 인내심이 바닥나니 모든 것이 무너지는 기분이었다. 사람들에 대한 분노를 내가 스스로 감지할 정도였다. 사람들과의 관계는 피상적이었다. 교회에서는 내가 거둔 성과에 만족했다. 내가 더 못 참고 백기를 흔들자 교회 리더십은 그제야 나에게 관심을 보였다.

학생부 담당 목사로서 나는 언제나 밀린 일에 몹시 지쳐 있었다. 우리 부부의 시간은 교회 일에 점령당했다. 교회에 고용된 사람은 나였지만 아내 역시 주일학교와 학생부 사역에 참여했다. 3년 동안 나는 수요일 저녁 중등부, 목요일 저녁 고등부, 주일 저녁 대학부 모임과 각 부서의 주일 모임, 금요일이나 토요일 저녁에 있는 월례 전도 행사, 1년에 두 차례 있는 각 부서의 수련회, 연례 선교여행을 담당했다. 교회 차량을 깔끔하게 유지하는 것도 내 책임이었다.

평일에는 가르칠 준비를 하고 소그룹 자료를 만들었으며 자료를 복사하고 행사 물품을 구입하며 봉사자나 부모들을 만나고 학생들이 다니는 각기 다른 학교의 방과 후 활동에 참여했다. 그 와중에 시간을 내어 기타 연주와 예배 인도를 배웠다. 주일 오전 예배와 저녁 예배에 참석했다. 많은 성인과 학생 리더를 세우고 훈련하며 배가시켰다. 우리 집은 언제나 사람들로 넘쳐 났다. 각종 평일 성경 공부 모임에 매달 부서별 리더 회의까지 있었다. 우리 부부는 교회 가족이나 스태프들과 잘 어울렸다. 나는 십대 아이들과 여러 명의 어른을 개인적으로 멘토링했다. 인근에 사는 가족들과 사귈 기회를 얻고 (약간의 수입을 얻기 위해) 근처 공원에서 축구를 가르쳤다. 당연히 해야 할 목양의 의무를 다하면서 사역이 시대에 뒤떨어지는 일을 막기 위해 어떻게든 시간을 내어 최신 유행하는 문화를 접하려 노력했다. 아참, 깜빡할 뻔했다. 대학원도 다녔다.

듣기만 해도 피곤하지 않은가? 지속 가능한 삶이 아니었다. 당연히 나는 탈진했다. 그런데도 만약 당시 누군가가 나에게 잘 지내냐고 물어봤다면 나는 아무 문제없다고 대답했을 것이다.

> 내면이 미해결 문제로 가득한 상태에서는 예수님이 부르실 때 그 음성을 선명히 듣기 어렵다. 스트레스의 소음과 고통이 너무 크기 때문이다.
> 고든 맥도날드(Gordon MacDonald)[2]

2000년 10월에 참석한 리더십 콘퍼런스에서 나는 완전히 무너졌다. 주체할 수 없이 눈물이 터졌다. 콘퍼런스에는 혼자 참석했는데, 내 영혼이 죽어서 완전히 쪼그라든 느낌이 들었다. 마치 건포도처럼 말이다. 내 영혼은 돌덩이처럼 딱딱했다. 나와 하나님의 관계에는 내가 사람들에게 살아내라고 가르치고 도전했던 것이 전혀 보이지 않았다. 가장 무서운 사실은 이런 불일치를 나 외에는 아무도 몰랐다는 것이다. 당시에 이런 일기를 썼다. "현재의 사역 속도는 그리스도께서 나에게 바라시는 속도와 맞지 않는다." 슬픈 일은 사역자 가운데 나와 동일한 경험을 하는 사람이 매우 많다는 것이다.

나는 근처 커피숍의 관리직으로 자리를 옮기기 위해 교회 전임 사역을 사임했다. 그 직후 참석한 소그룹 리더십 집회에서 빌 하이벨스(Bill Hybels) 목사가 겪은 삶의 탈진 이야기를 들었다. 그는 삶의 속도와 영혼의 상태가 어긋난 상태였다고 했다. "내가 하나님의 일을 하는 속도가 내 안에서 하시는 하나님의 일을 파괴하고 있었다."[3] 그는 그리스도를 전적으로 의지하는 자기 리더십의 필요성을 소개했다. 하나님은 신학교 공부와 교수님들을 통해 내 마음을 다시 주님께로 조금씩 열어 주셨다. 나는 삶의 속도를 늦췄다. 묵상하는 삶이나 그리스도와의 친밀함에 대한 신앙의 고전과 신간들을 읽었다. 책을 읽으면서 제자도와 리더십에 대해 가졌던 기존의 가치관은 산산조각이 났다. 하나님의 말씀과 그분의 백성은 전혀 예상하지 못한 방법으로 나에게 다가왔다. 오래 알았거나 새로 알게 된 멘토들은 내 삶을 향한 성령의 인도하심과 격려와 지혜의 말씀을 전해 주었다. 이 시기에 적은 글과 묵상을 보면 내 변덕과 연약함에도 불구하고 하나님이 그때나 지금이나 얼마나 신실하신 분인지를 알 수 있다.

사역 리더였던 당시 내가 지나온 시기는 삶과 사역의 다음 10년을 위한 준비 기간이었다. 나는 냉정하게 질문에 답하고 처음부터 다시 시작해야 했다. 여전히 사역에 대한 부르심이 있는가? 내 영적 은사는 무엇인가? 내 장점과 약점은 무엇인가? 주님이 나에게 주신 열정은 어디를 향하는가? 이 여정에서 내가 함께 가야 할 동역자는 누구인가? 하나님이 가까이 계신다는 것을 알지만 홀로 헤매는 것처럼 느껴지는 이 광야의 시기는 사람을 무척 힘 빠지게 한다.[4] 앞의 질문을 생각하면 속이 뒤틀리면서도 한편으로는 통쾌하다. 돌이켜 보면 모든 일에 주의 손길이 있었다. 주님은 결코 나를 혼자 두지 않으셨다.

모든 리더가 공허한 시기를 통과한다. 나는 도움의 필요성을 절감했다. 누군가를 제자로 양육하기 전에 내가 예수님의 제자로 양육되어야 했다. 영혼의 건강을 회복하려면 성령의 도움 아래 그리스도의 몸 안에 있는 사람들과 관계가 새로워지고 지속적인 신앙 훈련이 필요하다. 주님은 제자, 남편, 아빠, 리더인 나를 새롭게 바꾸셨다. 예수님의 방법에 기초한 제자 양육은 불을 켜듯 스위치만 한 번 올린다고 되는 것이 아니다. 지속적인 훈련과 습관으로 스스로를 영적으로 계속 채우고 영혼의 연료 탱크가 위험한 수준까지 떨어지지 않게 해야 한다.

연료 부족 상태로 달리는 위험

심장마비가 올지 예측하기는 어렵지만 예방은 할 수 있다. 심장마비는 오랜 시간에 걸쳐 우리가 내린 잘못된 결정이나 적절히 몸을 관리하지 못한 결과인 경우가 많다. 물론 잘못된 결정이 무조건 심장마비로 이어지는 것은 아니지만 그만큼 스트레스에 취약해진다. 내게는 심장마비를 겪은 친구가 있다. 전혀 예상하지 못했던 일이라 깜짝 놀랐다. 그는 지금 심장박동을 확인하는 모니터를 착용하고 다닌다. 생명을 위협하는 문제가 생기기 전에 미리 경고해 주는 기술이 있다니 참으로 놀랍다.

　육체의 심장마비처럼 영적 심장마비도 우리를 괴롭힌다. 잠언 4장 23절은 이렇게 말씀한다. "모든 지킬 만한 것 중에 더욱 네 마음을 지키라 생명의 근원이 이에서 남이니라." 앞에서 보았지만 심장은 생명의 중심이자, 우리의 생각, 감정과 결정, 애정의 중심이다. 또한 우리 욕망의 중심을 차지한다. 마음을 지키지 못하고 잘 돌보지 않으면 영적 심장마비에 걸릴 위험이 크다. 나는 연료 부족 상태로 사역하던 시절 내가 마땅히 지켜야 할 마음을 잘 지키지 못하고 있음을 알았다. 결과는 참담했다. 계속 사역하려면 먼저 영적으로 치유될 필요가 있었다.

좀 더 주의를 기울였다면 경고 신호를 알아차렸을 것이다. 그러나 경로를 바꿔야 한다는 사실을 막다른 길에 접어들 때까지 몰랐다. 쉽지 않았지만 나는 실수에서 교훈을 얻었다. 지금까지 "이렇게 오래 살 줄 알았다면 내 몸을 훨씬 잘 돌봤을 텐데"라고 말하는 사람들을 종종 본다. 뒤늦게 후회해야 소 잃고 외양간 고치기다. 심장마비를 겪은 내 친구는 건강의 적신호를 막기 위해 하지 말았어야 하는 일들을 뼈저리게 깨달았다. 육체든 신앙이든 무언가를 바꾸기란 어려운 일이다.

> 그리스도를 섬기는 일처럼 그리스도의 사랑과 상충하는 것은 없다.
> 헨리 나우웬(Henri Nouwen)[5]

연료 부족 상태로 달리면 장기적으로 리더십과 사역에 한계를 경험한다. 아무리 사람을 알고 사랑하며 섬기는 일을 진심으로 하고 싶어도 본인의 마음을 잘 돌보지 못한 상태에서는 우리의 죄로 가득한 태도와 행동 때문에 사람들이 해를 입는다. 바싹 말라 버린 마음에는 나눠 줄 것이 별로 없다. 본인이 소진된 상태에서는 사람들에게 영적 양분을 나눠 주지 못한다. 우리의 영적 건강은 너무 이른 때에 악화된다. 예수님 안에서 누리는 안식의 샘에서 길어 올릴 생수가 남지 않은 리더는 여러 세대에 걸쳐 일어나는 제자 양육을 방해한다.

리더가 영적으로 고갈되면 신앙 공동체 전체가 부정적인 영향을 받는다. 연료가 없는 상태로 달리던 리더는 모든 것이 무너질 때 현장을 피해 달아난다. 그 결과 그리스도의 몸은 치유가 될 때까지 깁스도 못하고 사지 절단이라는 고통을 겪는다. 한계점에 도달한 리더들은 사역을 포기한다. 결혼이 깨지고 그 결과로 가정이 고통을 겪는다. 때로는 회복을 경험하는 사람도 있다. 나도 회복을 경험한 경우라 무척 감사하다. 사역이 힘들어지면 선지자 요나처럼 탈출로로 피하는 사람들이 있다. 일부는 아예 돌아오지 않는다. 리더는 성령과 보조를 맞추는 길에서 벗어나거나 힘을 전부 소진하여 달아나는 일이 없도록 주의해야 한다.

우리 부부는 한 주간의 흐름에 변화를 주기로 결정했다. 현재 해야 할 일을 자세히 보니 업무 시간 전후로 일정이 없는 날이 단 하루도 없었다. 삶에 여유 시간을 집어넣으니 금방 변화가 눈에 들어왔다. 몇 달 뒤 일정을 다시 점검했다. 변화 전과 후가 확연히 눈에 띄어서 기념으로 달력을 사진으로 남겨 두었다.

F-16 전투기의 속도는 1마하로 매우 빠르지만, 이렇게 빠른 것은 우리의 영혼과 관계에는 최악이다. 빠르게 움직이고 바쁘게 지내는 것을 중시하며 찬양하는 문화에서는 속도를 늦추기 어렵다. 우리는 자신의 가치를 증명하는 수단으로 우리가 얼마나 바쁜지 사람들에게 끊임없이 알린다. 사람들이 "어떻게 지내?"라고 물어보면 즉시 "바빠!"라고 대답한다. 받은 메일함이 가득 차면 자신이 중요한 사람이고 많은 사람이 찾는 필요한 사람이라고 느낀다. 그러나 분주함 속에는 공허함이 숨어 있다. 사람들과 일정한 거리를 둔 상태로는 우정이 깊어질 수 없기 때문에 피상적인 삶을 유지할 수밖에 없다. 『내면세계의 질서와 영적 성장』(Ordering Your Private World, IVP 역간)의 저자 고든 맥도날드는 "세상에는 자기 시간을 통제하지 못하고 질

서를 잃은 사람이 매우 많다"라고 말한다.⁶

정체성을 활동과 직결하는 현대 문화에서 우리는 일반적으로 일정을 가득 채운 상태를 유지한다. 우리는 '나를 필요로 하는 사람이 없어도 나는 여전히 필요한 사람일까?'라는 의문을 품는다. 연료가 없는 상태로 달리던 시절 나도 이 질문과 씨름했다. 내 관계의 연료 탱크는 이미 고갈되었는데도 나는 사람들의 끝없는 필요를 채우며 계속 나를 밀어붙였다. 사람들을 섬기는 일도 사실은 나 혼자 하고 있었다. 사역이 내 정체성을 유지시켜 주었다. 예수님이 나를 위해 하신 일에서 내 정체성을 발견하고 그 안에 안식하기보다 내가 성취할 수 있는 일에서 가치와 의미를 찾고자 했다. 또 예수님이 복음 안에 주시는 구원으로 안식하기보다 내 힘으로 나를 구원하려 했다.

연료 부족 상태로 달리다 보면 눈이 멀어서 어린이와 가정의 필요를 보지 못한다. 지나치게 바쁘거나 공허한 상태에서는 필요한 일을 기도하며 고민하기보다는 성급히 프로그램과 자료를 구입하여 문제 해결에 나선다. 해야 하는 강의나 아이들을 위한 활동 때문에 쉽고 빠른 해결책을 찾으려고 상품 목록을 뒤지거나 온라인 검색을 한 경험이 있는가? 가장 저렴하고 쉬운 방법을 찾으려 했던 적도 있을 것이다.

교사를 찾을 때도 비슷한 방식이다. 열정과 은사와 자격을 갖춘 사람을 찾기보다는 빈자리를 채우는 데만 급급하다. 하나님의 은혜와 성령이 넘치는 상태가 아니라 턱없이 부족한 상태에서 이끈다. 그러면 성장할 기회를 놓치게 된다. 한동안 힘들 수도 있다. 힘겨운 결정을 내리고 일부 프로그램을 중단해야 할 수도 있다. 그러나 장기적으로 관계에 기반을 둔 어린이 사역을 하고 싶다면 당장 조달할 수 있는 자원에 맞춰 프로그램을 진행하지 말고 성령의 인도 안에서 사역해야 한다.

충분히 어려움을 이해한다. 기존 프로그램이 순조롭게 돌아가게 해야 한다는 압력도 있다. 내면이 완전히 비었거나 거의 빈 상태라면 현상 유지가 최우선이다. 입으로는 제자도와 제자 양육의 중요성을 말하지만 기도하며 장기 전략을 세울 여유가 없다. 머릿수와 돈이 성공의 기준이 된다. 얼마나 많이 참석하고 얼마나 많은 돈이 걷히는지가 중요하다. 이런 상태라면 생명을 주고 관계를 맺는 사역이 위태로워진다.

아마 이런 생각을 할 것이다. '정말 끔찍한 일이다. 나는 절대로 그런 일이 일어나지 않게 해야지.' 자신을 속이지 말라. 전 세계 사역자들과 대화를 나눠 보면(정말 솔직히 대답한다면) 모두 서서히 다가오는 성취의 압력을 느꼈고 어떻게 그 압력이 선한 의도를 파괴하는지 경험했다고 인정한다. 그래서 성경은 우리에게 마음을 지키라고 경고한다. 생명을 전하는 복음 사역은 언제나 공격을 받는다. 관계에 기초한 어린이 사역을 발전시키고 보호하려면 우리의 생각을 급격히 바꿔야 한다.

현재 당신과 당신의 사역에 건강상의 문제가 있다고 해도 반가운 소식이 있다. 심장마비는 한동안 심신을 쇠약하게 하지만 회복 후에는 변하려는 의지만 있다면, 새로운 삶을 살게 된 것에 감사하게 된다.

재조정할 준비가 되었는가?
관계 중심의 어린이 사역을 위한 세 가지 결단

성경을 펼쳐 마가복음 1장 21-38절을 읽어 보자. 예수님이 24시간

동안 행하신 놀라운 일이 담겨 있다. 예수님의 삶은 늘 가득 차 있었으나 그분은 결코 조급해하지 않으셨다. 예수님은 언제나 하늘 아버지와 제자들과 긴밀히 연결되어 계셨다. 예수님은 하늘 아버지와 홀로 있기 위해 일찍 일어나셨다. 개인적으로 나는 해가 뜨기 전에 일어나는 것을 좋아하지 않는다. 그러나 성경은 예수님의 특별한 시간을 기록해 놓았다. "새벽 아직도 밝기 전에 예수께서 일어나 나가 한적한 곳으로 가사 거기서 기도하시더니." 예수님은 하늘 아버지와의 관계 안에서 자신의 영혼을 재정비하고 재조정하기 위해 잠시 사역의 요구에서 벗어나셨다. 누가복음에도 하나님과 정기적으로 대화하기 위해 번잡한 일상에서 벗어나셨다고 기록되어 있다.[7] 예수님은 우리가 해야 하는 업무와는 비교도 안 될 만큼 많은 요구를 감당하셨으나, 언제나 하나님과 누리는 관계의 깊은 샘을 최우선으로 삼고 그 샘이 차고 넘치도록 사역하셨다.

예수님은 바쁜 사역 가운데서도 제자들에게 본을 보이며 우리가 따라야 할 삶의 방식을 가르치셨다.

> 사도들이 예수께 모여 자기들이 행한 것과 가르친 것을 낱낱이 고하니 이르시되 너희는 따로 한적한 곳에 가서 잠깐 쉬어라 하시니 이는 오고 가는 사람이 많아 음식 먹을 겨를도 없음이라 이에 배를 타고 따로 한적한 곳에 갈새(막 6:30-32).

사도들의 놀라운 사역 경험과 이야기를 들으신 뒤 예수님은 가까운 제자들을 한쪽으로 부르신다. 잠언 4장 23절 말씀대로 마음을 지키기 위한 시간이었다. 예수님은 하나님의 은혜가 아니라 일에서 자신의 가치를 발견하려는 유혹과 공허한 마음의 위험을 아셨다. 제자들에게는 육체적으로나 영적으로 영양분이 필요했다. 제자들은 영적 피로를 해소하기 위해 예수님의 본보기를 따라야 했다. 예수님은 하나님의 메시지와 사역을 신실하게 전하는 통로가 되기 위해 재충전 시간을 충실히 지키셨다. 교회와 사역의 리더들은 예수님의 본을 따라 건강한 관계 중심의 어린이 사역을 인도하기 위해 다음과 같은 세 가지를 결단해야 한다.

첫 번째 결단: 제자 공동체에 한결같이 머무르기
제자의 길에는 명확한 원칙이 필요하다. 제자도의 여정에 있지 않은 사람에게 제자 양육을 맡겨서 사람들에게 영향을 끼치게 하지 말라. 제자 양육의 원칙에 헌신하지 않았다면 누군가를 제자의 길로 도전하려고 하지 말라. 목수 일만 배운 사람이 아무리 배관 수리에 자신이 있다고 해도, 그에게 배관 공사를 맡길 수 있겠는가? 우주복을 입었지만 달까지 비행하는 훈련을 받지 않은 사람과 로켓을 타겠는가? 예수님을 알고 사랑하며 섬기고 싶다면 예수님을 알고 사랑하며 섬기는 일에 헌신된 사람을 따라야 한다.
　성경을 읽고 묵상하며 기도로 용서와 인도를 구하고, 예배를 생활 방식으로 삼으며, 성도와 참된 친교를 나누고, 희생적으로 섬기며 청지기로 살고, 복음 전도에 애쓰는 일은 성령과 협력하여 완전한 삶의 변화로 나아가는 데 중요한 역할을 한다. 하나님과 각본 없는 모험을 떠난다는 것이 아무 데나 간다는 말은 결코 아니다. 모든 걸음을 신중히 떼고 말할 때도 신중하라. 선두에 서게 된다면 어린이와 교사, 부모들을 초청하여 함께 제자도의 여정을 걸으라.

여기서 원칙은 투명성을 유지하면서 제자 공동체에 한결같이 머무르는 것이다. 당신의 본보기는 주위 아이들과 부모, 교사에게 영향을 준다. 예수님은 제자들에게 위선을 벗고 겸손해야 한다고 하셨다. 그러자면 하나님과 바른 관계를 맺고 사람들과 정기적인 관계를 유지해야 한다. 혼자 힘으로는 그리스도의 길에서 성장할 수 없으므로 혼자 하려고 생각하지 마라. 정기적으로 이런 질문에 대답해 보라. 나는 제자로서 어떻게 성장하는가? 내 삶에 누구를 받아들이고 누구와 함께 성장하는가? 안전지대에서 나오라고 진실한 마음으로 나를 이끄는 사람이 있는가? 평생의 제자를 양육하고 싶은 사람은 그리스도의 몸에 머물러야 한다.

두 번째 결단: 모든 행동과 이유에 분명한 의도를 품기

중국 학교에서 영어를 가르치기 위해 파송받은 사람을 만난 적이 있다. 학생들에 대한 그의 말을 들으니 무언가 느껴지는 것이 있었다. 그가 사용한 단어나 표현과 어조에는 아이들을 향한 긍휼의 마음이 묻어났다. 그는 아이들을 진심으로 사랑하는 사람이었다. 가르치는 일은 그에게 직업 이상이었다. 영어를 가르치려고 중국에 왔지만 그 이유 때문에 중국에 있는 것이 아니었다. 영어를 가르치는 일이 즐겁고 사람들과 관계를 맺는 일도 좋으며 신앙적인 대화를 나누는 일도 좋았다. 다만 교실에서는 기독교에 대해 말하는 것이 허용되지 않기 때문에 간접적으로 대화를 시도한다고 했다. 중국 학생들은 교육과 교사에 대한 존경심이 대단하다. 수업 시간에 교사가 하는 말을 하나도 놓치지 않고 받아 적으려 한다. 그래서 그는 이따금 "교육을 받은 모든 사람이 하나님과 예수님을 믿습니다"라고 말했다. 학생들은 당황했지만 아무 말도 하지 않고 수긍한다는 듯 고개를 끄덕였다. 그래서 그는 이어서 이렇게 말했다. "더 알고 싶으면 교실 밖에서 말해 주겠습니다." 이 두 문장 덕분에 많은 학생과 그들의 부모까지 그의 집에 와서 기독교에 대해 토론하다가 마침내 그리스도를 믿기로 결단했다.

제자를 세우는 예수님의 사명은 우리의 사명이다. 언젠가 돌아오실 예수님은 우리에게 단 하나의 임무를 주셨다. 가서 전도하고 제자를 삼는 것이다. 이 사명에는 심리적, 물리적 필요를 채워 주는 일뿐만 아니라 죄의 용서와 구원이 필요한 인간의 상태를 설교하는 일이 포함된다. 누군가가 예수 그리스도를 알고 사랑하며 섬기도록 인도하려면 하나님이 당신의 삶에 두신 사람들이 처한 상황에 맞게 그들을 알고 사랑하며 섬겨야 한다. 예수님의 제자는 문화적 장벽, 사회·경제적 불평등과 인종 차별, 각종 불의를 뛰어넘기 위해 노력해야 한다. 어린이와 가정에는 그리스도의 몸에 연결되어 은혜와 진리로 하나님의 조건 없는 사랑을 드러내고 표현할 교사와 리더가 필요하다.

Love(사랑)라는 단어를 의도의 중요성을 표현하는 차원에서 네 단어로 풀어 보면 Listen(듣기), Observe(관찰), Verify(확인), Engage(동참)가 된다. 내가 좋아하는 성경의 리더십 이야기 가운데 느헤미야가 예루살렘 성을 재건하는 이야기가 있다. 느헤미야는 왕에게 고향으로 보내 달라고 요청하려고 목숨을 무릅쓰고 기도하며 왕 앞에 간 선지자다. 그는 왕의 허락을 받고 안전한 여정과 물자를 보장받아 예루살렘에 가서 상태를 확인하고 계획을 세웠다. 그는 이스라엘 지도자들의 지원을 받고 많은 인원과 함께 성벽을 재건하는 작업을 시작한다. 여러 차례 반대에 부딪혔지만 140년 동안 무너졌던 성벽을 단 52일 만에 재건한다.

느헤미야는 하나님 말씀에 귀를 기울였고(Listen), 주변 상황을 관찰했으며(Observe), 그 일을 위해 필요한 일을 확인하고(Verify), 계획을 실현시키려고 사람들과 하나님의 일에 동참했다(Engage). 이것이 L-O-V-E다. 이번에는 신약에서 사도행전 2장에 나오는 초대교회를 보자. 예수님이 부활하신 지 50일 후에 약속된 성령이 임하시자, 3천 명의 새신자가 세례를 받고 신앙 공동체에 들어온다. 오늘날 그런 일이 일어난다면 교회 행정 직원에게는 악몽이나 다름없다. 베드로가 첫 설교를 하기로 마음먹기 전과 후에 생각이 어떻게 달라졌을지 한번 상상해 보라. 제자들은 예수님의 지시 사항을 들었고, 오순절까지 이어지는 상황을 주의 깊게 관찰했으며, 마땅히 해야 할 일을 확인하고, 함께 모여 기도했다. 때가 무르익자 성령이 하시는 일에 동참했다. 이것이 L-O-V-E다.

사역에서 의도는 매우 중요하다. 우리가 맡은 사명은 시급하다. 메시지는 삶을 완전히 바꾼다. 우리는 좋든 나쁘든 유업을 남긴다. 이 사실을 기억하기를 기도한다. 주님이 부르신 일을 분명한 목적으로 실천하는 것은 리더가 당연히 해야 할 일이다. 우리가 맺는 관계에는 분명한 의도가 필요하다. 어린이와 가정은 여러 면에서 교회와 주일학교의 영향을 받는다. 당신에게 가장 중요한 사역은 당신이 현재 이끄는 사역이다. L-O-V-E의 원리를 명심하고 교사들과 함께 이 원리를 실천하라. 정말 중요한 일에 비전과 관계, 가치와 개입이 일어나도록 주의 깊게 듣고 관찰하며 확인하고 동참하라.

세 번째 결단: 언제나 열려 있되 명확한 한계를 두기

어떤 일을 하다가 갑작스럽게 방해를 받으면 어떤가? 지금 바로 대답할 필요는 없지만 아마도 뜻밖의 상황이 좋지는 않을 것이다. 모처럼 일이 잘된다고 생각하던 참인데 전화나 문자, 이메일을 받거나 노크나 택배 온 소리를 듣는다. 갑자기 정전이 되거나 화재 경보가 울릴 때도 신경이 쓰인다. 방해는 대부분 사람과 관련된 일이다. 내가 아는 도서관 사서는 사람들에게 절대 자신의 이름을 알려 주지 않는다고 한다. 그 대신 책상에 놓인 명패에는 '방해 가능'이라고 써 두었다. 그것을 보고 나는 삶의 교훈을 깨달았다.

사역은 1년 열두 달 내내 계속된다. 그렇다고 항상 대기해야 하는 것은 아니다. 사역에 참여하는 교사와 리더들은 항상 문을 열어 놓되 한계를 명확히 해야 한다. 사람들의 필요는 끝이 없으므로 누군가를 섬기는 사람들은 한계를 정하기 어렵다. 언제 잠시 셔터를 내려야 할까? 누군가가 방해했을 때 폭발한다면 경고 신호다. 방해를 받을 때 심장박동이 올라가거나 화가 치민다면 잠시 쉬어야 한다는 신호다. 예수님은 잠시 물러나서 기도하러 가셨다. 사람들의 필요에 자신의 시간이 휘둘리게 하지 않으셨다.⁸

교만한 사람은 언제나 혼자 힘으로 사람들의 필요를 채워 주고 모든 일을 해내려 애쓴다. 자신이 똑똑하고 빠르게 잘할 수 있다고 마음 깊이 확신하기 때문이다. 그러나 하나님의 가족에 속한 사람으로 그리스도 안에서 제자로 성장하고, 제자를 양육하는 일은 그렇지 않다.

> 우리의 조급함은 대부분 교만, 자만, 두려움, 믿음 부족에 기반을 둔 경우가 많으며, 자신이 누군가에게 진짜 가치가 있는 일을 하는 경우가 드물다는 사실을 깨닫는 날이 올 것이다.
> 달라스 윌라드[9]

아이들은 당신을 원한다. 부모들도 당신을 원한다. 사역 팀도 당신을 원한다. 교회 리더들도 당신을 원한다. 당신의 가족도 당신을 원한다. 한도 끝도 없다. 분명 모두 도움이 필요한 사람들이다. 그러나 그럴수록 위험이 가중된다. 제자를 세우는 교사의 삶과 유한한 인간의 삶 사이에 균형을 찾는 책임은 당신에게 있다. 하나님은 이웃을 알고 사랑하며 섬기도록 당신을 창조하셨다. 그러나 당신 혼자만 그 일에 부름 받은 것이 아니다. 그리스도의 몸에 있는 모든 사람이 동일한 부르심을 받았으며, 그중 일부는 이미 교회나 학생부에서 섬긴다. 우리의 시간과 자원, 은사, 열정은 한계가 있고 반드시 챙겨야 할 관계나 일정이 있다. 정말로 도움이 필요할 때 사람들을 돌보고 사역을 제대로 해내려면 명확한 경계를 두어야 한다.

효과적인 제자 양육을 위해서는 가족, 주일학교, 교회와의 관계에 일정한 경계가 필요하다. 경계는 갑자기 생기지 않는다. 힘들게 노력해서 얻는 것이다. 이 싸움은 하루 일과를 시작하기 전 집에서 시작된다. 하나님이 우리에게 허락하신 시간을 어디서 누구와 보내는 데 사용할지 하나님의 뜻을 확인하라. 어린이, 가정, 교사들은 언제나 우리가 자신에게 시간을 내주기를 바란다. 주님은 우리가 시간을 얼마나 할애할지 정하도록 인도하신다. 또한 우리가 사람들과 있을 때 온전히 마음을 쏟도록 능력을 주신다. 이것이 바로 예수님이 보이신 관계 중심의 제자 양육의 핵심이다.

제자들이 사실로 믿든 믿지 않든 "나를 떠나서는 너희가 아무것도 할 수 없음이라"(요 15:5)고 하신 예수님의 말씀은 진리였다. 우리가 삶에서 할 수 있는 일은 많다. 그러나 우리에게 생명을 주고 유지시켜 주는 포도나무와 단절된 상태에서는 가치 있는 일을 할 수 없다는 사실을 명심하라. 하나님과의 관계 안에 거하는 일에는 시간, 열린 마음, 연약함, 인내, 성실함이 필요하다. 하나님이 우리에게 섬기도록 초청하신 사람들과의 관계에서도 마찬가지다. 하나님과의 관계에 무엇보다 우선순위를 둘 때 교사와 리더는 어린이와 가정 성도와의 제자도 안에서 충분히 시간을 낼 수 있다.

녹초 상태에서 벗어나 영적 건강을 추구하라

2000년의 탈진이 내가 겪은 마지막 탈진이었다고 말할 수 있다면 얼마나 좋을까? 주님은 오직 주님과만 시간을 보내도록 나에게 정기적으로 주의를 주신다. 잠시 물러나서 누가 열매를 맺게 하는지 보게 하신다. 하나님은 내 삶과 사역, 나 자신에 대한 관점을 회복시키고 부르심에 대한 확신을 주신다.

마음을 새롭게 하는 힘겨운 시기를 보낼 때, 로버트 클린턴(Robert Clinton)의 『영적 지도자 만들기』(The Making of a Leader, 베다니 출판사 역간)라는 책을 읽었다. 내 은사이자 멘토이며 사역 동료이자 친구인 낸시 교수님이 오래전 읽어 보라고 준 책이다. 마침내 책을 읽게 되자 하나님은 책을 통해 나를 바꾸고 도전하셨다. 성령은 이 책에서 내가 결코 잊지 못할 참된 리더십의 교훈을 깨닫게 해주셨다.

만약 내가 이끈다면 내가 대가를 치를 것이다.
만약 내가 이끌지 않으면 사람들이 대가를 치를 것이다.

많은 의미가 담긴 문장이다. '만약'이 중요하다. 언제나 도피처가 있다는 말이다. 이끌기로 선택한 리더는 희생을 선택한다. 교사와 제자 양육자라는 부르심이 확실하다면 당신은 리더로서 이끄는 자리에 있어야 한다. 거기에는 언제나 대가가 있다. 하나님이 주신 비전에서 뒤로 물러나는 일에도 역시 대가가 있다. 당신이 대가를 치르도록 하나님이 부르신다고 느낀다면 대가를 치러야 한다. 당신이 섬기지 않는다면 다른 사람들이 대신해야 한다. 그러면 시간이 더 걸릴 수도 있지만 어찌되었든 하나님은 그분의 목적을 이루신다.

당신에게 이렇게 격려하고 싶다. 당신의 삶을 들여다보고 마음을 살피라. 당신은 성실하게 이끄는가? 당신의 동기를 보라. 하나님이 맡기신 사명을 하나님의 영광을 위해 하는가, 자신의 영광을 위해 하는가? 당신의 일정을 보라. 또 당신은 주님과의 시간을 확보하기 위해 적절한 한계와 공간을 정했는가? 어쩌면 재설정 버튼을 누르고 현재의 사역을 새로운 방향으로 재조정해야 할 때인지도 모른다. 교사들을 제자 양육 공동체로 바꾸기 쉽지 않지만 해볼 만한 가치가 충분한 일이다.

재조정할 준비가 되었다면 다음 두 장에서 소개하는 버튼 두 가지를 눈여겨보기 바란다. 첫 번째 버튼은 제자 양육의 목표 재조정이고 두 번째 버튼은 향후 여정을 위한 현재의 제자 양육 자원 재검토다.

묵상과 토론을 위한 질문

01 당신의 삶에서 재조정 버튼을 눌러야 했던 때가 있는가? 그것은 쉬웠는가 어려웠는가? 결과가 어떠했는가?

02 육체, 감정, 신앙, 관계 면에서 연료가 바닥났다고 느낀 적이 있는가? 가장 최근에 느낀 적이 언제인가? 내면의 연료 탱크가 바닥난 사실을 어떻게 알았는가?

03 사역에서 맡은 역할이나 관계의 탈진을 경험한 적이 있는가? 어떤 일이 벌어졌는가? 그 고통과 고갈에서 어떻게 벗어났는가?

04 당신이나 주변 사람이 탈진한 상태로 사역하는 바람에 건강하지 않은 결과를 경험한 적이 있는가?

05 평생의 제자도를 위해 현재의 어린이 사역을 재조정하려면 개인적으로 어떤 변화가 필요한가?

06 당신이 가장 노력해야 할 결단은 다음 가운데 무엇인가? 교사와 부모들에게 해보라고 가장 도전하고 싶은 결단은 무엇인가?

- **첫 번째 결단**: 제자 공동체에 한결같이 머무르기
- **두 번째 결단**: 모든 행동과 이유에 분명한 의도를 품기
- **세 번째 결단**: 언제나 열려 있되 명확한 한계를 두기

07 듣고(L), 관찰하며(O), 확인하고(V), 동참하는(E) 일은 전략적인 비전과 방향에 도움이 된다. 어린이와 가정을 평생의 제자로 양육하기 위해 하나님이 리더인 당신을 인도하시는 사역 방향이 있는가? L-O-V-E는 당신이 앞으로 나가는 데 어떤 도움을 주는가?

08 "만약 내가 이끈다면 내가 대가를 치를 것이다. 만약 내가 이끌지 않으면 사람들이 대가를 치를 것이다." 당신은 교사로서 이 말에 동의하는가? 그 이유는 무엇인가? 동의하지 않는다면 그 이유는 무엇인가? 그리스도를 따르는 제자이자 사람들을 제자로 인도하는 제자 양육자의 삶을 살 때 이 말을 경험한 적이 있는가?

Chapter 11

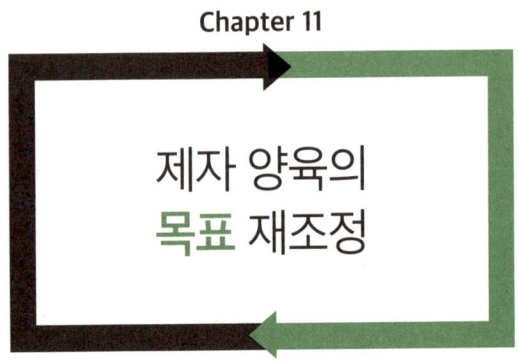

제자 양육의
목표 재조정

계획대로 실행되기를 바란다면 많은 에너지를 쏟아부어야 한다.
엘리너 루스벨트(Eleanor Roosevelt)[1]

사람이 마음으로 자기의 길을 계획할지라도 그의 걸음을 인도하시는 이는 여호와시니라(잠 16:9).

루빅스 큐브는 세계적으로 유명한 인기 장난감이다. 헝가리의 발명가이자 건축과 교수인 에르노 루빅(Erno Rubik)이 1974년에 개발한 이 단순한 게임은 40년 넘게 모든 아이의 머릿속을 복잡하게 만들었다.[2] 나는 1980년대에 이 신기한 장난감을 처음 만져 보았다. 핫 휠 미니카와 후바부바 풍선껌을 친구에게 주고 만난 이 두뇌 게임의 기본 원리는 간단해 보였다. 기본적으로 면이 여섯 개, 색이 여섯 개다. 가로와 세로가 3개인 3×3 큐브를 돌려서 각 면을 같은 색으로 맞추면 되는 게임이다. 뭐가 어려울까 싶어 바로 뛰어들었다. 그 순간 별것 아닌 듯했던 이 장난감과의 악연이 시작됐다.

5분, 10분, 30분, 3일, 3주가 지났다. 나는 방에 틀어박혀 문을 닫고 큐브 맞추기에 몰입했다. 밤이고 낮이고 머릿속에서 큐브 생각이 떠나지 않았다. 마침내 인내심의 한계를 느꼈다. 진이 빠지고 집중도 안 됐다. 성공했다고 생각한 순간 큐브를 돌려 보면 여기 있어야 할 조각이 반대편에 가 있었다.

계속 같은 문제를 맞닥뜨렸다. 문제가 안 풀려서 너무 답답했지만 도무지 멈출 수 없었다. 내 집착은 완전히 도를 넘었다. 나는 일자 드라이버를 큐브 사이에 집어넣어 이 망할 장난감을 해체했다. 중심을 기준으로 24개 조각을 하나씩 다시 조립해서 6면을 완성했다. 마지막 조각을 집어넣자 성취감(그리고 약간의 죄책감)이 밀려왔다. "드디어 풀었다!" 나는 안도의 한숨을 내쉬고는 완성된 큐브를 트로피 선반에 올려 두었다.

에르노 루빅 교수는 이렇게 말했다. "호기심이 많으면 주변에서 수수께끼를 발견할 수 있다. 의지가 있으면 그 수수께끼를 풀게 될 것이다."[3] 나는 문제의 해답 찾기를 좋아한다. 무언가가 고장 나면 고쳐야 직성이 풀린다. 사람들은 성탄절이나 생일에 조립이 필요한 선물을 받으면 무조건 나에게 가져온다. 한번은 몽당연필, 열쇠고리, 고장 난 일회용 톱, 작은 스위스 아미 나이프로 옷장을 조립해서 아내는 물론 나 자신도 놀랐다. 나는 수수께끼에 저절로 끌린다. 해결책을 찾을 때까지 이 방법 저 방법을 시도한다.

하나님이 나에게 주신 은사는 창의성, 혁신, 리더십이다. 그러나 사람은 풀어야 할 문제가 아니다. 사람이라는 수수께끼는 고정되지 않고 계속 움직이는 목표물이다.

사람이나 문제가 없다면 사역은 필요하지 않다. 사람과 관련된 문제를 성공적으로 해결하려면 다른 종류의 의도와 질문, 도구와 기술이 필요하다. 어린이 사역 분야의 교수 미셸 앤소니는 교사들이 직면한 진퇴양난의 제자 양육 상황에 대해 이렇게 말한다. "멘토와의 관계나 부모와의 관계는 주관적이다. 우리는 누군가의 삶을 목격하는 증인이다. 이는 통계학으로 측정할 수 있는 것이 아니다."[4] 관계 중심의 제자 양육 공동체에서 우리는 각 상황과 환경에 따라 관점과 접근법을 계속 재조정해야 한다. 제자도는 목적지가 아닌 과정이며 고정된 목표가 아닌 장기적인 과정이다. 사람을 해결하거나 고쳐야 할 대상으로 보려는 유혹에 넘어가 오히려 피해만 끼치는 잘못된 제자 만들기 모델이 될 수 있다. 정답을 찾으려는 시도는 관계 중심의 어린이 사역이 지향하는 비전과 기본적으로 맞지 않는다.

> 조정은 일회성 행사가 아니라 과정이다.   마이클 하이엇(Michael Hyatt)[5]

지금 내 사무실에는 네 개의 루빅스 큐브가 있다. 전부 크기가 다르다. 만만한 2×2 큐브부터 약간 어려운 3×3, 좀 더 어려운 4×4, 골치 아픈 5×5까지 있다. 지금까지 나는 작은 곳부터 큰 곳까지 다양한 교단의 여러 교회와 공동체에서 사역했다. 사역 규모가 크면 문제가 더 복잡하긴 하지만 문제의 근본은 동일하다. 모든 일에는 일이 돌아가는 기본이 되는 중심이 있다. 하나님의 말씀은 결코 변하지 않는다. 그러나 하나님의 교회는 문화에 따라 변한다. 어린이 사역의 제자도 방향을 재조정하려면, 변하지 않는 중심을 향한 확고한 신념과 변하는 세상에 대한 적응력이 필요하다. 루빅스 큐브는 나에게 한 방향을 향해 지속적으로 나아가는 것의 중요성을 기억하게 해준다.

분산된 방향의 비극

지난 주일에 우리 교회에서 발생한 순진한 남매의 충돌은 경미한 치료가 필요한 상황으로 이어졌다. 다행스럽게도 아이들의 엄마는 의사였다. 구급상자에는 수술용 장갑부터 소독 집게까지 들어 있었다. 나는 냉찜질 팩, 반창고, 항생제 연고를 집어 들고 비상사태를 해결하려고 아이들이 있는 곳으로 달려갔다. 해결은 시간 문제였다. 아이들의 엄마는 예배를 드리러 갔고 여자아이는 휴지를 한두 장 정도 들고 있었다. 얼른 아이에게 갔다. 10분 뒤에 한 교사가 복도에서 나를 붙들었다. 일회용 냉찜질 팩이 이전에 사용하고 그대로 둔 것이어서 계속 상온 상태였던 것이다. 마음이 다급했다. 교회 냉장고에서 찾을 수 있는 차가운 물건은 냉동 닭이 든 팩과 치즈데니쉬 빵뿐이었다. 결정을 내려야 했다. 세균이 적은 것을 고르는 차원에서 비닐로 포장한 빵을 선택했다. 그리고 새해에는 모든 물품을 잘 구비하여 만반의 준비를 하겠다고 결심했다!

몇 년 전 일이지만 잘 기억해 두려고 적어 둔 일기의 내용이다. 당신도 비슷한 경험이 있을 것이다. 계획을 세우고 잘 준비해도 위기 상황이 닥치면 허둥댄다. 종종 응급 처치가 필요한 상황이 벌어진다. 어린이 사역을 순조롭게 운영하려면 치밀한 사전 작업이 필요하다. 아무리 준비해도 결코 완벽하지 않다.

치즈데니쉬 빵 사건은 멍청한 결정이었다. 그러나 유익한 교훈을 남겼다. 구급상자 물품을 채우는 것은 쉬운 일이었다. 냉찜질 팩을 미리 준비하지 않은 것은 우리가 맞닥뜨린 광범위한 사역의 문제를 보여 준다. 언제든 우리가 모르는 문제가 있을 수 있다. 냉찜질 팩이 떨어진 정도는 문제도 아니다. 우리가 아직 모르는 문제가 언제 지평선 너머로 조금씩 정체를 드러낼지 모른다.

앞에서 말한 사건은 물품 관리의 중요성에 대한 내 신념을 더욱 확고히 해주었다. 이 시기에 나는 어린이 사역 팀과 이야기를 나누었다. 우리는 어린이에 대한 우리의 비전과 교회가 추구하는 전반적인 방향 사이의 불일치를 발견했다. 예를 들어 우리는 어린이를 비롯한 모든 성도가 하나님의 사랑을 느끼도록 사역하는 것을 목표로 했다. 그러나 주일 예배 1부와 2부 사이의 시간이 짧아서 의미 있는 소통을 하기에는 언제나 시간이 부족했다. 우리가 사용한 커리큘럼은 괜찮은 자료였지만 많은 어린이와 부모가 성경이나 교회를 처음 접하는 상황이 대다수였기 때문에, 우리의 실제 사역 대상에게는 너무 전통적인 방식으로 접근하는 느낌이 있었다. 그래서 우리가 변화를 제안할 때마다 교회에서는 변화가 어렵거나 개선을 위한 예산이 없다고 응답했다. 평일 사역도 성장 가능성이 있었지만 장년 예배와 성경 공부를 지원하기 위해 아이들을 맡아 주는 역할에만 머물러야 했다.

놀랍게도 사역 봉사자 신청자와 출석하는 어린이 수는 매주 급증했다. 그 어느 때보다 아이들과 봉사자가 많았다. 우리는 사역 팀과 가정을 잘 세우고 싶었지만 교회의 전반적인 사역은 하나님이 실제로 일하고 계신 곳 뒤에 머물렀다. 제자도 단절의 문제도 반드시 해결해야 했다.

정확히 무엇이 단절된 것일까? 좀 더 깊은 문제는 교회가 어린이와 어린이 사역을 중요하게 여기지 않는다는 점이었다. 프로그램은 많았지만 우선순위에서 뒤처졌다. 놀라운 것은 내가 교회에서 제자도의 단절을 깨닫자 우리 가정에서도 동일한 일이 벌어지고 있다는 것을 깨닫게 되었다는 것이다. 교회와 가정에서 우리는 하나님을 위해 최선을 다했다. 그러나 동시에 너무 많은 접시를 돌리고 있어서 중요한 것을 놓치고 있었다. 이렇게 빗나간 방향 문제는 도처에 가득하다.

C. S. 루이스(C. S. Lewis)는 이렇게 말했다. "어린이는 더 중요한 일에 대한 방해물이 아니다. 어린이는 가장 중요한 일이다." 이 말의 진가를 모든 사람이 깨닫게 하려면 꾸준히 노력해야 한다. 계속 똑같은 일을 하기보다는 '무엇을', '어떻게' 하는지, 무엇보다도 '왜'하는지에 대한 생각을 새롭게 할 필요가 있다.[6] 우리는 교회의 사명이 성경의 진리에 근거한다는 확신이 있었다. 다만 어린이 사역을 교회의 사명과 조화를 이루게 하는 방법이 명확하지 않았을 뿐이다. 제자 삼기는 세대를 아우르는 교회 전체의 사명이다. 우리의 목표는 어린이 사역을 다른 교회 사역보다 우위에 두는 것이 아니었다. 그러나 조정할 필요가 있다는 것을 깨달았다. 어린이 사역을 교회 전체의 사명과 같은 방향에 두어서 모두 자기 뜻대로 일하지 않고 공동의 목표를 향해 합력하게 하려면 어떻게 해야 할까?

> 조직의 사명을 성실하게 수호하는 것은 리더의 책임이다.
> 피터 그리어(Peter Greer)[7]

협력을 추진하는 일은 쉽지 않았다. 어린이 사역 리더, 담임목사, 기타 사역 리더, 가정을 하나로 모아야 했다. 우리는 각기 다른 방향을 바라보고 있었다. 일치된 비전이 없으면 사역의 기도와 계획이 사방으로 향한다. 불신은 신뢰와 협력을 갉아먹는다. 사역에서 세력 다툼은 승자 없이 모두 지는 게임이다. 리더이자 저자인 마이클 하이엇은 통찰력 있는 다음과 같은 말을 했다. "연약한 리더는 아랫사람들이 제대로 된 방향으로 가지 않는다고 비난하지만 강한 리더는 방향을 제시하는 것이 자기 책임이라는 것을 안다. 그러나 이는 저절로 되지 않는다. 만들어지는 것이다."[8] 자신과 사람들을 앞으로 나아가게 리더가 주도적으로 움직여야 한다.

루빅스 큐브를 맞출 때 모든 면을 원래 위치로 돌려놓기 위해 큐브를 이리저리 맞추는 과정에서 집중력과 끈기가 필요하듯, 사역의 사명을 한 방향으로 향하게 하는 일도 마찬가지다. 제자도의 방향을 재조정하려면 어린이 사역과 교회 리더십 사이의 공통분모를 명확히 해야 한다. 그렇게 할 수 있는 방법을 생각해 보자.

하나의 사명: 제자도의 목표 정의

이케아(IKEA)는 홈 인테리어계를 단번에 바꾸었다. 근처에 매장이 없다면 온라인 상품 안내서라도 찾아 보라. 친한 지인이자 멘토인 톰이 이런 말을 했다. "이케아에 그만 가야겠어요. 아내와 갈 때마다 생활에 꼭 필요할 것 같은 제품이 수백 가지씩 눈에 보이더군요. 우리 은퇴 자금으로는 감당이 안 되겠어요." 이케아는 단순함과 기능성으로 업계에서 단연 으뜸이다. 매장에는 일상생활에 필요한 실용적인 제품이 가득하다. 고객들이 구매하기 전에 제품을 경험할 수 있게 인테리어 모범 사례까지 제시한다. 아이들에게 레고가 있다면 어른들에게는 이케아가 있다(그 정도로 매력적이다). 가정에 필요한 제품을 합리적인 가격으로 제공한다는 이케아의 철학도 마음에 든다. 사업의 핵심이 무엇인지 아는 회사다.[9]

신실한 그리스도의 제자인 톰과 그의 아내 조지아는 우리 가족과 매우 가깝게 지낸다. 우리는 카페에서 수백 시간을 함께 보냈고 함께 교회를 섬긴 지도 오래되었다. 톰과 조지아는 근처에 사는 가족이 없던 우리 부부에게 조부모가 되어 주었다. 우리는 제자 사역과 제자 양육 공동체를 향한 동일한 마음이 있다. 나는 하나님의 말씀과 성경적인 공동체에 대한 톰의 헌신을 볼 때마다 늘 감동을 받는다. 톰과 조지아는 말 그대로 진정한 하나님의 종이었다. 나는 그리스도의 몸이 형통하기 위해 모든 세대가 필요하다고 믿는다. 톰과 조지아는 바로 그 모범이 돼 주었다.[10]

오랫동안 톰과 내가 품었던 의문이 있다. "이케아 같은 기업도 분명하게 사명을 정하고 앞으로 나아가는데 교회는 왜 가서 제자 삼으라는 사명을 잃어버리는 것일까?" 많은 교회가 건강한 성경관과 전략을 지녔음에도, 앞으로 가다가 길에서 벗어난다. 그래서 재설정이나 재조정이 필요한 것이다.

관계적 어린이 사역을 위한 제자도의 정의를 다른 시각에서 보자.

제자도는 그리스도의 구원을 신뢰하고 모든 면에서 그리스도를 닮기로 결단한 사람에게 일어나는 평생의 변화다. 제자도는 하나님을 경외하는 태도, 신념, 실천, 관계의 성숙을 통해 공동체 안에서 개인적으로 일어난다.

각각 자기 교회만의 제자도 정의를 규정해야 한다. 결국 이 정의와 비슷하더라도 각 교회가 처한 문화와 상황을 고려해야 한다. 구체적인 내용이 어떠하든 모든 교회와 어린이 사역은 제자도의 궁극적인 목적지와 그곳까지 도달할 방법을 명확히 계획해야 한다. 산 정상이나 골짜기를 통과할 때 함께 인내하려면 장기적인 헌신도 필요하다. 마태복음 28장 18-20절에서 그리스도는 제자들에게 "제자를 삼으라"는 최종 목표만 주고 구체적인 내용은 주시지 않았다. 복음을 삶으로 실천하고 사람들이 말씀에 순종하도록 가르치며, 세례를 주고 하나님의 백성으로 이루어진 공동체의 일원이라는 새로운 정체성을 제공하라고 하셨다. 앞으로 나아가는 제자도는 성경 말씀, 신학 전통, 교회 역사, 상황적 적용이 혼합되어 결정된다. 각각 교회마다 다르다. 따라서 총체적인 접근 방식을 사용하되 기억하고 적용하기 쉽게 최대한 단순해야 한다.

『단순한 교회』(Simple Church, 생명의말씀사 역간)라는 획기적인 책에서 톰 레이너(Thom Rainer)와 에릭 게이거(Eric Geiger)는 몇 가지 시작 방법을 제안한다.

단순한 교회는 신앙 성장의 단계에 따라 사람들을 인도할 명확하고 전략적인 과정을 중심으로 설계된다. 리더십과 교회는 과정을 명확히(명확성) 설정하고 실행에 집중한다. 과정은 논리적으로 진행하며(이동) 교회 각 영역에서 시행한다(동일한 방향성). 교회는 이 과정에 맞지 않는 모든 것을 버린다(집중).[11]

분명한 하나의 사명은 사명을 지원하는 비전으로 이어진다. 레이

너와 게이거는 동일한 방향성과 재조정을 이렇게 요약한다. "명확성, 이동, 동일한 방향성, 집중이 모두 필요하다."[12] 교회가 제자도 목표를 설정하도록 도와주는 전략 기획 방식도 많다.[13] 그러나 모든 교회에 맞는 하나의 방식은 없다. 사사기 17장 6절은 분산된 방향성의 고질적인 원인을 리더들에게 알려 준다. "사람마다 자기 소견에 옳은 대로 행하였더라." 하나의 방향을 갖고 나아가는 다양한 방법이 있지만 궁극적으로 중요한 것은 목표에 집중하고 함께 협력하는 것이다. 마치 카누에 탄 사람들이 각기 다른 방향으로 노를 젓는 것처럼 모두 자기 마음대로 하면 사역이 제대로 된 방향으로 가기 어렵다. 제자도에 집중된 공동의 사명이 있으면 어린이 사역의 모든 부분이 일정한 방향으로 나아가도록 설정하는 데 도움이 된다.

이 일을 시작하려면 하나님이 회중 가운데 임명하신 교회 리더와 영적 감독자들과 함께 점검할 필요가 있다. 명확한 신앙 선언문이 있는가? 신앙 선언문은 제자 삼는 사역으로 사역을 재조정할 때 공동체의 보호 장치 역할을 한다. 감독자의 역할을 간과하거나 가볍게 여기지 말라. 또 혼자 하려고 하지 말라. 예수님은 하늘 아버지의 사명을 따르고 무슨 일을 하든지 그분의 뜻에 자신의 뜻을 맞추는 것의 중요성을 몸소 보이셨다.[14] 초대교회는 기도로 충만한 예수님이 모범을 따랐다. 사역 계획을 추진하거나 리더를 선정하여 보내기 전에 그들은 성령의 인도하심을 구하고 자신의 뜻을 그것에 맞췄다.[15] 현재의 어린이 사역에 관계적 제자도의 초점을 추가하면 기존 사역이 더욱 단단해질 것이다.

리더들이 제자도의 목표를 명확히 설정하고 어린이 사역이 교회의 믿음과 사명에 발맞춰 나가도록 공동의 기반을 추구할 때, 리더십의 중대한 다음 단계로 나아갈 수 있다.

건설적인 변화를 위한 공통점 확보

함께 오렌지를 먹던 자매 앞에 마지막 하나가 남았다. 그들은 동시에 소리쳤다. "내 거야!" 언니는 나이를 강조하며 자기 권리를 주장했다. "성경에서 어른을 공경하라고 했어." 그러자 동생이 맞받아쳤다. "이웃을 내 몸같이 사랑하라고 했어." 성경 말씀으로 서로 공격했지만 어느 쪽도 기선 제압을 하지 못했다. 누가 성경을 더 잘 아는가 하는 문제로는 판가름이 어려워 보이자, 그들은 타협했다. 언니가 칼을 집어 들고 동생은 도마 위에 오렌지를 놓았다. 칼날이 오렌지를 정확히 반으로 잘랐다. 그들은 오렌지를 한 조각씩 들고 혹시라도 빼앗길까 싶어 반대 방향으로 갔다.

의견이 일치하지 않으면 합의점이 필요하다. 합의점에 도달하려면 협상의 기술이 필요하다. 우리는 각자 다른 관심사로 모인다. 상대방이 무엇을, 왜 원하는지에 대한 인식이 부족할 수도 있다. 서로 입장을 이야기하고 듣는 일에는 시간이 필요하다. 그러나 상대방을 이해하는 데 시간을 들이면 합의에 도달할 수 있다. 다른 사람에게 무엇이 중요하고 그것을 중요하게 여기는 이유가 무엇인지 파악하는 방법을 배워야 한다. 다른 사람의 것을 취하기 위해서가 아니다. 각자 얻거나 잃는 부분이 있지만, 당사자가 모두 참여해야 합의가 이루어진다. 시편 133편 1절은 이렇게 말씀한다. "보라 형제가 연합하여 동거함이 어찌 그리 선하고 아름다운고."

앞에서 자매는 사실 타협과 조정을 할 수 있었다. 그들은 서로를 이해하려 하지 않았다. 언니는 맛있는 케이크를 만들고 장식하기 위해 오렌지가 필요했다. 언니에게 필요한 것은 오렌지 겉껍질이었다. 한편 동생은 신선한 주스를 만들기 위해 오렌지가 필요했다. 동생에게 필요한 것은 오렌지 과육이었다. 그들의 필요는 서로 달랐다. 이 경우 목표가 달랐기 때문에 둘은 경쟁 관계가 아닌 보완 관계에 있었다. 그러나 두 사람은 서로의 관점, 욕구, 목적을 이해하려 하지 않았다. 경쟁에 눈이 멀어 서로에게 이득이 되는 기회를 놓친 것이다.

교회에서도 이와 비슷한 일이 놀랄 만큼 자주 일어난다. 안타깝게도 오렌지의 겉과 속을 나누면 되는 것처럼 간단한 상황이 아닐 때가 많다. 오래된 방식을 바꾸거나, 낡은 프로그램을 없애거나 조직 구조를 바꿔야 할 수도 있다. 가장 일반적인 의견 차이는 교회와 어린이 사역을 성경에 기초한 행사로 축소해 버리는 교회 리더십의 결정이다. 프로그램 기획이 사역의 중심이 된다. 사역 행사나 프로그램을 제자 양육이라는 큰 사명의 일부로 보기보다는 찬양 예배나 수요 저녁 프로그램을 최우선으로 삼고 다른 사역은 그 프로그램이나 행사를 지원하는 것으로 여긴다. 어린이 사역이나 다른 관련 사역은 주요 행사를 방해하지 않는 차원에서만 의미를 둔다.

물론 지나친 일반화일 수 있다. 대부분의 교회는 각 사역이 모여 전체 교회 사역이 일어나고 제자도로 연결된다는 사실을 인식한다. 그러나 표류할 위험은 언제나 존재한다. 어린이 사역 리더들에게도 주의가 필요하다. 마음을 쏟는 것은 힘든 노동이다. 우리가 어떤 일을 왜 하는지에 대한 큰 비전과 성경적인 동기를 항상 사람들에게 알려 주어야 한다. 더 큰 대의를 위해 꽉 쥔 주먹을 펴야 할 수도 있다. 다른 무언가를 꽉 쥔 채로는 하나님의 사랑을 붙들 수 없다.[16]

예수님은 자신이 구원하려는 사람들을 겸손히 섬기려고 하나님 아들의 권리와 특권을 버림으로, 위대한 겸손의 모범이 되셨다. 예수님의 본을 따를 때 전에 없던 연합이 일어난다.[17]

다음 내용을 최대한 유익하게 활용하려면 리더나 결정권자를 염두에 둘 필요가 있다. 관점 조정, 우선순위 평가, 계획 실행, 잠재력 달성이라는 네 가지 핵심 분야에 대해 의견을 나눌 사람을 생각해 보라. 교회의 사명과 어린이 사역의 사명 사이에서 공통점을 찾고 현실을 진단하기 위해 리더에게 할 수 있는 네 가지 질문이 있다. 질문에 대해 함께 고민할 때 반드시 기도하고 하나님의 인도를 따라야 하며, 신뢰하는 사람들과 협력해야 한다. 겸손한 마음과 듣는 귀는 언제나 정직한 대화를 위한 선행 조건이다. 은혜와 진리가 있는 곳에는 때가 되면 건설적인 변화가 찾아온다.

관점 조정: 현재 어떤 상태인가?

3D 안경을 쓰지 않고 3D 영화를 본 적이 있는가? 안경을 쓰지 않으면 이미지가 선명하지 않고 흐릿하게 보인다(마치 어릴 때 집에 있던 13인치 흑백텔레비전을 보는 것 같다). 3D 이미지가 영상을 망치고 영화를 완전히 볼 수 없는 상태로 만든 것처럼 보인다. 그러나 아무리 어색하고 불편해도 극장에서 나눠 주는 큼직한 안경을 쓰면 충분한 보상을 얻을 수 있다. 안경을 쓰면 초점이 달라진다. 흐릿하게 겹쳐 보이던 장면도 안경을 쓰면 마치 스크린이 튀어나온 것 같은 다차원 영상으로 보인다.

겸손하게 안경을 쓰고 다른 관객과 함께하라. 시점을 하나로 맞출 때, 눈앞에 펼쳐진 이야기를 따라갈 수 있다.

교회의 사명과 어린이 사역의 사명이 같은가? 동일한 제자 양육의 궤도 가운데 있는가? '현재 어떤 상태인가?'라고 질문하라. 모두 같은 렌즈를 끼고 같은 미래를 향해 같은 방향을 바라보는가?

첫 번째 원리: 분산된 방향성은 사명과 사역의 동력을 파괴한다

'현재 어떤 상태인가?'라는 질문은 정직한 자체 평가를 의미한다. 사람들을 모아 놓고 이렇게 물어보라. "당신은 무엇을 기대합니까? 우리는 무엇을 성취하기 위해 노력합니까? 우리가 지금 이 일을 하는 동기는 무엇입니까?" 단단히 각오하라. 매우 낙심할 수도 있다. 그러나 필요한 일이다. 기준 평가가 필요하다. 어린이 사역자들과 프로그램이 교회 전체의 비전과 일치하지 않는가? 의견이 분분한가? 그렇다면 사역의 영향력, 특히 제자를 만드는 일의 영향력을 파괴하게 된다.

놀이공원이나 쇼핑몰에 있는 대형 지도를 생각해 보라. 지도에는 가게들과 놀이기구가 모두 표시되어 있다. 그러나 지도를 제대로 활용하려면 붉은 점으로 표시된 '현재 위치'를 찾아야 한다. 출발점이 있어야 전체 상황을 파악할 수 있다. 현실을 정직하게 평가하려면 가고 싶은 목적지와 현재 위치부터 알아야 한다.

앞으로 나가기 전에 교회의 사명과 어린이 사역 등 여러 사역이 존재하는 이유에 대한 명확한 정의가 필요하다. 사명과 비전이 일치하지 않는 부분이 어디인지 찾아서 어떤 변화를 추구해야 할지 대화하라. 이 단계를 건너뛰고 대화를 나누지 않는다면 당신이 세우려는 사역은 결국 무너질 것이다. 현재 상태를 면밀히 파악하면 정확한 관점이 생기고 모두 같은 방향을 향해 갈 수 있다.

자체 점검은 이렇게 시작할 수 있다. 절반은 교회 리더십에서, 절반은 어린이 사역에서 핵심 역할을 하는 리더 대여섯 명을 모은다. 화이트보드 또는 큰 종이, 펜을 준비한 뒤 다음 질문들에 대해 대화하라.

- 우리 교회는 지역 사회에서 무엇으로 유명한가?
- 우리 어린이 사역은 무엇으로 유명한가?
- 우리 어린이 사역은 무엇을 잘 하고, 무엇이 아쉬운가?
- 우리 어린이 사역에서 주로 불만이 제기되는 부분은 어디인가?

이 단계의 목표는 해결책 도출이 아니다. 서로 비판하거나 공격하지 않고 솔직하게 대화하며 아쉬움을 허심탄회하게 나누는 것이 목표다. 우리가 알고 싶은 것은 현 상태이다. 그것을 어떻게 바꿀지에 대한 아이디어를 내는 일은 다음 문제다.

우선순위 평가: 무엇이 가장 중요한가?

가치는 우선순위를 결정한다. 당신이 가치 있게 생각하는 일이 당신의 활동과 행동을 결정한다. 누군가의 집에 가게 되면 한 번 이 방법을 시도해 보라(최대한 자연스럽게 해야 한다). 일단 모든 방을 둘러본다. 벽에 어떤 사진이 걸려 있는가? 가구의 배치는 어떠한가? 다용도실과 냉장고에는 무엇이 있는가? 집주인과 어떤 주제로 대화하는가? 그들이 즉답을 피하는 질문이 있는가?

이 모든 것은 그들이 중요하게 생각하는 가치를 보여 준다. 그들은 무엇에 관심이 있는가? 무엇을 가장 중요하게 여기는가? 핵심은 이것이다. 우리가 관심을 갖고 본다면 상대방이 무엇을 가장 중요하게 생각하는지 선명하게 알 수 있다.

이런 방법도 있다. 어떤 사람이나 기관이 무엇을 가장 중시하는지 알고 싶다면 그들이 시간과 돈을 어떻게 사용하는지 보라. 당신의 일정과 통장은 당신이 중시하는 가치를 보여 준다. 특히 주의 깊게 봐야 할 부분은 이것이다. 내가 중시하는 것과 내가 중요하다고 말하는 것이 일치하는가? 사실 우리의 시간과 재정은 우리 것이 아니다. 우리의 삶은 하나님께 속했다. 우리는 삶의 모든 부분을 하나님께 빌려서 관리하는 청지기일 뿐이다.[18] 예수님의 제자로서 우리의 우선순위와 가치가 하나님의 가치를 따라 정의된다는 사실은 매우 중요하다. 당신은 하나님이 사랑하시는 것을 사랑하는가? 하나님이 관심을 갖고 계신 일에 관심이 있는가? 나의 일정과 영수증이 내 가치관과 완벽히 일치하지 않을 수도 있다. 그러나 날마다 그리스도와 친밀하게 동행하며 삶의 여정을 계속 재조정하는 것이 나의 기도이자 소망이다. '무엇이 가장 중요한가?'라는 질문은 건설적인 변화를 이루기 위한 핵심 질문이다.

두 번째 원리: 하나의 방향성은 하나님 나라를 위해 무엇이 필수적이고 시급한지를 알려 준다

교회와 어린이 사역 리더들이 현재의 사역 상태와 사명을 정직하게 점검했다면 다음 단계는 가장 중요한 가치가 무엇인지 결정하는 일이다. 계속 말했듯, 제자 세우기가 필수이고 행사나 프로그램보다 관계가 중요하다고 생각한다면, 제자 세우기를 우선순위로 삼는 결정과 행동이 수반되어야 한다. 특정한 전통과 문화적 맥락에 맞게 계획을 구체화해야 함을 명심하라. 그리스도의 제자가 된다는 것은 사도행전 2장에서 초대교회가 모범을 보인 교회 공동체의 본보기를 따른다는 말이다. 여러 거리와 도시, 세계를 다니며 하나님의 명령을 전파하는 사명과 배가의 원리도 포함한다. 성경 말씀에 따라 은혜, 성실, 겸손, 화목, 진리, 기도, 친교, 청지기, 긍휼, 전도 같은 핵심 항목도 구체화한다. 보편적인 성경적 용어지만 사역 환경에 따라 다른 의미가 있다.

사역 초기에 우리는 기도하며 다섯 단계의 우선순위 피라미드를 결정했다. 맨 아래층은 하나님 즉 예수 그리스도와 나누는 우리와 하나님의 개인적인 사귐이다. 위로는 자아, 가족, 친구, 삶의 영역이 있다. 피라미드는 우리가 어디에 집중하고 우선순위를 두어야 하는지 기억하는 차원에서 큰 도움이 된다. 그러나 이 피라미드를 거꾸로 뒤집어서 하나님을 의지하기보다 삶의 균형을 맞추는 데 열중할 때가 많다. 정반대로 해야 한다. 이 다섯 가지 우선순위는 내가 가장 중요하게 생각하는 핵심 가치의 중요도를 알려 주었다. 가정과 교회 등 어디에나 동일하게 적용할 수 있다.

당신과 리더 공동체가 함께 물어야 할 질문이 있다. "무엇이 가장 중요한가?" 핵심 리더들과 시간을 따로 내어 사역에 대한 각자의 꿈과 소망을 솔직하게 나누라. 사역에 중요한 가치를 생각나는 대로 말하고 정리해 보라. 목록을 만들었으면 함께 가장 중요한 네다섯 가지를 골라 어떤 가치가 중복되는지 확인하라. 그리고 다음과 같은 질문들을 던져 보라.

- 모든 것이 하나님의 사명과 일치하는 어린이 사역에서 맺을 수 있는 열매는 무엇인가?
- 우리가 결코 포기할 수 없고 절대 타협할 수 없는 핵심 가치는 무엇인가?

당신이 생각하는 어린이 사역의 핵심 가치를 교회가 추구하는 가치와 비교하라. 일치하는 부분과 불일치하는 부분은 무엇인가? 조화를 이룰 방법을 생각하라. 이 과정을 거쳐 당신이 속한 공동체에서 하나님 나라의 목적을 최우선으로 하는 세 가지에서 다섯 가지의 핵심 가치를 발견하는 것이 목표다.

계획 실행: 공동 지원 전략은 무엇인가?

오래전 선교를 중시하는 교회에서 어린이 사역 팀을 담당한 적이 있다. 우리는 다양한 배경의 사람들을 환영하고 그들이 예수 그리스도를 믿음으로 하나님과 관계를 형성하도록 초청했다. 처음 그곳에서 사역할 때 우리 부서의 이름은 '어린이 사역'이었다. 기억하기 쉽고 깔끔하지만 감동도 없고 창의적이지도 않다. 사역의 사명이나 비전, 가치를 보여 주지도 않는다. 많은 고민과 기도 후에 우리는 '어린이 사역'이란 이름을 바꾸고 우리를 향한 하나님의 부르심에 집중하여 5대 목표를 정리했다. 이 목표는 교회의 사명과도 일치했다.

> **디스커버리 키즈**
> 하나님을 발견한다(Discover).
> 친구를 초청한다(Invite).
> 이웃을 섬긴다(Serve).
> 그리스도를 기념한다(Celebrate).
> 하나님께 순종한다(Obey).

우리가 정한 이름은 '디스커버리 키즈'였다. 각 목표는 전도, 친교, 봉사, 예배, 제자도의 중요성을 담았다.[19] 자세히 보면 교회 사역과 어울리지 않는 뜻밖의 약어를 찾을 수 있다. 바로 디스코(D-I-S-C-O)다. 약간 아슬아슬하지만 재미있고 실용적인 이름이다. 사람들이 기억하기도 쉽다. 5대 목표를 따라서 말하기도 좋다. 우리는 과거를 존중하는 동시에 미래를 대비하는 차원에서 사역 명칭을 바꿨다. 변하지 않는 성경의 진리를 고수하며 사역에 참신한 창의성을 발휘하고 단순하면서도 명확하게 정리했다. 이렇게 바꾸기 전에 우리에게 어떤 지원 전략이 필요한지 교회의 여러 리더에게 의견을 구했다. 교회의 여러 사역 가운데 하나로, 우리의 목표를 전할 '공통된 언어'가 필요했다.

세 번째 원리: 효과적인 어린이 사역은 교회의 중심 사명과 일치해야 한다
교회의 사명과 비전, 가치는 지원 전략을 결정한다. 공동의 목표를 달성하기 위해서는 모두 협력해야 한다. 그러나 그것이 말처럼 쉽지가 않다. 교회에서 지속적인 지원을 받으려면 어떻게 해야 할까? 사역에서 독불장군이 되지 않으려면 어떻게 해야 할까? 교회와 상관없이 스스로 길을 헤쳐 나가는 교사나 리더들은 교회 리더십이 자신을 지지하지 않을 때 좌절한다.

하나님의 말씀에 기초한 교회에는 다양한 목적과 지원 전략이 있다. 성실한 복음 전도, 평생의 제자도, 성경적 공동체, 지역 봉사, 세계 선교 등이 공통된 목표다. 이런 목표를 프로그램이 아닌 관계 중심으로 풀어 나가려면 어떻게 해야 할까? 이 책에 적힌 원리를 시행하는 것도 좋은 방법이다. 리더들이나 동역자들과 만나서 핵심 주제를 놓고 고민하라. 자신의 경험, 시행착오를 통해 터득한 교훈을 토대로 실행 가능한 해결책을 제시하라. 구체적으로 문제를 파고든다면 교회와 어린이 사역의 제자도 여정에 분명한 영향력을 발휘할 수 있다. 프로그램에 맞춰진 추를 관계 중심의 어린이 사역 모델로 바꾸기 위해 다음 방법을 고민해 보라.

어린이 대 교사 비율 조정: 어린이 사역에 동참할 봉사자를 충원하기는 어렵다. 아이들의 참여와 안전을 보장하려면 많은 사람이 필요하다. 관계 중심의 어린이 사역은 한 단계 더 나아가야 한다. '소수의 리더로 어떻게 사역을 이끌 것인가?'에 집중하기보다 '어떻게 해야 최대한 많은 사람이 참여하도록 사역의 비전을 전할 수 있을까?'를 고민해야 한다. 아이들을 멘토링하고 그들을 신앙으로 인도하기 원하는 교사 대기자 명단이 있다면 어떨 것 같은가? 나는 하나님이 그 일을 하실 수 있다고 믿을 뿐 아니라 그 일이 일어나는 것을 직접 목격했다. 한 사역 담당자가 최근에 이런 말을 했다. "봉사하겠다고 지원하는 사람이 너무 많아서 신청서와 신원 조사를 하는 데 많은 시간이 걸렸어요." 어린이와 부모들을 교회 공동체의 일원이자 가족으로서 사랑하는 사람이 한두 명이 아니라 여러 명이라는 사실을 상상만 해도 기쁘지 않은가? 어린이 대 교사 비율을 높여 더 많은 교사가 동참하게 하라.

함께 만드는 학습 공동체: 앞에 서서 직접 말하는 것을 좋아하는 교사가 있다. 학생들 옆에 앉아서 함께 공부하거나 질문하는 일보다는 나을지도 모른다. 정보화 시대에 말은 생각과 마음을 파고들지 않고 언제나 주변에 떠다닌다. 그러나 관계 중심의 어린이 사역은 어린이와 또래들, 어린이와 교사들, 어린이와 부모들이 나란히 앉아 배우는 환경을 조성하여 변화를 일으킬 수 있다. 제자를 만드는 일은 강의실이 아니라 관계 안에서 가장 잘 일어나기 때문에 교사들은 전통적인 교육 방식을 바꿀 필요가 있다. 성경에 대한 이해를 높이려면 읽기, 공부, 토론, 적용과 묵상, 고민이 필요하다. 그리스도를 알고 사랑하며 섬기는 일은 관계 안에서 일어난다는 것을 항상 명심하라. 어린이와 어른들이 각자의 자리에 있는 대신 함께 성경을 공부하고 예배하며 기도하고 섬길 수 있는 프로젝트를 만들면 어떨까? 어린이 사역과 관련된 어른들을 교회 반대편에 두지 말고 사역에 참여하도록 유도하면 어떨까? 함께 배우는 기회를 제공하면 여러 세대의 삶에서 더 많은 적용이 일어난다. 나이가 많거나 어린 제자들이 서로의 생각을 듣는 일은 재미있다. 관계 중심의 리더로서 이 일을 실천해 보라.

가정 우선의 사역: 교육에서는 통합이라는 단어를 남용한다. 교회와 가정의 제자도 다리를 놓는 데도 통합이라는 용어가 사용된다. 나는 통합이라는 용어 자체는 반대하지 않는다. 다만 단어만 차용할 뿐 제대로 통합이 이루어지는 것 같지는 않다. 현재의 교회 커리큘럼에서 제공하는 숙제 형태의 '가족 자료'는 부모와 주차장에

가기도 전에 이미 쓰레기통으로 들어간다. 모든 것은 교회에서 시작하여 교회에서 끝난다. 집으로 보내는 것은 어린이 사역 리더나 가정의 입장에서는 '추가된 일'이다. 이런 부분에서 변화가 필요하다. 가정에서 시작하고 교회의 도움을 받는 식으로 전환해야 한다. 통합 교육을 위해서는 자료를 만들 때부터 가정과 교회가 충분한 의견과 가치관을 담아야 한다. 그들이 주일에 교회에 오든 오지 않든 부모들이 집이나 다른 가족과 할 수 있는 자료를 개발하고 제공하는 것이 좋다. 연령별 자료를 제공하기보다는 가족이 함께할 수 있는 명절이나 특별 행사 자료를 만들면 어떨까? 가정 우선의 사역을 통해 관계의 다리를 세우는 방법을 교회와 어린이 사역의 리더들과 고민해 보라.

잠재력 달성: 하나님이 우리에게 바라시는 일은 무엇인가?

리더십 콘퍼런스에서 헨리 클라우드 박사는 이렇게 말했다. "계획이 잘 작동하려면 그 계획대로 해야 한다." 너무 단순하게 들리지만 하나님은 이 단순한 문장으로 내 생각을 부드럽게 하고 마음에 힘을 주셨다. 계획대로 한다는 말은 결과가 즉시 보이지 않더라도 포기하지 않고 성실하게 인내한다는 의미다. 새해를 맞이하여 다이어트, 건강한 식습관, 좀 더 기도하기, 깊은 우정 맺기, 성경 통독, 빚 청산 같은 계획을 세운 사람이 있을 것이다. 모두 선하고 경건한 목표다. 우리는 동기가 바르면 때가 되었을 때 목표를 효과적으로 달성할 수 있다고 무작정 믿는 경향이 있다.

그러나 그렇지 않다!

차에 연료를 가득 채운다고 해서 항상 원하는 곳으로 갈 수 있는 것은 아니다. 차를 타고 움직여야 한다. 마찬가지로 가능성을 성취하려면 공격 계획을 세우고 그 계획대로 공격해야 한다.

나를 아는 사람은 내가 얼마나 계획하기를 싫어하는지 잘 알 것이다. 그런데 창세기 1-3장에서는 인간이 하나님의 형상으로 창조되었으며 땅을 관리하고 서로 돌보도록 만들어졌다고 나온다. 나는 목표를 세우고 목표를 달성하기 위해 전략을 세운 뒤 그 목적을 향해 날마다 조금씩 행동하는 일이 어렵고, 흐름대로 따라가기를 좋아하는 편이다. 성령이 나를 인도하시는 대로 하나님만 의지해 바람처럼 흘러가는 것을 선호하는 것이다. 그러나 하나님이 언제나 그런 방식으로 일하시는 것은 아니다. 그런 태도는 변명에 불과하며 기도하고 계획하는 수고를 회피하는 방만하고 게으른 행동이라는 것을 깨달았다.

함께 사역하는 팀으로서 해야 할 마지막 질문은 이것이다. "하나님이 우리에게 바라시는 일은 무엇인가?" 여기에 이 질문을 추가하고 싶다. "하나님이 우리가 지금 당장 하기를 바라시는 일은 무엇인가?" 무엇부터 시작해야 할까? 어디에서 시작할까? 당신의 교회와 어린이 사역 리더십이 한 방향을 향해 나아가기 위해 적극적으로 그 일에 참여하고 있다면, 교회에 속한 어린이와 가정을 위해 믿음의 걸음을 내딛고 성령과 함께 걸으며 하나님의 영광과 목적을 위해 수고하고 있을 것이다.

네 번째 원리: 교회 리더들이 한 방향을 향해 나아가기 위해 건설적인 변화를 꾀할 때 사람들의 삶이 변한다

운동할 때 근육에 건강한 자극을 주어야 근력이 생기는 원리는 교회에도 적용된다. 에베소서 4장 11-13절은 신자들의 몸 안에서 리더의 역할은 모든 일을 하는 것이 아니라 사람들이 사역할 수 있도록 훈련하는 일이라는 것을 명확히 알려 준다. 결과가 좋다고 해도 언제나 성장통이 있기 마련이다. 오랫동안 사용하지 않던 근육을 이용해 새로운 습관을 들이고 새로운 기술을 익히려면 약간의 시간과 노력이 필요하다. 포기하지 마라. 고통을 무릅쓰고 끝까지 하라. 모든 일에 잡초가 따르듯, 모든 사역에도 뛰어넘어야 할 프로그램의 고충이 있다. 피로에 지친 리더들과 대화할 시간을 마련하라. 예산이 부족하다고 포기해서는 안 된다. 복잡한 프로그램도 하루아침에 달라지지 않는다. 커리큘럼을 바꾸려고 해도 얄팍한 내용이나 기대와 다른 효과를 내는 커리큘럼의 현실에서 벗어나기가 어렵다. 어린이 사역 리더들은 사명을 정의하고 가치를 정하며 그 비전을 지속 가능한 사역으로 실현하기 위해 수고해야 한다. 그리스도의 방법으로 제자를 만드는 공동체는 당연히 이루어지는 것이 아니라, 시간에 따라 계속 성장한다.

당신이 이런 질문을 던졌을 때 교회나 어린이 사역 리더들이 보이는 반응에 놀랄 수도 있다. "하나님은 어린이에게 영향을 끼치는 우리를 어디로 이끄시는가? 관계 중심으로 어린이 사역을 추진하기 위해 하나님이 원하시는 방법이 무엇일까?" 나는 훈련할 때마다 이 질문을 한다. 현재의 사역에 무언가를 추가하거나 재조정해야 한다는 반응이 많다. 예를 들면 다음과 같다.

• 하나님이 어려움에 처한 가정을 위해 무료 법률 서비스를 시작하라고 하시는 듯하다.

- 어린이 사역에서 복음을 나누는 일에 다시 집중해야 한다.
- 주님은 빈곤층을 섬기는 일에 우리를 초청하신다.
- 우리 지역에서 위성 어린이 사역을 시작하고 싶다.
- 가정 위탁 시스템에 우리의 도움이 필요하다. 더 많은 부모가 집을 개방하도록 초청한다.
- 부모들이 소년원에 있는 아이들에게 가서 그리스도를 전하는 행사를 개최할 예정이다.
- 원래 청소년 부서실을 만들 생각이었는데 청소년들이 유치원을 만들자고 했다.
- 우리 아이들은 세계에 관심이 많아서 아이티 아이들을 돕기 위해 돈을 모았다.
- 우리 지역에는 장애인 가족을 섬기는 단체가 없어서 새로운 사역을 시작했다.
- 하나님은 반대편에 사는 아이들에게 음식과 학용품을 전달하라고 우리를 부르신다.
- 부모에게도 휴식이 필요하다. 우리는 토요일 무료 탁아 서비스를 시작했다.

관계 중심의 어린이 사역은 모든 어린이를 대상으로 한다. 하나님의 가족은 그리스도를 따르는 동일한 여정에서 서로 영향을 주고받는 생물학적이고 영적인 친척들로 이루어진다. 장기적으로 제자 사역이 성공하려면 교회 리더십과 협력하여 관계 사역에 초점을 두면서 교회의 사명을 뒷받침하는 비전을 정해야 한다. 혹시 아는가? 하나님이 어린이 사역을 통해 교회 전체를 바꾸실지도 모르는 일이다. 당신이 하는 모든 일에는 미래 세대의 신앙의 궤도를 바꿀 가능성이 있다는 사실을 명심하라.

그렇다고 그것을 최종 목표로 삼지는 말라. 하나님이 당신을 두신 곳에서 성실하려고 노력하라. 교회 전체의 변화를 위해 기도하고 교회의 리더들을 통해 하나님이 일하시는 과정을 존중하라. 우리의 비전이 곧 하나님의 비전은 아니다. 우리의 타이밍이 하나님의 타이밍과 항상 같은 것도 아니다. 계속 성실하게 인내하라.

> 모든 세대를 아우르는 공동체는 어린이, 젊은이, 회복 중인 중독자, 미혼, 과부, 한부모, 부모의 부재 속에 크는 청소년, 노인, 위기에 처한 사람들, 아이들이 전부 독립한 부모, 어린 자녀 때문에 고생하는 부모들을 안전하지만 그리스도의 형상을 닮도록 도전하며 환영한다.
> 홀리 앨런 & 크리스틴 로스(Holly Allen & Christine Ross)[20]

우리의 최종 목표는 모든 연령의 어린이를 하나님께 인도하는 것이다. 사람들을 알고 사랑으로 섬겨서, 그들이 그리스도를 더 잘 알고 사랑하며 섬기게 하는 것이다. 이번 장에서 보았듯 모든 일은 까다로운 질문에 대답하는 것에서 시작한다. 현재 어떤 상태인가? 무엇이 가장 중요한가? 공동 지원 전략은 무엇인가? 하나님이 우리에게 바라시는 일은 무엇인가? 사역 팀과 교회 리더들이 모여서 건설적인 토론을 해볼 만한 주제다. 교회 전체의 사명과 어린이 사역을 잘 결합하여 공통분모와 공통 언어를 찾아보자. 선교와 일정한 사역 방향에 맞춰진 제자도 목표를 명확히 설정하여 분산된 방향으로 인한 비극을 제거하자.

묵상과 토론을 위한 질문

01 당신은 문제를 해결하는 사람인가 회피하는 사람인가? 그 이유는 무엇인가?

02 사람들을 인도할 때 당신을 가장 흥분하게 하는 일과 좌절하게 하는 일은 무엇인가?

03 어린이와 가정의 일상에 성실히 시간을 투자한 결과로 어떤 일이 일어나기를 기대하는가?

04 사역에서 '분산된 방향의 비극'을 경험한 적이 있다면 말해 보라.

05 정반대 방향으로 가는 사람들을 불러 모으기 위해 당신은 어떤 조치를 취하는가?

06 교회가 제자 삼기라는 하나의 핵심 사명이 있어야 한다는 사실에 동의하는가? 동의하지 않는다면 그 이유는 무엇인가?

07 다양한 사역을 하는 교회를 경험했는가? 교인들과 지역 주민에게 어떤 영향을 주었는가?

08 사역 현장에서 건설적인 변화를 위한 대화를 시작하기 어려운 이유가 무엇인가? 어떻게 하면 더 나은 미래를 위한 변화를 시도할 수 있을까?

09 다음 질문을 두고 토론할 교회와 어린이 사역의 핵심 리더는 누구인가?

- 현재 어떤 상태인가?
- 무엇이 가장 중요한가?
- 공동 지원 전략은 무엇인가?
- 하나님이 우리에게 바라시는 일은 무엇인가?

10 당신은 교회에서 관계 중심의 어린이 사역을 실천할 의지가 얼마나 있는가?

11 비전 실현을 위해 교회 리더십과 교사, 리더가 함께하도록 이끄는 데 무엇이 필요한가?

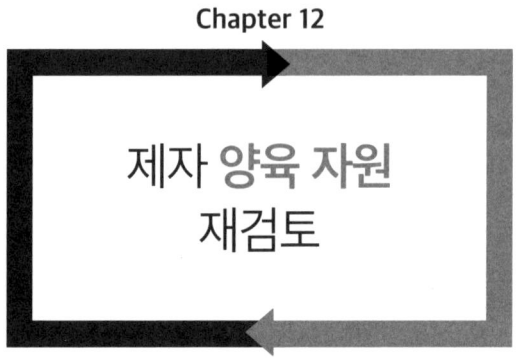

Chapter 12
제자 양육 자원 재검토

나에게 다시 삶이 주어진다면, 어린이를 하나님께 인도하는 사역에 전적으로 헌신하겠네! D. L. 무디(D. L. Moody)[1]

예수께서 이르시되 어린아이들을 용납하고 내게 오는 것을 금하지 말라 천국이 이런 사람의 것이니라 하시고(마 19:14).

교회는 종종 어린이 사역의 가장 기본이 되는 사실을 잊어버린다. 바로 어린이 사역이 언제 어디서나 가능하다는 사실 말이다. 예수님을 생각해 보라. 예수님은 제자 양육에 높은 빌딩이나 많은 예산을 필요로 하지 않으셨다. 그저 자신이 할 수 있는 것으로 사역하셨다. 제자들과 함께하며 일상 속에서 가르치셨다.

전에 참석한 어린이 사역자 집회에서 하비 캐리(Harvey Carey) 목사는 사역자들에게 비성경적인 방법으로 도전을 주었다.[2] 그의 설교에 나는 큰 충격을 받았다. 캐리 목사는 디트로이트 시내에서 성장하는 교회를 담당했다. 자동차 산업의 중심지인 디트로이트는 여러 면에서 무너지고 있었지만 그는 실업, 가난, 마약 밀매, 범죄, 조직 폭력이 극심한 가운데서도 하나님의 일하심을 보았다. 그는 어린이 담당 목회자와 교사들에게 시카고에서 성공적으로 사역하던 학생부 목사가 어떻게 하나님의 인도하심을 따라 미국에서 가장 험한 도시에서 교회를 개척하게 되었는지 설명했다. 열정이 대단한 사람이었다.[3]

그는 모든 사역자가 겪는 고충인 훌륭한 교사 충원의 어려움 같은 고통스러운 문제들을 설명하고 디트로이트의 상황을 소개했다. 디트로이트에는 마약 카르텔, 조직적 매춘, 허물어지기 직전인 거주 불가능한 집들이 곳곳에 있었다. 그는 여러 가정과 함께했던 캠핑을 소개했다. 텐트를 세우고 침낭을 펼쳤으며, 콜맨 스토브를 설치하고 비스킷 사이에 구운 마시멜로를 넣어 먹는 캠핑의 단골 간식 스모어까지 준비했다. 사실 디트로이트 시내에는 좋은 캠핑 장소가 없었다. 피크닉용 벤치가 있었지만 잔디나 나무가 있던 곳은 콘크리트로 덮였다. 게다가 시내는 위험했다. 블랙 프라이데이에도 상점 앞에 진을 치고 노숙하는 사람들을 보기 어려울 정도였다. 그러나 그는 혼란스러운 도시의 한복판에서 캠핑을 하기로 했다. 여러 비행 청소년과 마약 밀매자들이 보는 앞에서 텐트를 치고 마시멜로를 구웠다. 얼굴이 끈적거리는 초콜릿 마시멜로로 범벅이 된 아이들 그리고 엄마와 아빠의 모습은 아름다웠다. 거리에 펼쳐진 캠프파이어 주위를 뛰어다니며 노래하는 아이들의 모습은 디트로이트에서는 낯선 광경이었다. 그날 밤, 하나님의 가족이 승리했다. 거리를 배회하는 사람들은 슬슬 자리를 피해 다른 곳으로 갔다.

캐리 목사의 열정에는 전염성이 있었다. 그의 해결책은 캠핑 그 자체가 아니었다. 사람들이 하나님의 창조적인 영에 눈뜨게 하려는 시도였다. 사역의 열매를 맺기 위해 반드시 거창한 행사를 열거나 큰 돈을 들일 필요는 없다. 캐리 목사는 "성경이 있다면 이미 예산을 확보한 것이다"라고 했다. 맞는 말이다. 좋은 사역은 예산이나 교인 수의 문제가 아니다. 의욕과 의지가 있는 어른, 도움이 필요한 어린이, 하나님의 성령만 있으면 된다.

새로운 방향으로 궤도 수정

2차 세계대전 때 순교한 디트리히 본회퍼 목사는 『말씀 아래 더불어 사는 삶』(*Life Together*, 아인북스 역간)에서 이런 말을 남겼다. "우리는 항상 하나님의 방해를 허용할 준비가 되어 있어야 한다."[4] 본회퍼 목사는 사역의 도전 과제를 예상했으며, 히틀러와 나치에 맞설 때 상대가 누구인지 알고 있었다. 끝까지 결연한 자세로 결단과 의지를 보인 본회퍼 목사 내면의 나침반은 변함없이 그리스도를 향해 있었다. 그는 하나님이 값없이 주신 은혜의 선물은 값비싼 대가를 치른 결과라고 믿었다. 예수 그리스도의 죽음과 부활로 죄의 대가는 완전히 치러져 사라졌다. 구원은 값이 없지만 제자도의 대가는 결코 저렴하지 않다. 제자가 된다는 것은 우리가 따르는 예수님을 닮고 그분처럼 살기 위해 하나님과 협력한다는 말이다. 본회퍼 목사는 이렇게 단언했다. "살아 계신 그리스도가 없는 기독교는 제자도가 없는 기독교일 수밖에 없고, 제자도가 없는 기독교는 그리스도가 없는 기독교일 수밖에 없다."[5] 본회퍼 목사의 비전은 성령과 서로에게 보조를 맞추며 걸어가는 제자들로 구성된 공동체 즉, 신자들의 몸이었다. 그 모든 일의 중심은 바로 예수 그리스도다.

> 예수 그리스도는 어제나 오늘이나 영원토록 동일하시니라(히 13:8).

앞에서 내 학창 시절 친구 상당수가 교회나 사역에서 멀어졌다고 말했다. 나는 하나님의 은혜로 아직까지 잘 붙어 있다. 그러나 '나 역시 신앙을 놓아 버릴' 수 있었다. 나는 제자 양육이라는 교회의 사명이 내가 그동안 만났던 불완전한 사람들이 일으킨 문제나 어려움보다 더 중요하다는 사실을 깨달았다. 교회는 조직적이지만 조직은 아니다. 교회는 하나의 유기체다. 예수 그리스도를 알고 사랑하며 섬기는 방법을 날마다 조금씩 배워 가는 구원받은 죄인들이 모인 살아 있는 생명체인 것이다. 모인 사람들은 나이도 다르고 인생의 단계도 다양하다. 다양한 연령의 사람들이 성경의 유일하신 참 하나님을 경외하고 찬미하며 한자리에 모인다. 전임 사역은 수고스럽지만 즐거운 일이다.

나는 지금 매주 수백만의 어린이에게 영향을 주는 국제 전도 및 제자 사역 단체인 어와나에서 일한다. 어와나는 내가 어릴 때 예수님의 제자가 된 후 삶에 깊은 영향을 주었던 평일 제자 사역 단체다. 지금의 어와나는 내가 어릴 때 경험한 어와나가 아니다. 지나온 시간만큼, 어린이 사역에 찾아오는 도전에 맞서 좀 더 효과적인 사역을 하기 위해 여러모로 달라졌다. 어린이 사역은 65년 전과 동일하지 않다. 내가 이 책을 처음 쓰기 시작했을 때와도 같지 않다. 그러나 한결같은 것도 있다. 그때나 지금이나 어와나의 핵심 사명은 전 세계 어린이와 청소년들이 주 예수 그리스도를 알고 사랑하며 섬기도록 돕는 것이다.

나는 전임 어린이 사역자가 되려고 계획한 적이 없다. 어와나에서 일하게 될 줄은 더더욱 몰랐다. 1997년에 무디성경학교를 졸업하고 청소년 사역을 시작했다. 나는 청소년 사역을 오래 할 생각이었다. 청소년 사역을 담임목사가 되는 디딤돌로 생각하지 않았다. 오히려 학생 사역에 목숨을 걸고 싶었다. 그런데 하나님이 내 삶에 개입하셨다. 카페를 관리하며 지낼 때였다. 나에게는 주님의 인도를 받고 마음을 재정비할 시간과 공간이 필요했다. 우리 가족은 시카고 외곽의 윌로우크릭교회에 다니게 되었다. 하나님이 나를 다른 방향으로 부르신다는 사실이 점차 분명해졌다. 휘튼대학원은 나의 제자도 여정을 재조정할 기회가 되었다. 나는 결국 윌로우크릭교회의 어린이 부서에서 일하게 되었다.

흥미로운 일이 눈앞에 펼쳐졌다. 나는 아이들을 섬기는 리더들을 관리하는 리더들을 이끌었다. 나는 어린이 사역에 열정이 넘쳤으나, 교회 전체의 사명에 사역을 맞춰야 한다는 사실을 배웠다. 내 친구이자 사역 동료인 팻은 나를 자신의 리더십 아래 두었다. 우리는 오랫동안 함께 성인 제자 사역을 했다.⁶ 나는 봉사 팀과 일하고 커리큘럼을 만들어 정기적으로 강의했다. 정말 흥분되는 일이었다. 그런데 하나님이 또다시 개입하셨다.

윌로우크릭교회의 제자 사역 담당 목사직을 그만두는 문제는 내 평생 가장 힘든 결정 가운데 하나였다. 다른 보직이나 계획이 있지도 않았다. 다만 성령이 나에게 "집으로 와라. 네 일은 끝났다"라고 말씀하신다는 확신이 있었다. 동료들에게 이 말을 하자 그들은 하나님이 나를 하늘로 부르시는 말이라고 했다. 아내에게 말했더니 일자리나 구하라고 했다(농담이다). 다음 여행 구간을 찾아 헤매고 발견해 나가는 시기였다.

어떤 면에서는 내 뿌리로 돌아왔다. 무디성경학교 학부 과정의 시간 강사로 일하다가 어와나 훈련 부서에서 전임 자리가 났다. 내가 어릴 때 참여했고 고등학교 때 봉사했던 바로 그 사역이었다. 1년 뒤 나는 신규 사역과 부모 관리 국장으로 일해 달라는 요청을 받았다. 현재 나는 리더십개발 국장으로 교사와 리더들을 제자 양육 공동체로 바꾸는 일에 열정을 쏟고 있다.

그리스도의 몸은 인간의 방식으로 표현되는 거룩한 사명이다. 왜 나의 경력을 줄줄이 말했는지 아는가? 제자 삼는 사명은, 특히 어린이에 대한 사명은 내가 하고 있는 일을 뛰어넘는 것이기 때문이다. 물론 내 평생의 제자도와 리더십에도 필수적이다. 내 삶의 부르심, 곧 지금 전 세계 교회에서 하나님이 하시는 일은 어린이 사역에 대한 인식을 관계 중심의 제자도로 바꾸는 것이다.

어와나의 설립자 아트 로하임(Art Rorheim)은 매우 진실한 제자이자 사역 리더다. 아트는 자신의 삶에 영향을 준 교사들과 제자 양육자들을 통해 주님이 그리스도의 복음과 사역을 배가시켰다는 사실 때문에 어와나를 시작했다. 그는 예수 그리스도의 복음을 말과 행동으로 선포하는 일에 삶을 헌신했다. 그의 심장은 하나님의 말씀으로 가득 차 있으며 온 열방의 어린이를 향해 뛴다. 어와나가 존재하는 이유는 그리스도가 성도를 믿음의 시험과 통념을 벗어난 공동체, 삶을 바꾸는 사명과 역동적인 제자도를 경험하는 각본 없는 모험으로 이끄셨기 때문이다. 아트는 처음부터 예수님을 따라 복음을 들고 어린이와 가정을 향해 갔다. 어와나의 과거는 견고하고 존경스러우며 마땅히 의지할 수 있는 유산이다. 어와나의 현재는 다른 대형 사역 단체처럼 종종 오해받고 때로는 충분히 인정받지 못한다. 그러나 어와나의 미래는 어린이를 리더로 훈련하고 세상을 바꾸는 하나님의 일에 참여하는 실로 무궁무진한 기회 그 자체다.

당신도 나처럼 어린이에게 영향을 끼치는 사역자로서 섬기는 이유가 있을 것이다. 신학자 로버트 웨버(Robert Webber)는 "미래로 가는 길은 과거를 통과한다"라는 유명한 말을 남겼다.⁷ 당신의 과거, 현재, 미래가 합력하여 하나님이 창조하신 유일무이한 당신을 만든다. 당신은 현재 섬기는 사역과 사람들에게 흔적을 남긴다. 당신이 현재 속한 신앙 공동체, 교회, 선교단체 역시 적절히 활용할 수 있는 과거와 현재와 미래가 있다.

당신이 어린이 사역을 인도하거나 어린이 사역에서 봉사자로 섬기거나 자녀를 양육하거나 교회나 공동체에서 다른 부문에 리더를 맡았다면 하나님은 관계 중심의 제자도로 당신의 사역에 신선한 활력을 불어넣기 원하신다. 관계 중심의 어린이 사역에는 그리스도의 몸 안에 새로운 제자 양육의 패러다임을 형성할 가능성이 있다.

변화 수용: 관계는 가치 있는 일이다

월요일이었다. 나는 직장에 매여서 아내 혼자 학교에서 돌아온 아이들을 데리고 시카고 과학산업박물관에 갔다. 그날 저녁 식탁에서 에어버리와 아론은 박물관에서 무엇을 봤고 무엇이 재밌었으며, 무엇이 어이없었는지 말하느라 바빴다. 아이들은 괜히 아까운 시간만 허비했다고 했다. 그때 아내가 끼어들더니 전화의 발전사를 보여 주는 전시가 있었다고 말했다. 전시물을 보며 아내는 어릴 때 집에 있던 전화기 모델을 아이들에게 말해 주었다. 아내는 난생처음 본 무선 전화기 이야기를 하며 자신이 기억하는 최초의 휴대폰도 알려 주었다. 그 무시무시한 크기에 아이들은 웃음을 터뜨렸다. 대화를 나누며 전시된 전화기를 하나하나 살펴보았다. 그러다 불쑥 아이가 말을 꺼냈다. "엄마, 저기 있는 휴대폰 엄마 거랑 똑같은데요." 아이가 박물관 전시품을 보고 한 말이었다.

아내는 순간 정신이 번쩍 들었다고 했다. 그리고 마침내 스마트폰을 개통하기로 결정했다. 아내는 변화가 무서워서 그런 것이 아니라 돈도 아깝고 새로운 기기를 익히기도 싫었을 뿐이다. 변화는 언제나 전례 없는 속도로 일어나기 때문에 첨단 제품이 등장하는 속도를 따라가기 어렵다. 그래서 아내는 되도록 첨단 기기를 피했다.

그런데 교회는 이렇게 선택할 수가 없다. 문화의 변화에 적응하기를 거부하는 교회는 사람들이 복음을 듣고 그리스도를 사랑하는 일을 방해하는 장애물을 세우는 셈이다.

앞으로 며칠간, 몇 주간, 몇 달간 평소와 다름없이 일하기로 선택하거나 건설적인 변화를 향해 움직일 수도 있다. 우선 교회와 어린이 사역 리더들과 대화해야 한다. 현재 제자도 방식의 상태를 점검해야 한다. 과거의 유형과 습관을 재조정해야 할 수도 있다. 그러려면 좋은 자원이 필요하다.

주변에 있는 자원을 적극 활용하라

골판지로 훌륭한 차를 만들 수 있다.

안다. 사실이 아니다. 그러나 나는 어릴 때 그렇게 생각했다. 어머니가 퇴근하며 큰 상자를 집에 가져오면 가위와 코를 찌르는 냄새가 나는 샤피펜으로 생각나는 대로 이것저것 만들었다. 나는 골판지 상자로 자동차, 버스나 탱크와 집을 만들었다. 직장이 바뀌어서 어머니가 더는 상자를 가져올 수 없게 되자 실망이 컸다(어차피 대학을 가야 하는 때이기도 했다).

최고의 어린이 사역자라면 현재 하나님이 주신 것을 사용한다. 제한된 자원을 보고 할 수 없다고 생각하는 사람이 있는가 하면, 자원을 하나님이 주신 선물로 여기고 관계의 성장과 개발에 매진하는 사람도 있다. 그들이 보유한 가장 값진 자원은 관계다. 그 외 나머지는 전부 장식에 불과하다. 많은 예산과 좋은 시설이 있다 해도 사역에 그 모든 것이 필요하지는 않다.

관계 중심의 어린이 사역은 현란한 자료, 최신 영상, 화려한 조명과 미디어에 의존하지 않는다. 어린이를 사랑하고 실제 삶을 어린이와 나누며 예수님과 하나님의 말씀을 사랑하는 사람을 원할 뿐이다. 아이들의 기억 속에서 조명은 사라지고 영상은 잊힌다. 그러나 그들은 어른이 보인 관심을 기억한다. 누군가가 함께 기도해 주었던 때, 누군가가 시간을 내어 자신의 질문을 경청하고 하나님의 말씀에서 해답을 찾도록 인도해 주었을 때를 기억한다. 비공식 순위지만 시간이 흘러도 변함없이 1위를 차지하는 장난감이 무엇인지 아는가? 바로 골판지 상자다. 변하는 시대에 맞추려고 첨단 기기를 장만하지 않아도 된다. 그저 관계 안에서 흐름을 따르고 융통성을 발휘하면 된다. 교재에 적힌 모든 내용을 다루는 데 급급하기보다, 아이들을 돌보는 일에 집중하는 편이 낫다.

사도 바울이 고린도전서 9장 19-22절에서 한 말을 생각해 보자.

내가 모든 사람에게서 자유로우나 스스로 모든 사람에게 종이 된 것은 더 많은 사람을 얻고자 함이라 유대인들에게 내가 유대인과 같이 된 것은 유대인들을 얻고자 함이요 율법 아래에 있는 자들에게는 내가 율법 아래에 있지 아니하나 율법 아래에 있는 자같이 된 것은 율법 아래에 있는 자들을 얻고자 함이요 율법 없는 자에게는 내가 하나님께는 율법 없는 자가 아니요 도리어 그리스도의 율법 아래에 있는 자이나 율법 없는 자와 같이 된 것은 율법 없는 자들을 얻고자 함이라 약한 자들에게 내가 약한 자와 같이 된 것은 약한 자들을 얻고자 함이요 내가 여러 사람에게 여러 모습이 된 것은 아무쪼록 몇 사람이라도 구원하고자 함이니.

바울은 특정 사역 모델이나 방법에 갇히지 않았다. 그는 그리스도께 집중하며 자신이 사랑하고 섬기려는 사람들과 그리스도 사이에 다리를 놓았다. 사도행전의 전반적인 내용을 보면, 특히 아덴(17장)과 아그립바 왕(26장)의 경우 바울이 주위 환경에 주의를 기울이고 신앙의 대화를 위한 문을 열기 위해 문화를 연구했음을 알 수 있다. 바울은 복음과 사람들을 위해 하나님이 가라고 부르시면 누구에게든 가서 관계를 맺기 위해 기꺼이 자신을 조정했다. 바울은 예수님처럼 영원을 위해 창의성과 단순함을 적절히 활용했다.

물론 모든 교사와 리더의 상황과 환경이 다르고 그들이 다가가려는 대상도 다르다. 그렇다면 어떻게 시작해야 할까?

관계적 어린이 사역의 시작

현재 위치에서 출발하라. 처음 떠날 때는 어린이 사역이 어디로 향하는지 정확히 알기 어려울 것이다. 그러나 지금 있는 그 자리에서 출발하는 것이 가장 좋다. 관계 중심의 어린이 사역을 지향한다고 해서 모든 것을 한 번에 시정할 필요는 없다. 작은 변화부터 시작하라. 리더들과 모여서 사복음서에 나오는 예수님의 본보기를 연구하라. 예수님이 사람들과 어떻게 관계를 형성하시는지, 그것을 어떻게 어린이 사역에 적용할지 토론하라. 1년 동안 리더들을 제자도 소그룹으로 나누어 믿음의 기본과 예수님의 제자가 되는 일을 가르쳐라. 그들이 배운 지식을 바탕으로 사람들을 이끌고 제자 삼을 수 있도록 격려하라. 소그룹에서 배운 내용을 현재 사역에서 만나는 아이들에게 바로 적용하는 것이다.

아니면 집중 점검 시간을 마련하는 것도 좋다. 일부 교회는 생명을 주시는 예수님의 초청에 집중하여 모두 같은 마음으로 제자 양육에 임하게 하려고 몇 달간 어린이 사역을 중단하기도 했다. 하나님의 가족이 현재 세대와 미래 세대의 제자도 여정을 재조정하기 위해 사역 디톡스 기간을 6개월에서 1년 정도 갖는 것도 좋다.

재설정을 고려한다면 다음 사항에 집중하라.

방향을 정하라: 당신의 철학은 무엇인가?
당신이 속한 신앙 공동체의 열정과 목적, 특성에 맞게 이 책에 나온 원리들을 조정하여 사역 철학을 만들어 보라. 다른 리더들과 모여 머리를 맞대어 보라. 어린이와 가정의 제자 양육 철학을 정하고 사역을 시작하는 것이 좋다. 철학에는 사명과 가치, 사역 구조와 프로

그램과의 연결이 포함된다. 이 철학은 결정을 내리거나 힘든 시기에 중요한 지침이 된다. 여러 교단, 출판사, 사역 단체, 콘퍼런스, 교육 과정, 훈련 등에서 사역 관련 도움을 받을 수 있다. 이 책의 목적은 당신의 철학을 규정하려는 것이 아니다. 다만 철학을 만들거나 채택할 때 관계 중심의 제자도를 반드시 기억하라는 것이다.

도구를 선택하라: 어떤 프로그램이 사람들에게 가장 유용할까?
어린이 사역을 위한 프로그램의 선택 사항은 매우 다양하다. 관련 카탈로그를 훑어보고 온라인 정보를 확인하거나 주변에 물어보고 업체에 샘플 자료를 요청해 보면 어린이 사역을 위한 수단이 매우 많다는 것을 금방 알 수 있다. 곧바로 사용할 수 있는 자료는 극히 드물며 보통 자신의 필요에 맞게 조정하고 수정해야 한다. 교회 사명과 일치하도록 자료 내용을 구성하고 공동체 모임을 이끌고 싶다면 직접 만드는 것도 좋다. 현재 상황에서 사람들을 가장 잘 섬길 수 있는 도구를 고르되 시간에 따라 바뀔 수 있다는 점을 기억하라. 백 퍼센트 완벽한 자료를 구하려는 생각은 버리는 것이 좋다. 통합된 제자 양육 프로그램을 선택하되 언제나 잡초가 따라온다는 사실을 기억하라. 사역은 프로그램이 아닌 관계를 형성하는 것이다. 아이들이 그리스도를 알고 사랑하며 섬기도록 인도하는 일에는 고통을 감수하며 고민할 충분한 가치가 있다.

자료의 도움을 받으라: 어떤 자료가 도움이 될까?
많은 프로그램이 있지만 사역에 도움이 되는 제품도 시중에 많이 나와 있다. 공예품, 비디오, 커리큘럼, 게임 등 제품의 종류나 형태도 매우 다양하다. 깊이 있는 자료가 있는가 하면 얄팍한 자료도 있다. 교육적인 자료가 있고 흥미 위주의 자료도 있다. 가격도 천차만별이다. 리더나 사전 준비 없이 구입해서 바로 틀면 되는 제품은 구매하지 마라. 아이들과 관계를 형성하는 데 그리 큰 도움이 되지 않을 것이다. 관계는 삶의 상호 작용에서 일어나기 때문에, 시중 제품을 그대로 틀기만 해서는 성경적인 제자도를 형성하기 어렵다. 이런저런 제품을 한데 모아서 어린이 사역 자료라고 부르는 경우도 설마 있을까 싶지만, 생각보다 이런 경우도 빈번하다. 팀원들과 함께 사역의 철학과 프로그램에 가장 도움이 되는 제품과 자료와 도구를 선택하기 바란다.

하나님이 주신 자원으로 훈련하라

삶과 리더십에서 마지막 십 퍼센트를 나누는 것은 중요한 개념이다. 고통이 있더라도 반드시 전해야만 하는 진리를 마지막 부분까지 남김없이 전하겠다는 의지의 표현이다.

> 기독교 공동체는 현 세대와 다음 세대에 믿음을 전수하기 위해 새로운 마음가짐과 사고방식, 감정을 표현하고 관계를 맺는 새로운 방식, 세상에서의 새로운 역할에 대한 비전이 필요하다. 　　　　　　　　　　데이비드 키네먼[8]

마지막 십 퍼센트는 무엇인가? 어린이 사역에서는 '우리가 항상 해 온 방식'이라는 태도를 버려야 한다. 시간이 흐르면서 성경의 원리는 공동체의 선호도와 뒤섞이고 규칙과 시스템으로 고착된다. 당신이 물려받은 방식이 현재에서는 과거만큼 효과적이지 않을 수도 있다. 관점과 방식을 재조정하고 새롭게 하기 위해 우선 하나님 앞에 겸손히 나아가라.

다음 단계는 주변을 둘러보며 어린이에게 영향을 끼치는 사람들의 말에 귀를 기울이는 것이다. 각 사람이 하나님께 받은 은사가 무엇인지 확인하라. 어린이와 가정을 평생의 제자도로 인도하려면 많은 사람이 필요하다. 이 책에서 각 장의 마지막은 사역 팀원들과 의견을 나눌 때 사용할 수 있는 질문들로 이루어져 있다. 리더십 팀끼리 한 주에 한 장씩 읽고 토론 질문으로 의견을 나누며 시작하면 좋다. 당신이 어린이와 가정에 기대한 삶과 삶의 제자도를 위한 시간으로 활용하라. 부모들이나 다른 교회 리더들과 이 책을 읽고 토론하는 것도 좋은 생각이다.

하나님이 당신의 여정에 주신 어린이와 부모들을 하나님의 선물로 볼 수 있기를 소망한다. "먼 땅에서 오는 좋은 기별은 목마른 사람에게 냉수와 같으니라"(잠 25:25)는 말씀이 있다. 주님을 섬길 때 그리스도와의 관계가 깊어짐으로, 더욱 충만해지고 날마다 새로워지기를 기도한다. 예수님이 당신을 알고 사랑하며 섬기셨듯 당신도 누군가를 알고 사랑하며 섬길 수 있다. 관계 중심의 어린이 사역은 당신의 삶에 부흥을 가져다줄 것이다. 그것이 바로 관계가 하는 일이다. 관계에는 전염성이 있다. 지금 당신 앞에 예수님의 길을 함께 가며 사람들을 인도할 새로운 기회가 있다. 관계 중심의 어린이 사역이라는 혁신적인 제자도 혁명을 지금 시작하자!

묵상과 토론을 위한 질문

01 당신이 기대하는 어린이 사역의 결과를 얻지 못하도록 가로막는 장애물은 무엇인가?

02 당신이 사역하는 현장의 문제점을 해결하는 데 도움이 되도록 하나님이 보내신 사람이 있는가?

03 최근에 주님이 어떤 방식으로 당신의 삶에 개입하셨는가? 어린이와 부모들을 제자로 양육하는 데 필요한 것에 대한 생각에 관계 중심의 어린이 사역의 원리가 영향을 주었는가?

04 어린이와 가정이 주 예수 그리스도를 알고 사랑하며 섬기도록 하는 제자 양육자의 일을 지속하게 되는 원동력은 무엇인가?

05 곳곳에서 변화가 일어난다. 문화, 기술, 가족, 교회의 변화를 수용하기 위해 당신은 어떤 조치를 취하고 있는가?

06 당신의 교회나 어린이 사역에서 보유한 자료를 확인하라. 하나님은 어떤 자료를 주시고, 어떤 영적 은사를 주셨는가? 교사들과 아이들을 그리스도 중심의 제자도로 인도하도록 도와주는 도구나 자료가 충분한가?

07 어린이와 가정을 평생의 제자도로 훈련하는 차원에서 사역 철학을 세웠는가? 결코 타협할 수 없는 사역의 필수 요소가 있다면 무엇인가?

08 사역 프로그램을 정해야 한다면 당신의 철학과 교회에 가장 적합한 모델과 방법은 무엇인가?

09 첨단 건물과 충분한 예산은 없더라도, 당신이 속한 사역 팀이 평생의 제자도를 위해 갖춘 자랑스러운 자료나 도구가 있는가?

10 어린이와 가정을 위해 어린이 사역을 현 상태에서 한 단계 성장하게 하려면 현재의 사역 공동체를 어떻게 이끌어야 할까?

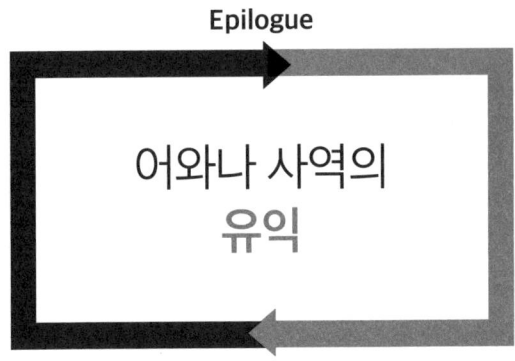

Epilogue
어와나 사역의 유익

때로는 변화의 파도 속에서 우리가 가야 할 방향을 찾는다.
작자 미상

보라 내가 새 일을 행하리니 이제 나타낼 것이라 너희가 그것을 알지 못하겠느냐 반드시 내가 광야에 길을 사막에 강을 내리니
(사 43:19).

변화의 파도에 휩싸이다

변화는 모든 사람에게 주어진 현실이다. 변화는 피할 수 없고 불안을 야기한다. 널리 퍼지면 강한 충격을 남긴다. 솔직히 말해 오늘날의 교회, 어린이 사역, 부모들은 계속 변하는 조류 속에서 힘겹게 앞으로 나간다. 문화와 기술, 미디어와 가정은 빠르게 변한다. 주변의 파도가 거칠 때는 삶의 기초를 견고하게 유지하기 어렵다. 어린이 사역 공동체에 속한 신실한 부모, 리더, 의사 결정자의 솔직한 고백에서 공통된 감정과 고충을 확인할 수 있다.

세상이 너무 빨리 변해서 도저히 따라가기 어려워 보인다. 아이들이 어릴 때 해변에 갔던 일이 생각난다. 아이들은 바다를 매우 좋아했다. 그러나 가끔 파도가 순식간에 거세게 몰아쳐 아이들이 물속에 거꾸로 처박히는 경우가 있었다. 자세를 바로잡기도 전에 다음 파도가 밀려온다. 그럼에도 아이들은 바다와 파도를 사랑했다. 파도는 세차기도 하지만 한결같다는 특성이 있다. 파도가 한 번이면 아무리 강해도 참을 만하다. 그러나 파도가 계속 몰아치면 어떨까? 요즘 우리가 느끼는 기분이 바로 그렇다. 모든 봉사자, 부모, 교사의 도움이 절실하다. 우리는 압도된 상태다. 새롭고 혁신적인 무언가가 필요하다. 이렇게 정신 나간 현실에 딱 맞는 무언가가 필요하다.[1]

에이미(경험 많은 어린이 사역자이자 세 아이의 엄마)

이런 소감이 예상 밖인가? 아니면 익숙하게 들리는가? 에이미의 이야기는 미국과 전 세계에서 어린이를 대상으로 사역하는 모든 사람의 내면을 잘 대변한다. 하나님은 어린이를 사랑하고 그들이 평생 예수 그리스도를 알고 사랑하며 섬기기를 소망하는 사람들을 곳곳에 두셨다. 그들도 변화가 있다는 것을 알지만 소망이 전혀 없는 것은 아니다. 사도 바울의 고린도후서 4장 8-9절 말씀은 깊은 울림을 남긴다.

> 우리가 사방으로 우겨 쌈을 당하여도 싸이지 아니하며 답답한 일을 당하여도 낙심하지 아니하며 박해를 받아도 버린 바 되지 아니하며 거꾸러뜨림을 당하여도 망하지 아니하고.

세상의 종말을 알리는 선지자들이 하늘이 무너진다고 선포하고 다니더라도 헌신된 제자들은 현 세대나 다음 세대에게 개인적으로 또 실제적으로 복음을 전하는 일에 헌신했다. 놀라운 점은 변하는 중에도 교사들은 더 많은 변화를 요구한다는 것이다. 어린이, 가정, 교회의 시급한 영적 필요를 해결하기 위해 적절한 해결책을 요구하는 소리가 사방에서 들린다.

유서 깊은 사역 단체도 파도타기를 할 수 있을까?

어와나는 세계적인 어린이 사역 단체로, 65년 동안 변화의 파도와 시대의 도전을 거쳤다. 기존 어와나에 익숙했던 사람들은 어와나를 재발견하고 있다. 시카고에 위치한 교회 지하실에서 시작된 어와나의 클럽 미니스트리는 국제적인 운동으로 성장했다. 백여 국 이상에 전파되어 복음 전도와 제자 사역에 매주 3십만 리더와 3백만 이상의 어린이가 참여한다. 하나님은 어와나 사역을 통해 어린이에게 전도하고 리더를 훈련하고 세상을 바꾸신다. 어와나의 사명은 그 어느 때보다 확고하다.

> 어와나는 전 세계 모든 어린이와 청소년이 예수 그리스도를 알고 사랑하며 섬기기를 기도한다.

어린이를 양육하고 제자로 삼기 위해 교회와 협력한다는 어와나의 정신은 굳건하다. 그러나 시대의 흐름에 맞춰 큰 영향을 끼치기 위해 하나님을 높이는 변화를 이루어야 한다. 전 세계의 교회들은 지속적으로 변하는 문화 속에서 복음을 전할 새로운 방법을 찾고 있다. 그리스도와 하나님의 말씀, 제자 만들기의 사명에 대한 신념을 타협하지 않으면서도 시대의 요구에 맞추려면 적절한 대응이 필요하다. 어와나는 더 많은 어린이에게 그리스도를 전하기 위해 교회와 어린이 사역자들과 함께 변화의 파도를 타며 사역을 조정하고 있다.

2013년 어와나의 리더십은 어려운 질문을 제기하며 과감한 걸음을 내디뎠다. "어와나는 교회에 얼마나 귀를 기울이며 교회를 섬기고 있는가? 현재와 과거의 사역 리더들은 어와나를 어떻게 생각하는가? 오늘날의 어린이에게 그리스도를 전하고 그들을 평생 제자로 만들려면 무엇이 필요한가? 이 사명에 교회와 어린이 사역 리더들과 협력하기 위해 어와나가 계속 유지해야 할 것과 바꿔야 할 것은 무엇인가?" 예상한 대로 우리는 강점과 약점을 발견했다. 우리는 깨달은 사실을 토대로 더 많은 사역자와 관계자에게 질문했다. 우리 단체만을 위해서가 아니라 모두를 위해 현재 어린이 사역에서 무엇이 효과적이고 무엇이 그렇지 않은지 파악할 필요가 있었다. 그래서 2014년에 후속 연구를 시행했다. 어린이 사역 리더십의 이야기를 직접 듣는 것이 우리의 의도였다. 열정과 고충이 있는 분야가 각각 어디인가? 우리가 개발하는 새로운 해결책은 올바른 방향인가? 전체 연구 결과는 『어린이 사역의 실제: 10가지 어린이 사역 연구 결과』 (*The Gospel Truth About Children's Ministry: 10 Fresh KidMin Research Findings*)에서 확인할 수 있다(awana.org/thegospeltruth 참고).

이 책에서 어와나는 미국 전역의 어린이 사역자와 결정권자 천 명이 어린이의 영적인 삶에서 일어나기를 고대하는 내용을 정리했다. 각 개인이 생각하는 현재 교회의 실제 상황에 대한 개인의 만족도도 연구했다. 결과를 보면 현재의 어린이 사역에는 제자도 단절이 존재한다. 기대하는 결과와 현실 사이에 큰 격차가 있다. 전도, 제자 양육, 성경 교육을 기본으로 하지만 흥미 위주로 프로그램을 진행하다 보니 제자 양육의 성과가 떨어졌다. 어린이와 가족이 함께 어린이 사역에서 협력하도록 교회와 가정 사이에 다리가 필요하다는 의견도 있었다. 문화적으로 적절하고 상황에 따라 맞춤이 가능하며, 디지털로 접근 가능하고 가성비가 좋은 커리큘럼이 절실하다는 반응이었다. 어린이 사역 결정권자들의 절반이 내년 프로그램을 바꿀 의향이 있다고 대답했고, 그중 30퍼센트는 커리큘럼을 처음 바꾼다고 했다. 지금은 어린이 사역의 기본으로 돌아가야 할 때다. 어와나 사역은 이 도전에 맞설 준비가 되어 있다. 전 세계 교회와 어린이 사역을 섬기기 위해 변화의 파도에 올라탔다.

물결의 변화, 변함없는 사명

하나님이 어와나에 주신 사명은 전 세계 어린이와 청소년에게 복음으로 영향을 끼치고 그들을 평생의 제자로 훈련하는 것이다. 매우 야심 찬 비전이지만 우리는 모든 민족을 제자로 삼으라는 예수님의 지상 명령에 그분의 진심이 담겨 있다고 믿는다(마 28:18-20; 행 1:8). 하나님의 나라에서 어린이와 어린아이 같은 믿음에 매우 중요한 가치가 있다는 사실도 믿는다(눅 18:15-17). 교회의 사명은 오직 한 가지다. 모든 사람이 그리스도를 알고 사랑하며 섬기도록 인도하고, 그들이 또 다른 사람들을 그렇게 하도록 배가시키는 것이다. 어떤 변화를 추구하든 어와나는 이 변함없는 사명에 전심을 다하며 우리와 같은 마음으로 어린이 사역을 통해 제자를 세우는 일에 헌신한 리더와 교회들과 팔짱을 끼고 함께 나아갈 것이다.

연구 결과에 따라 우리는 어린이 사역에서 중대한 문제를 확인하고 어떤 혁신이 필요한지 알아보았다. 우리는 현재 리더들이 직면한 문제를 타개하면서도, 교회에 우리의 평생 사명과 일치하는 커리큘럼 해결책을 새롭게 제시하고자 했다. 적을수록 많은 것이라는 말에 충실하려고 노력했다. 덜 복잡하고 덜 산만하며, 덜 비싸고 덜 시간을 소비하는 원칙을 지향했다. 새로운 어린이 사역 자료에 반드시 포함되어야 할 일곱 가지 원칙을 정리했다.

- 강력한 성경적 기초
- 복음과 전도 중심
- 제자 양육 중심
- 관계 중심
- 교회와 가정의 통합
- 적절한 기술 활용
- 유연하고 조정 가능한 프로그램 기획 및 커리큘럼[2]

이런 원칙이 획기적으로 보이지 않는다면 그 이유는 지극히 기본적인 사항이기 때문이다. 당신과 같은 어린이 사역자들은 어린이 전도와 제자 양육을 위해 필수적인 요소로 앞의 일곱 가지 원리를 꼽았다. 물론 재미와 참여 활동도 필요하다. 그러나 불변의 최종 목표를 항상 명심해야 한다. 불변의 목표는 제자를 만드는 것이다.

파도를 탈 준비가 되었는가?

어와나는 어린이, 가족, 리더들에게 가서 그들을 제자로 양육하는 당신을 돕고 섬기고 싶다. 우리는 하나님이 교회와 어린이 사역에 주신 사명을 당신이 성취하고 살아내도록 돕기 위해 존재한다. 이 책을 읽었다면 현재 상황과 앞으로 예상되는 방향을 알았을 것이다. 어와나에서 확인한 것처럼 어린이 사역에 생명을 주는 두 가지 필수 요소가 있다(물론 하나님의 임재와 능력이 기본이다). 적극적인 관계 형성과 적극적인 성경 탐구다. 두 가지가 만날 때 제자도가 일어난다. 이 위대한 결합은 사역의 효과를 극대화하는 비결이다.

빠르게 변하는 세상에서 어린이, 가정, 리더들은 언제나 바쁘게 움직인다. 하나님, 그분의 말씀, 서로에 대한 깊은 연결이 갈수록 더욱 필요하다. 꾸준한 노력과 시의적절한 도움 없이 연결은 어렵다. 어린이 사역에 필요한 것은 일체형 프로그램이 아니다. 혁명이 필요하다. 그리스도를 위해 현재와 미래 세대에게 가서 그들을 제자 삼기 위한 새로운 비전과 자료가 필요하다. 이를 위해서는 사명은 유지하되 방법은 바꿔야 한다. 현재 어린이 사역 리더들의 마음에는 새로운 제자를 세우는 경험을 하고 싶다는 욕구가 가득하다. 그 일을 실현하려면 새로운 제자도 방식이 필요하다는 것이 어와나의 확신이다. 파도를 탈 준비가 되었다면 언제든 연락하라. 우리는 기꺼이 섬길 준비가 되어 있다.

주

1장 헛바퀴만 돌리는 사역

1. Francis Chan with Danae Yankoski, *Crazy Love: Overwhelmed by a Relentless God* (Colorado Springs, CO: David C. Cook, 2013), 97. 프랜시스 챈. (『크레이지 러브』, 아드폰테스 역간)
2. 마 28:18-20.
3. James C. Wilhoit, *Spiritual Formation As If the Church Mattered: Growing in Christ Through Community* (Grand Rapids: Baker Academic, 2008), 15-16.
4. Michelle Wright and Avril Guthrie, *The Magic of Mandela: Twenty Years of Democracy* (Raleigh, NC: Lulu.com, 2015).
5. David Kinnaman and Aly Hawkins, *You Lost Me: Why Young Christians Are Leaving Church-and Rethinking Faith* (Grand Rapids: Baker Books, 2011), 206. 데이비드 키네먼. (『청년들은 왜 교회를 떠나는가』, 국제제자훈련원 역간)
6. Chap Clark, *Hurt 2.0: Inside the World of Today's Teenagers* (Grand Rapids: Baker Academic, 2011), 34 and 191.
7. Henry Adams, *The Education of Henry Adams: An Autobiography* (Cambridge, MA: Riverside Press, 1918), 300. 헨리 애덤스. (『헨리 애덤스의 교육』, 태학사 역간)
8. Brad Mathias, *Road Trip to Redemption: A Disconnected Family, A Cross-Country Adventure, and an Amazing Journey of Healing and Grace* (Carol Stream, IL: Tyndale Momentum, 2013), 79.

2장 제자도 공백의 현실

1. Eric Metaxas, *Bonhoeffer: Pastor, Martyr, Prophet, Spy* (Nashville, Tenn: Thomas Nelson, 2010), 187.
2. Jon Tyson, *Sacred Roots: Why the Church Still Matters* (Grand Rapids: Zondervan, 2013), 36; 바나그룹, "젊은 그리스도인들이 교회를 떠나는 6가지 이유", 2011년 9월 28일 최종 수정, https://www.barna.org/barna-update/teens-nextgen/528-six-reasons-young-christians-leave-church#.

U3IUWq1dUyv(2015년 1월 30일 접속), 바나그룹, "교회를 떠나는 청년들에 대한 5가지 신화", 2011년 11월 6일 최종 수정, https://www.barna.org/teens-next-gen-articles/534-five-myths-about-young-adult-church-dropouts(2015년 1월 30일 접속).

3. Gregory Carlson et al., *Perspectives on Children's Spiritual Formation: Four Views*, ed. Michael Anthony (Nashville, Tenn: B & H Academic, 2007), 2.
4. 바나그룹, "5가지 신화."
5. 상동, 21.
6. Kinnaman and Hawkins, *You Lost Me*, 25.
7. Larry Fowler, *Raising a Modern-Day Joseph: A Timeless Strategy for Growing Great Kids* (Colorado Springs, CO: David C. Cook, 2009), 101.
8. 허락받고 나눔.

3장 어린이 사역의 고충

1. Tryon Edwards, *A Dictionary of Thought: A Cyclopedia of Laconic Quotations* (Detroit, MI: F. B. Dickerson Co., 1908), 349.
2. Tyson, *Sacred Roots*, 33.
3. 허락받고 나눔.
4. 허락받고 나눔.
5. Tyson, *Sacred Roots*, 15-16.
6. 에필로그에 어와나 사역 정보를 수록했다. Awana.org(Awanakorea.net)에서 사역 철학, 프로그램, 상품, 전 세계 제자 사역을 확인할 수 있다.
7. Matt Markins and Dan Lovaglia with Mark McPeak, *The Gospel Truth About Children's Ministry: 10 Fresh KidMin Research Findings* (Streamwood, IL: Awana, 2015).

4장 통념을 깬 예수님의 제자도

1. Dallas Willard, *The Great Omission: Reclaiming Jesus's Essential Teachings on Discipleship* (San Francisco: HarperSanFrancisco, 2006), 6. 달라스 윌라드, (『잊혀진 제자도』, 복 있는 사람 역간)
2. Lauren Barlow, ed., *Inspired by Tozer: 59 Artists, Writers and Leaders Share the Insight and Passion They've Gained from A. W. Tozer* (Grand Rapids, Mich:

Baker, 2011), 56.
3. 세계가 아이들을 어떻게 대하는지 살펴볼 수 있는 자료의 출처는 다양하다. 교사나 교회가 참고할 만한 자료는 다음과 같다. 유니세프의 연례 세계 아동 현황 보고서(The State of the World's Children)를 통해 전 세계 아이들이 처한 상황을 살펴볼 수 있다(http://unicef.org/sowc). 양심에 호소하시는 그리스도의 부르심에 응답하여 국제컴패션(http://compassion.com)이나 월드비전(http://world.org), 호프인터내셔널(http://hopeinternational.org) 등 신앙에 기초한 단체들은 도움이 절실한 분야에 총체적이고 지속 가능한 해결책을 제공한다. 또한 어와나(http://awana.org)나 원호프(http://onehope.net) 같은 국제 어린이 사역 단체들도 어린이와 가정의 신앙의 토대를 강화하는 데 일조한다.
4. Herman Horne, *Jesus the Teacher: Examining his Expertise in Education*, revised and updated by Agnus M. Gunn (Grand Rapids: Kregel Publications, 1998), 23.
5. David Platt, *Follow Me: A Call to Die. A Call to Live* (Carol Stream, IL: Tyndale House Publishers, 2013), 37. 데이비드 플랫. (『팔로우 미』, 두란노 역간)
6. John Ortberg, *Who Is This Man? The Unpredictable Impact of the Inescapable Jesus* (Grand Rapids: Zondervan, 2014), 12. 존 오트버그. (『존 오트버그의 예수는 누구인가?』, 두란노 역간)
7. 허락받고 나눔.
8. Erwin Raphael McManus, *An Unstoppable Force: Daring to Become the Church God Had in Mind* (Loveland, CO: Group Publishing, 2001), 170.
9. 눅 6:27-32.
10. 많은 아이가 여전히 가정에서 약물 중독의 여파로 고통받지만 이 프로그램은 더는 운영되지 않는다. 나는 1986년 〈아이들은 특별해〉(Kids Are Special) 캠프에 참여했다. 관련 프로그램은 유명 기자인 에메랄드 여의 취재로 〈잃어버린 동심: 알코올의존 가족에서 성장하기〉(*Lost Childhood: Growing Up In An Alcoholic Family*)(2004)라는 다큐멘터리로 제작되었다. 이 문제에 마음이 움직인다면 전미 알코올의존자 자녀협회(nacoa.org/prods.htm)에 방문하여 DVD를 주문하거나 자료를 확인하기 바란다.
11. 허락받고 나눔.
12. 행 14:26, 1:8.
13. 시 119:105; 요 10:4; 갈 5:25.

14. Keith Anderson and Randy D. Reese, *Spiritual Mentoring: A Guide for Seeking and Giving Direction* (Downers Grove, IL: IVP Books, 1999), 16.

5장 첫 번째 초청: 각본 없는 모험으로 인도하심

1. Catherine Stonehouse, *Joining Children on the Spiritual Journey: Nurturing a Life of Faith* (Grand Rapids: Baker Academic, 1998), 213.
2. 허락받고 나눔.
3. Dallas Willard, *The Great Omission: Reclaiming Jesus' Essential Teachings on Discipleship* (San Francisco: HarperSanFrancisco, 2006), 107.
4. Walter Wangerin Jr., *Little Lamb, Who Made Thee? A Book about Children and Parents* (Grand Rapids: Zondervan, 2003), 104-5.
5. Catherine Stonehouse, *Joining Children on the Spiritual Journey: Nurturing a Life of Faith* (Grand Rapids: Baker Academic, 1998), 139.
6. Dr. Kara E. Powell and Dr. Chap Clark, *Sticky Faith: Everyday Ideas to Build Lasting Faith in Your Kids* (Grand Rapids: Zondervan, 2011), 85.
7. David Csinos and Ivy Beckwith, *Children's Ministry in the Way of Jesus* (Downers Grove, IL: IVP Books, 2013), 83.
8. Anderson and Reese, *Spiritual Mentoring*, 94.
9. Scottie May et al., *Children Matter: Celebrating Their Place in the Church, Family, and Community* (Grand Rapids: William B. Eerdmans Pub, 2005), 8. 스코티 메이 외. (『하나님을 경험하는 어린이!』, 창지사 역간)
10. 같은 책, 16-22.
11. Barna Group, "The State of the Bible: 6 Trends for 2014", last modified April 8, 2014, https://www.barna.org/barna-update/culture/664-the-state-of-the-bible-6-trends-for-2014#.VI3IJWTF-U(2015년 1월 30일 접속).
12. Barna Group, "The Books Americans Are Reading", 2013년 6월 4일 최종 수정, https://www.barna.org/barna-update/culture/614-the-books-americans-are-reading #.VI3PAWTF-U(2015년 1월 30일 접속).
13. 고전 15:3-4.
14. 통과 의례에 대한 아이디어나 어린이 및 가족 사역 훈련 및 지원에 관해서는 legacymilestones.com나 parentministry.net을 참고하라.
15. Robert E. Coleman, *The Mind of the Master* (Wheaton, IL: Harold Shaw

Publishing, 2000), 96. 로버트 콜먼. (『주님의 마음』, 국제제자훈련원 역간)

6장 두 번째 초청: 신앙의 문제를 함께 씨름하심

1. Powell and Clark, *Sticky Faith*, 46.
2. Fowler, *Raising a Modern-Day Joseph*, 71.
3. Csinos and Beckwith, *Children's Ministry*, 38.
4. 허락받고 나눔.
5. Robert Coles, *The Spiritual Life of Children* (Boston: Houghton Mifflin Co., 1990), 100.
6. Anthony, Michelle. *Dreaming of More for the Next Generation: Lifetime Faith Ignited by Family Ministry* (Colorado Springs, CO: David C. Cook, 2012), 23.
7. John H. Westerhoff, III, *Will Our Children Have Faith?* Third rev. ed (New York: Morehouse Publishing, 2012), 91.
8. Stonehouse, *Joining Children*, 150.
9. May, *Children Matter*, 43.
10. Clark, *Hurt 2.0*, 31.
11. Stonehouse, *Joining Children*, 63.
12. 같은 책, 91.
13. 같은 책, 135.
14. 같은 책, 21.

7장 세 번째 초청: 특별한 공동체 형성

1. Mark Galli, "'The Relentless Passion of Francis Chan'", *Christianity Today* 56, no. 11 (December 2012), 46.
2. 허락받고 나눔.
3. 플로어 하키에는 영적인 의미가 있다. 스티브에게 이 부분에 대해 말했더니 나에게 이사야 58장 8절 말씀을 보냈다. "그리하면 네 빛이 새벽같이 비칠 것이며 네 치유가 급속할 것이며 네 공의가 네 앞에 행하고 여호와의 영광이 네 뒤에 호위하리니." 이어서 그는 이렇게 말했다. "내가 골키퍼를 할 때 천하무적이라고 느꼈다니 참 재미있다. 우리 여섯 명을 더 모집해서 팀을 이루자. 하나님이 우

리의 골키퍼가 되신다는 자신감을 갖고 해보는 거야. 우리는 그분의 영광이 우리를 뒤에서 든든히 받쳐 준다는 사실을 믿고 세상에서 승리할 수 있어." 30년이라는 시간이 흘렀지만 진정한 제자는 여전히 제자를 세우고 있다.

4. 딤전 1:2.
5. 퓨연구소(Pew Research Center), "예배에 참석하거나 집에서 예배를 드리는 사람들에 대한 설문 조사", 2013년 9월 13일 최종 수정, http://www.pewresearch.org/fact-tank/2013/09/13/what-surveys-say-about-worship-attendance-and-why-some-stay-home(2015년 1월 30일 접속).
6. 바나그룹, "교회의 중요성에 대한 미국인의 상반된 태도", 2014년 3월 25일 최종 수정, https://www.barna.org/barna-update/culture/661-americans-divided-on-the-importance-of-church #.VHIVoVfF-e8(2015년 1월 30일 접속).
7. 상동.
8. Carl Desportes Bowman et al., *Culture of American Families: Executive Report* (Charlottesville, VA: Institute for Advanced Studies in Culture, 2012), http://iasc-culture.org/research_character_of_american_families_project.php(2015년 1월 30일 접속).
9. Barna Group, *Americans Divided*.
10. Will Miller and Glenn Grayson Sparks, *Refrigerator Rights: Creating Connections and Restoring Relationships* (White River Junction, VT: White River Press, 2007), 20.
11. 펠로우십 하우징(Fellowship Housing)의 사역 모델이 궁금하면 웹사이트(fhcmoms.org)를 확인하라.
12. 허락받고 나눔.

8장 네 번째 초청: 삶을 바꾸는 그리스도의 사명

1. Henrietta C. Mears and Earl O. Roe, *Dream Big: The Henrietta Mears Story* (Ventura, Calif: Regal Books, 1990), 151.
2. 요 4:7-15; 7:37-39.
3. 허락받고 나눔.
4. Wilhoit, *Spiritual Formation*, 29.
5. 고전 15:3-4.

6. 엡 2:8-9.
7. 행 16:31; 롬 10:9.
8. 마 18:3.
9. May, *Children Matter*, 143-44.
10. 요 15:13.
11. 요 3:3, 16-17; 4:41-42; 10:10.
12. Coleman, *The Mind of the Master*, 94. 로버트 콜먼. (『주님의 마음』, 국제제자훈련원 역간)
13. Wilhoit, *Spiritual Formation*, 126.
14. 갈 5:22-23.
15. Anderson and Reese, *Spiritual Mentoring*, 132.
16. 요 13:12-17.
17. Henry Cloud, *Integrity: The Courage to Meet the Demands of Reality* (New York: Harper, 2009), 6-12.
18. 같은 책, 31.
19. 빌 1:27.
20. 허락받고 나눔.
21. Samuel D. Rima, *Leading from the Inside Out: The Art of Self-Leadership* (Grand Rapids: Baker Books, 2000), 27.
22. 특히 리더십 분야에 역멘토링에 대한 글이 많다. Earl Creps, *Reverse Mentoring: How Young Leaders Can Transform the Church and Why We Should Let Them* (San Francisco: Jossey-Bass, 2008). 이 책으로 이 주제를 연구해 보라.
23. 시 119:9.
24. 히 4:12.
25. 허락받고 나눔.
26. 갈 5:22-23.
27. 사람들을 그리스도께 철저히 헌신된 제자로 인도하는 신앙 훈련과 실천에 대한 많은 자료가 있다. 리처드 포스터의 『영적 훈련과 성장』(*Celebration of Discipline*, 생명의 말씀사 역간)은 1978년에 처음 출간된 뒤로 이 주제에 대한 고전이 되었다. 존 오트버그의 『평범 이상의 삶』(*The Life You've Always Wanted*, 사랑플러스 역간)도 추천한다.

28. 이 책의 에필로그와 어와나 관련 사이트도 참고하라.

9장 다섯 번째 초청: 어린이를 위한 역동적인 제자도

1. Frederick Douglass, *"1855 letter", My Bondage and My Freedom* (Lexington, KY: Seven Treasures, 2009).
2. 허락받고 나눔.
3. Cheri Fuller, *The One Year Praying Through the Bible: 365 Devotions* (Carol Stream, IL: Tyndale House Publishers, Inc., 2013), 11.
4. 허락받고 나눔.
5. 요 6:63.
6. 롬 8:14.
7. Anderson and Reese, *Spiritual Mentoring*, 43.
8. 마 13:16.
9. Walter Wangerin Jr., *The Orphean Passages: The Drama of Faith* (San Francisco: Harper & Row, 1986), 20-24.
10. 『하나님이 내게로 오셨다』(*God Came Near*, 좋은씨앗 역간)라는 맥스 루케이도의 책에서 특히 6장, 마리아에 대한 25가지 질문 부분을 읽기 바란다.
11. 눅 2:41-47.
12. 엡 5:1-2.
13. 막 12:30.
14. 수 1:6-7, 9, 18.
15. 출 33:7-11.
16. 엡 2:10.
17. 롬 8:14-17.
18. 빌 1:6.
19. 허락받고 나눔.
20. 앤디 스탠리 목사의 『7체크 포인트』(*The Seven Checkpoints for Youth Leaders*, 그루터기하우스 역간)에서 특히 4장, 건강한 우정 부분을 읽기 바란다. 오래전 생각을 정리하는 데 큰 도움을 받았다.
21. 허락받고 나눔.
22. Powell and Clark, *Sticky Faith*, 178.

23. 롬 12:4-5.
24. Anthony, *Dreaming of More*, 91.
25. 허락받고 나눔.
26. 요일 2:6.

10장 제자 양육에 헌신한 삶

1. Warren W. Wiersbe, *Be Courageous* (Colorado Springs, CO: David C. Cook, 1989), 20.
2. Gordon MacDonald, *Ordering Your Private World* (Nashville, TN: Thomas Nelson Publishers, 2007), 44. 고든 맥도날드. (『내면세계의 질서와 영적 성장』, IVP 역간)
3. 빌 하이벨스 목사의 『빌 하이벨스의 리더십』(*Courageous Leadership*, 두란노 역간)을 모든 리더, 특히 사역 리더들에게 강력히 추천한다. 책에 담긴 불변의 원리들을 마음에 잘 새기고 자신과 사역의 여정을 재설정하기 바란다.
4. 영적으로 메마른 시기에 대한 책도 다양하다. '영혼의 어두운 밤'이나 '광야'라는 말로 주로 표현된다. 제프 매니언의 『멈추지 말아야 할 이유』(*The Land Between*, 국제제자훈련원 역간)가 이 부분에서는 현대판 고전이라고 할 수 있다.
5. Willard, *The Great Omission*, 94.
6. MacDonald, *Ordering Your Private World*, 76.
7. 눅 5:16.
8. 막 1:35-39.
9. Willard, *The Great Omission*, 29.

11장 제자 양육의 목표 재조정

1. Robert D. Larranaga, *Calling It a Day: Daily Meditations for Workaholics* (San Francisco: HarperCollins Publishers, 1990), 155.
2. 루빅스 큐브 공식 사이트, 2015년 1월 30일 접속, https://www.rubiks.com/about/the-history-of-the-rubiks-cube.
3. 상동.
4. Anthony, *Dreaming of More*, 59.

5. Michael Hyatt, "#015: 리더는 어떻게 재조정하는가," 2012년 6월 6일 최종 수정, http://michaelhyatt.com/015-how-leaders-can-create-alignment. html(2015년 1월 30일 접속).
6. 이 부분에서 리더십을 더욱 확장하고 싶다면 사이먼 사이넥의 『나는 왜 이 일을 하는가』(Start With Why, 타임비즈 역간)와 웹 사이트(https://www.startwithwhy.com) 자료를 참고하기 바란다.
7. Peter Greer and Chris Horst, *Mission Drift: The Unspoken Crisis Facing Leaders, Charities, and Churches* (Grand Rapids: Baker Publishing, 2014), Kindle edition, 64.
8. Michael Hyatt, "리더들은 어떻게 재설정을 하는가?," 2010년 2월 24일 최종 수정, http://michaelhyatt.com/how-do-leaders-create-alignment.html(2015년 1월 30일 접속).
9. 이케아에 대한 추가 정보는 여기서 확인하기 바란다. http://www.ikea.com/ms/en_US/this-is-ikea/the-ikea-concept/index.html.
10. 허락받고 나눔.
11. Thom S. Rainer and Eric Geiger, *Simple Church: Returning to God's Process for Making Disciples* (Nashville: B & H Publishing, 2011), 67-68. 톰 라이너 & 에릭 게이거. (『단순한 교회』, 생명의말씀사 역간)
12. Rainer and Geiger, *Simple Church*, 68.
13. 참고할 만한 자료로 스티븐 매키아의 『건강한 교회가 되자』(*Becoming a Healthy Church*, 도서출판 세복 역간, http://www.healthychurch.net), 윌 만치니의 『교회의 개성』(*Church Unique*, http://auxano.com), 오브리 맬퍼스의 『첨단 전략 기획』(*Advanced Strategic Planning*, http://www.malphursgroup.com)을 추천한다.
14. 요 5:19, 8:28, 12:49.
15. 행 1:14, 4:23.
16. 엡 3:14-19.
17. 빌 2:1-4.
18. 고전 6:19-20.
19. 릭 워렌 목사의 『목적이 이끄는 교회』(*Purpose Driven Church*, 디모데 역간)와 덕 필즈 목사의 『새들백교회 청소년사역 이야기』(*Purpose Driven Youth Ministry*, 디모데 역간) 같은 자료는 초기에 내 생각을 정리하는 데 매우 시의적절하고 전략적인 도구였다.

20. Holly Catterton Allen and Christine Lawton Ross, *Intergenerational Christian Formation: Bringing the Whole Church Together in Ministry, Community and Worship* (Downers Grove, IL: IVP Academic, 2012), 63.

12장 제자 양육 자원 재검토

1. Kenneth W. Osbeck, *Amazing Grace: 366 Inspiring Hymn Stories for Daily Devotions* (Grand Rapids: Kregel Publications, 2002), 79.
2. 국제어린이사역네트워크(INCM)에 대해 더 알고 싶다면 웹 사이트(http://incm.org)를 확인하라. 매년 개최되는 INCM의 어린이 목회자 컨퍼런스(CPC)는 미국과 전 세계의 어린이 사역 담당 목사들에게 훈련과 영감을 제공한다.
3. 하비 캐리 목사와 교회에 대한 정보는 웹 사이트(http://www.citadeloffaith.org)를 참고하기 바란다.
4. Dietrich Bonhoeffer, *Life Together: A Discussion of Christian Fellowship*, trans. John W. Doberstein (New York: Harper & Row, 1954), 99. 디트리히 본회퍼. (『말씀 아래 더불어 사는 삶』, 아인북스 역간)
5. Dietrich Bonhoeffer, *The Cost of Discipleship* (New York: Touchstone, 1995), 59.
6. 허락받고 나눔.
7. Robert Webber, *Ancient-Future Faith: Rethinking Evangelicalism for a Postmodern World* (Grand Rapids: Baker Books, 1999), 7.
8. Kinnaman and Hawkins, *You Lost Me*, 13.

에필로그: 어와나 사역의 유익

1. Markins and Lovaglia, *The Gospel Truth*, 20.
2. Markins and Lovaglia, *The Gospel Truth*, 66.

Appendix

관계 중심의 어린이 사역을 위한 어와나 자료

relationalchildrensministry.com

영상, 설교 개요 등 사역에 필요한 영문 자료를 온라인에서 무료로 확인할 수 있다.

어와나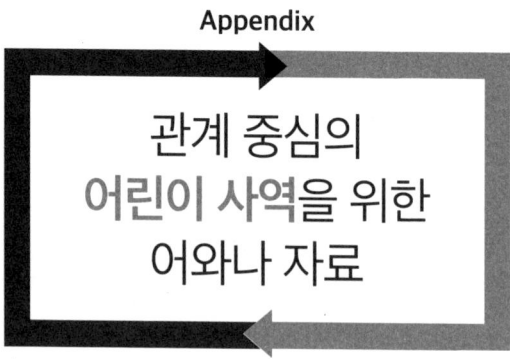

하나님은 아이들에게 복음을 전하고 그들을 평생의 제자로 세우는 리더로 세우는 어와나 사역을 통해 세상을 바꾸신다. 어와나는 당신과 당신의 교회를 도울 준비가 되어 있다.

한국 어와나 www.awanakorea.net
경기도 성남시 분당구 정자일로 1, A-1004호(금곡동)
전화: 031-711-6533 팩스: 031-711-6537

미국 어와나 주소
1 East Bode Road, Streamwood, Illinois 60107
Awana.org | 866-292-6227

어와나 사역은 각 교회의 필요에 따라 맞춤형으로 제공된다. 다음은 영문 자료를 얻을 수 있는 관련 사이트다.

MORE TM | awana.org/more

모어(MORE)는 어와나 사역을 통해 전 세계 수백만 명의 삶을 바꾸는 복음의 능력을 모은 결과물이다. 전 세계 모든 어린이와 청소년의 삶에 시간을 투자하고 복음을 전하는 어른들의 이야기다. 5개월 동안 세계 곳곳에서 촬영되었으며 복음의 능력으로 영원히 삶이 달라진 사람들의 감동적인 이야기가 아름답게 펼쳐진다. 웹사이트(awana.org/more)에서 무료로 영상을 확인하고 교회에 필요한 자료를 얻을 수 있다.

MOVE TM | moveyourchurch.org

무브(MOVE)는 건강한 아동부, 청소년부 사역을 일으키기 위한 역동적인 교회 평가 자료다. 교재와 참고 자료를 통해 사역을 점검하고 부족한 부분을 확인하며 건설적인 대화를 나누고 효과적인 제자 사역을 위한 단계별 전략을 확인할 수 있다. 웹 사이트(moveyourchurch.org)에서 추가 자료와 무료 평가 도구를 확인하고 교재를 구입하면 된다.

Awana Clubs TM | awana.org/clubs

어와나 클럽(Awana Clubs)은 2-18세를 대상으로 하는 검증된 복음 전도와 제자 양육 사역이다. 연령별 프로그램은 복음 전도, 성경 공부, 말씀 암송, 섬김, 가정용 자료로 구성된다. 아이들은 재미있는 참여 활동, 또래나 리더들과의 관계, 하나님과 말씀에 집중하는 시간, 전도와 제자도의 기회를 통해 영적으로 성장한다. 연령별 프로그램과 커리큘럼 정보는 웹 사이트(awana.org/clubs)에서 확인할 수 있다.

The Great Life TM | awana.org/thegreatlife

더 그레이트 라이프(The Great Life)는 언제 어디서나 사용

가능한 그리스도 중심의 통합 제자 양육 커리큘럼이다. 가정에서 시작하여 교회에서 지원하고 실시하는 평일 관계 프로그램으로, 어린이, 또래, 교사, 부모가 함께 그리스도를 알고 사랑하고 섬기는 것을 목표로 한다. 소그룹 커리큘럼은 5-11세 어린이를 대상으로 하며 아이들의 삶에 구약과 신약을 단순하면서도 창의적인 방법으로 제시한다. 어와나에서 새롭게 제공하는 이 프로그램은 웹 사이트(awana.org/thegreatlife)에서 확인할 수 있다.

Awana Youth Ministries TM | awanaym.org

어와나 청소년사역(Awana Youth Ministries)은 중·고등학생들이 교회와 공동체에서 이웃을 섬길 때 자신의 신앙을 나눌 성경적 신앙의 토대를 제공한다. 검증된 자료, 커리큘럼, 교육, 학생 사역 리더와의 파트너십, 교회 리더십을 지원하는 어와나 스태프와의 연락을 통해 내용을 살펴볼 수 있다. 웹사이트(awanaym.org)에서 어와나 청소년 사역 정보를 확인할 수 있다.

Mozo TM | awana.org/mozo

사역은 거창한 행사 때뿐만 아니라 사소한 순간에도 일어난다. 교사가 행정 처리에 정신이 팔려 놓치는 순간도 많다. 그러나 이제는 걱정하지 않아도 된다. 어린이 사역에는 관계를 염두에 둔 기술 도구가 필요하다. 어와나의 디지털 교재인 모조를 통해 어와나 클럽의 활동에 참여하는 모든 순간을 사역으로 활용할 수 있다. 자세한 자료는 웹 사이트(awana.org/mozo)에서 확인할 수 있다.